U0140501

甲骨文摭论

王晓鹏 著

齊鲁書社
·济南·

图书在版编目（CIP）数据

甲骨文摭论 / 王晓鹏著 . -- 济南 : 齐鲁书社，2023.8
ISBN 978-7-5333-4776-5

Ⅰ. ①甲… Ⅱ. ①王… Ⅲ. ①甲骨文—研究 Ⅳ. ① K877.14

中国国家版本馆 CIP 数据核字 (2023) 第 170716 号

书名题字：作　元
责任编辑：李军宏　井普椿
装帧设计：赵萌萌　刘羽珂

甲骨文摭论
JIAGUWEN ZHILUN
王晓鹏　著

主管单位　山东出版传媒股份有限公司
出版发行　齊魯書社
社　　址　济南市市中区舜耕路517号
邮　　编　250003
网　　址　www.qlss.com.cn
电子邮箱　qilupress@126.com
营销中心　（0531）82098521　82098519　82098517
印　　刷　山东临沂新华印刷物流集团有限责任公司
开　　本　880mm×1230mm　1/32
印　　张　12.125
插　　页　3
字　　数　300千
版　　次　2023年8月第1版
印　　次　2023年8月第1次印刷
标准书号　ISBN 978-7-5333-4776-5
定　　价　78.00元

教育部人文社科规划项目
“甲骨文义位系统综合研究”
（项目号 19YJA740057）

山东大学考古与历史学
一流学科建设资助项目

凡　例

1. 本书行文以简体汉字为主,在有必要显示字形结构时,采用繁体汉字或古文献引文里的原字形。

2. 引用甲骨刻辞或其他古文字时,以其隶定楷书字为主。在有必要显示字形结构时,采用甲骨文或其他古文字的原字形摹写字。

3. 第一章因主要考察、选用《甲骨文字典》所列甲骨文字及其义项,故引用《甲骨文字典》时,仍采用该字典所引甲骨文著录及其简称。此外,对其中部分甲骨文字释说进行改动,并引用《甲骨文合集》等著录的辞例。

第一章后附“甲骨文中主要词本义举列”,引据甲骨文著录和出处,以《甲骨文合集》等为主。

4. 第二章至第五章中引用甲骨文辞例,依据《甲骨文合集》《小屯南地甲骨》《甲骨文合集补编》《英国所藏甲骨集》《怀特氏等收藏甲骨文集》《殷墟花园庄东地甲骨》等著录。引据甲骨文著录时,著录名用简称,著录及其简称见本书“主要参考文献”。

5. 引据甲骨文研究论著、工具书所举著录的辞例,其出处一律按原文所标的著录简称，不再标注全称。转引甲骨文工具书和论著中的研究文献时，其原引文出处不再另作标注。

6. 引据甲骨刻辞或甲骨文研究论著中所举辞例，未加标点的一律加注标点。

7. 引用古代文献或研究论著内容时，原文引据文献未标注出处者，仍按照原文。

8. 上古音系及拟音采用王力上古音体系，个别处采用郑张尚芳上古音系等其他体系拟音。

9. 分析词义或义位的语义结构时，使用词义构成分析式。义素用方括号“[ ]”标记，对义素的语义成分或内容进行解释说明用圆括号“( )”标记，义素或语义成分的降级分析用“〈 〉”标记，“或”义用“/”标记，义素组合关系用“[ ]+[ ]+ ……”标记。

目　录

第一章　甲骨文词本义的语义范畴系统性

一、引言

殷商时代的甲骨文是已知最早的、系统而完整的上古汉语资料,其词义系统中存在大量的词本义,这些词本义是汉语词义发展的源头。所以,对甲骨文词本义系统的研究,成为我们研究汉语词义发展规律的基础。

但是,甲骨文所记载的词汇,仅仅是殷商时代古汉语词汇的一部分,主要是商王室和贵族阶层的占卜、政治和社会生活用语,而底层民众的许多日常生活词语未能记录下来。而且,甲骨卜辞产生于巫术占卜之用,有不少词义反映的是占卜功能上的意义,标记这些词的甲骨文字,即使可以确定其字本义,也无法在卜辞中确定其词本义。以上情况给我们探究甲骨文的词本义系统带来许多困难,使研究工作具有一定的局限性。这里根据已释甲骨文字资料,对其中出现的词本义的语义范畴类型及其系统性进行整理和探究。

上古早期汉语以单音节词为主,尤其是在殷商甲骨卜辞中,单音节词占绝对优势。甲骨卜辞中所见复音词主要为人名、国族名等专有名词,而普通名词的双音节词和其他复音词数量很少。许多词语组合,虽然结构较为固定,但组合格式仍有变化,尚处于未定型的状态,还不能判断为复音节词。

在甲骨文发现百年之际,王宇信先生在增订本《甲骨学通论》中说到,在五千多个甲骨文单字中,目前无争议的可识字仅有一千多个。[①] 此后二十多年,甲骨文的释读研究工作虽有所进展,但识字数仅少量增加,约计仍为一千多个。而这个字数大致等于甲骨文中的词数。现在对于甲骨文词本义的语义范畴系统性的研究,只能在这一千多个可认读的单字的基础上进行。因此,这里探讨的甲骨文词本义,其实主要是单音节词的词本义,复音词(以双音节词为主)的词本义数量很少。

鉴于具体操作的可行性,我们选用徐中舒主编的《甲骨文字典》(简称《字典》),作为考察甲骨文字所表词本义的主要材料。引据方式包括三点:(1)在字词释义方面主要采用或参考《字典》中的释说;(2)仍用《字典》所引辞例,原文引据甲骨文著录出处及其简称不作改变;(3)引据《字典》释说内容,正文中标记页码数,如作"(《字典》P×××)"。

引用辞例和字词释义还参考了于省吾的《甲骨文字诂林》《甲骨文字释林》、赵诚的《甲骨文简明词典》等著述,并引用了《甲骨

---

① 王宇信:《甲骨学通论》(增订本),北京:中国社会科学出版社,1999年,第454、484页。

文合集》《小屯南地甲骨》等著录，以及姚孝遂、肖丁主编的《殷墟甲骨刻辞类纂》里的例辞。

具体操作程序是：

首先，对徐中舒的《甲骨文字典》所选录的2703个字进行平面、静态考察，整理出构形及表义明确的字1154个，占该《字典》总字数的42.6%。其中，只用于标记专有名词的字有540个，占总字数的19.9%。《字典》中表义明确的字本义或疑似为字本义的甲骨文字约计580个，占可认读字的50.2%。

其次，选录《字典》中1154个已识甲骨文字，对其表词表义进行详细的分析、分类，梳理出表示词本义的字。针对甲骨文字表示的专名，考察词义和词本义时，区分开两种情况：

专名中的人名私名、地名，虽然是考察借表词和词义的材料，但不归入词本义范畴。

人名：贞人名——宾、自(师)、㱿、争、亘、古、韦、品、行、永、内、穷、午、寅、扶、出、何、黄等。还有先王名、先公名、先妣名、神祇名、臣正私名、诸妇私名，以及其他类型人物私名，等等。

地名：商、攸、叉、元、曼、秉、反、聿、磐、御、甫、堆、皀、柏、朱、甘、曹、万、豆、丰、夹、医等。

而专名中的方国名、族氏名、水名等，由于其在甲骨文词义系统中分布和发展变化的特性，则列入考察词本义的范围。

方国名或族名：舌(或舌方)、亘、蜀、武、夹、印、面、尸、卓、化、桑、楚、林、杞、缶、仓、井、盂、彭、喜、旨、人方、鬼方、土方、戈方等。

水名：河、涂、洛、洧、洹、淮、汝、泺、洧、滴、潐等。

再进一步选择《字典》中字本义或疑似字本义的580个字，分析其在卜辞中用为词本义的情况，探讨这些词本义的语义范畴类型和系统性，并且列举出用法明确或较为明显的主要词本义。除此以外，我们还从《甲骨文字诂林》等论著中选录部分字作为补充，又综合、参考诸家的甲骨文字释读成果，对《字典》中字释有误者作出更改。

对甲骨卜辞中词本义的分布考察、统计和语义分析，属于词汇语义层面的研究；同时，这种考察、分析又直接关涉词的语法意义层面，是语义和语法类别范畴的问题。现代词汇语义学将两个方面贯通，探讨语义语法接口功能、特征和深层语义结构。这里借鉴其理论和方法，对词本义数据进行定性和定量分析，对统计和分析结果进行归类处理；结合语义关系系统性的研究方法，对甲骨文词本义的语义范畴系统性试作探析。最后，本章以层级语义场结构形式，排列出甲骨文词本义的语义范畴类型总系统概况图。

二、概念的界定

（一）什么是词本义

以往关于"什么是词本义"的论述，大致可归结为两个方面：(1)从多义词（或一组意义有联系的词）的各义位之间的关系来解释词本义；(2)从字与词的关系上认识词本义。

首先，学术界一般认为，词本义是一个词的本来意义（参见王力主编《古代汉语》第一册，中华书局 1962 年版）。这是站在词义历史发展的角度上，相对于词的引申义、比喻义而言的。由于词义发展，衍化派生出新的义位，造成一词多义现象。在多义词中，义位与义位相互关联，构成一个词的完整的词义系统。其中，词本义是这个词义系统的中心义位，是其他义位衍化派生的源头，是词义引申的起点。[①] 除此以外，汉语（尤其是古汉语）里，同一个字通常可以表示几个词，而意义上又相互关联，在一组意义有联系的词的各个义位之间，也存在本义与引申义的关系。这时，词本义就是这一组意义有联系的词的本义。[②] 通常来看，在某词的义位系统，词的本义是该词义位系统中的基本义，是各引申义的起点。

其次，传统训诂学讲字本义时，不能严格区分“字”与“词”，容易造成概念上的混淆。自 20 世纪 30 年代以来，中国语言学者引进西方现代语言学理论，在探讨汉语问题时明确界定和区分开“字”与“词”，从而能够客观地、科学地分清什么是“字本义”和“词本义”。[③] 这就能够从词的语言符号构成特性上去解释词本义了。蒋绍愚先生认为：

（1）词的产生早于文字的产生，所以词本义比字本义更古老。

① 参见高守纲：《古代汉语词义通论》，北京：语文出版社，1994 年，第 41 页。

② 何九盈、蒋绍愚：《古汉语词汇讲话》，北京：北京出版社，1980 年，第 45 页。

③ 吕叔湘：《中国文法要略》（1942），载《吕叔湘文集》卷一，北京：商务印书馆，1990 年，第 6~7 页。

(2)甲骨文和其他古文字的字形所反映出来的意义,一般来说就是文字产生阶段的意义,所以它们既是字的本义,又是我们所知道的最古老的词义。在这种情况下,字本义和词本义是一致的。

(3)如果一个字(非整个文字系统)是为词的引申义而造的,那么这个字的本义不等于它所代表的词的本义。

(4)"本无其字"的词本义,与记录这个词的假借字的本义不一致。①

既然语言系统的产生早于文字系统的产生,那么词和词义系统也必然早于文字和字义系统。字义与词义显然是两个不同层次的意义系统。

传统训诂学家讲字义,例如:段玉裁《经韵楼集》卷一一《亯饗二字释例》:"凡字有本义,有引伸之义,有假借之义。"②从字义产生、发展变化看,造字所赋予的字义是字本义,由本义通过联想发展变化出来的意义是字的引申义,通过假借产生的意义是字的假借义。至于词义,严格说,词没有"假借义",假借只是文字问题。③ 把词的本义和引申义与传统文字训诂学家所谓字的本义、引申义、假借义相联系,字义与词义的关系如下:

---

① 蒋绍愚:《古汉语词汇纲要》,北京:北京大学出版社,1989年,第62~68页。

② 段玉裁:《经韵楼集》,上海:上海古籍出版社,2008年,第285页。

③ 蒋绍愚:《古汉语词汇纲要》,北京:北京大学出版社,1989年,第71页。

<table>
<tr><th rowspan="2">词　义</th><th colspan="3">字　义</th></tr>
<tr><th>本义</th><th>引申义</th><th>假借义</th></tr>
<tr><td rowspan="2">本义
（或基本义）</td><td>–</td><td rowspan="2">–</td><td>+</td></tr>
<tr><td>+</td><td>–</td></tr>
<tr><td rowspan="2">引申义</td><td rowspan="2">+</td><td rowspan="2">+</td><td>+</td></tr>
<tr><td>–</td></tr>
</table>

表1　古汉字字义与词本义、引申义的关系

（注："+"表示重合，"–"表示不重合）

裘锡圭先生在《文字学概要》中对字本义的定义是："字本义就是它所代表的词在造字时的意义。"①这一定义比较合理，符合早期汉语、汉字的实际情况。字本义与词本义之间既存在一致的情况，又有不一致的现象。在后一种现象中，许多字是为某词的引申义而造的孳乳字，因而其字本义不等于词本义；同时，假借字表词，其字本义与词本义必定不一致。

综上，词本义就是词的本来意义（或基本义），是词的引申义和比喻义的起点，它与字本义既有重合的部分，又有相异的部分。我们所能见到的古汉语词本义，出现于遗留至今的古文献语言中，或记载于古代字书、韵书、辞书以及训诂资料中。但是，由于大量古文献佚失或损毁，许多古语词的词本义不复得见。除却古文献书面语外，古代的词本义还存在于当时的日常口语中，而其中有许多因未能记载于文献，亦不可得见。

---

① 裘锡圭：《文字学概要》，北京：商务印书馆，1988年，第142页。

(二)甲骨文的词本义

在明确什么是甲骨文词本义之前,我们首先应弄清甲骨文中以文字记词、表词形式划分的两类词——借表词和本表词。

在古汉语里,假借是一种记词的形式。假借字大量存在于古代文献中,可分为“本无其字”的假借字和“本有其字”的假借字,它们标记词时,字的造字本义与词本义是不一致的。我们把通过假借字形式而记载于文献的词,称为借表词。甲骨文的借表词包括“本无其字”的借表词和“本有其字”的借表词。这两类词在卜辞语句中出现频率都很高。

(1)甲骨文“本无其字”的借表词

A. 名词

a. 方位名词,如:

东:“象橐中实物以绳约括两端之形,为橐之初文。甲骨文金文俱借为东方之东……”(《字典》P662)

南:“甲骨文南字下部从白,白像倒置之瓦器,上部之丫象悬挂瓦器之绳索,唐兰以为古代瓦制之乐器(《殷虚文字记·释青、殸》)可从,借为南方之称……”(《字典》P684)

方:“象耒之形……借为四方之方。”(《字典》P954)

b. 地点名词,如:

攸:像手持杖击人之背形,字本义是打,借为地名。李学勤先生考释,攸亦为帝乙十祀征人方之地。

叉:像手指甲,字本义是手指甲。借为地名。

元:像侧面人形,突出头部,字本义为人之头。借为地名。

c. 纪时名词,如:

天干和地支名均为借表词。其他纪时名词,如:

湄:《说文》:"湄,水草交为湄。从水,眉声。"段注:"《小雅》:居河之湄。《释水》《毛传》皆曰:水草交为湄。"卜辞有"湄日","湄"借为"昧"。

d. 数字名词,如:

萬:本像蝎子形,卜辞借为数字名词。

B. 动词

來:"象来麰之形,卜辞用为行来字。"(《字典》P616)

喪:"……象桑树,口象采桑所用之器,本义是采桑,借为丧亡之丧。"(《字典》P123)

C. 形容词

新:"象以斤斫木之形,为薪之本字,辛当是声符。用为新旧之新。"(《字典》P1493)

舊:《说文》:"舊,鸱舊,舊留也。"本为鸟名,借为新旧之旧。

D. 代词

我:像有长柄而又有锯齿之兵器形,字本义是兵器一种,借为第一人称代词。

余:"象以木柱支撑屋顶之房舍,为原始地上住宅,卜辞借为第一人称代词。"(《字典》P72)

朕:"象两手奉器治舟之形。……卜辞借为单数第一人称主格代词,通常为时王之自称。"(《字典》P948)

E. 虚词

其:"象箕形,为箕之初文。……拟议未定之词。"(《字典》

P487）

不：甲骨文字像花蒂形，古文像花萼全形，字本义是花萼。借用作否定副词。

勿：字本义是杂色，借为表否定副词。

而：李孝定《甲骨文字集释》："契文正象颐下毛下形。"《说文》："而，颊毛也。象毛之形。《周礼》曰：作其鳞之而。"段注："《礼运正义》引《说文》曰：而，须也。须谓颐下之毛，象形字也。"卜辞中可用为虚词，表祭品与祭牲同用。

弜：从二弓，表示调正弓的工具，字本义是弓檠，借作否定副词。

眔：像目垂涕之形，字本义是涕（释说见郭沫若《甲骨文字研究·释臣宰》），借作连词。

若：像一跪坐之女子两手伸向头，理顺头发，字本义是顺，借用作连词表假设。

以上是"本无其字"的借表词在语法分布上的几种情况。

从词汇出现率看，卜辞中这类借表词出现频率较高。有人做过统计，发现卜辞中假借字绝大多数是"本无其字"的借表词。[①]

（2）甲骨文中"本有其字"的借表词

这类词是以通假字形式标记的词。甲骨文中存在大量通假字，借字和本字在甲骨文中都已存在，借字与本字音同或音近，有些来自同一语源，语义有共同的部分，有些语义则毫不相关。

语义同源者，如：

---

① 邹晓丽等：《甲骨文字学述要》，长沙：岳麓书社，1999年，第88页。

“又”借为“祐”：

贞：弗其受有又(祐)。(前1.27.4)

贞：今𢀛王収人五千正(征)土方，受有又(祐)。(合集6409)

“酉”借为“酒”：

翌丁巳，先用三牢羌于酉(酒)用。(佚199)

贞：酉(酒)弗其以。(京1001)

“正”借为“征”：

贞：勿隹(唯)王正(征)𢀛方，下上弗若，不我其受祐。(佚18)

王来正(征)人方。(甲3355)

“鱼”借为“渔”：

贞：今……其雨，在甫(圃)鱼(渔)。(合集7896)

贞：其风，十月，在甫(圃)鱼(渔)。(前4.55.6)

以上，本字是借字的孳乳字，它们之间有同源关系。这类通假字，蒋绍愚先生认为属于同源字①，洪成玉先生认为作同源字处理更合适一些，但也算作通假字的一种情况。② 王力先生在《同源字典·同源字论》中则完全列为同源字。这类字，从它们标记的词义与词义的关系看，应当是一组同源字；如果从字和它所标记的词之间的关系看，应当算作通假字。

语义毫不相关的字，其借表词如：

---

① 蒋绍愚：《古汉语词汇纲要》，北京：北京大学出版社，1989年，第203~205页。

② 洪成玉：《古汉语词义分析》，天津：天津人民出版社，1985年，第99页。

“羽”借为“翊”(昱):

甲寅卜,㱿贞:羽(翊)乙卯易日。(乙 6385)

癸未卜,贞:羽(翊)戊子王往逐𠂤。(佚 389)

“录”借为“麓”:

乙亥卜,今日至于中录(麓)。吉。(屯 2529)

翌日戊,王其田游录(麓)亡災。(合集 29412)

“妻”借为“霋”:

癸巳卜,央贞:曰若兹妻(霋)隹(唯)年祸。(前 5.17.5)

“柁”借为“它”,“柁示”即“它示”:

庚申卜,饮自上甲一牛至示癸一牛,自大乙九示一牢柁(它)示一牛。(人 2979)

在语法分布上,甲骨文中“本有其字”的借表词主要有名词、动词、形容词。名词,如“妻”借为“霋”,“录”借为“麓”,“屯”借为“萅”(春)。动词,如“正”借为“征”,“鱼”借为“渔”,“酉”借为“酒”。形容词,如“每”借为“晦”,“列”借为“烈”。

这类借表词在卜辞中出现的频率虽不及“本无其字”的借表词高,但数量也相当多。

(3)甲骨文借表词的语义分布与词义系统性

甲骨文的借表词出现频率很高,不仅反映在语法分布上,还反映在语义分布上。在语义分布上,许多“本无其字”的假借表词,往往一词有多个义位,构成一个词的义位系统。①

例如:来,借表词的义位有 A. 返也,还也;B. 至也;C. 将至也;

---

① 甲骨文的假借表词的义位系统性,将在第二章详论。

D.(前来)贡纳。

又如:方,借表词的义位有 A. 四方之方,方位名词;B. 方国之方。卜辞如:

辛卯卜,㕞彤饮其又(侑)于四方。(南明 681)

贞:叀黄令戈方。(合集 8397)

己丑[卜]:其[illegible]方叀令来丁。(合集 33189)

另一方面,同一个甲骨文字可以借表不同的词,如:

役:借为人名;借为"疫"。

戠:借为膱,干肉,可用于祭祀;借为颜色名,即黄色;用为人名。

每:借为"晦";借为"悔"。

又:借为"有";借为"祐"(或佑);借为"侑"。

喪:借为"丧亡"之"丧";借为地名。

从古汉语与汉字关系看,汉字标记、书写或表示词的形式,除假借字外,主要为本表字形式。古汉字的造字构形大致可归为表意字和形声字两大类。裘锡圭先生在《文字学概要》中把古文字按汉字性质分为"三书":表意字、形声字、假借字。我们采用这一合理分法,把表意字和形声字的造字字形原本所表示的词划归为本表词。本表词是相对于借字所表词而言的,是用本字形式表示的词。

由于甲骨文字正处在古汉字系统的产生阶段,许多甲骨文字记录了古汉语词本意(或基本义),所以甲骨卜辞语料中存在大量的词本义。仅就徐中舒主编的《甲骨文字典》来看,其所录表义或构形明确的 1154 个可认读字中,字本义或疑似字本义者约有 580

个,占1154个可认读字的50.3%,超过半数。而甲骨文字在卜辞语句中用为词本义(或基本义)的情况,包括本表词本义和借表词本义两类。

三、辨识甲骨文词本义的原则和方法

(一)反映抽象原则

词是语言的基本结构单位,通过组合关系实现造句功能。同时,词作为一种音义结合体的语言符号结构单位,对现实的和历史的现象、事物、思想观念、行为活动和形态特性等进行概括、分类和定名。此外,词还具有概括、归类语法意义和语法关系的功能。再看词的语义层面,词汇语义基本单位(简称"词义单位")是义位;而"词义"是通称概念,有时指义位,有时指句子中的个体词义。在不做具体区分的情况下,"词义"即指"义位"。在词的语义方面,词义用以指称对象。词义之所以能指称对象,是因为它具有区分与归并的功能,贾彦德认为这是复杂的实质上的概括与分类。[①] 通过区分与归并,词义既能够划定不同类别对象的界限,又概括出了同类对象的共同特征。这样,在指称对象时,词义就反映出一定范围的词汇对象及其特征。词义指称对象形成指称意义,而将该对象的特征意义从各种同类意义现象中提取出来,则形成了系统意义。

---

① 贾彦德:《汉语语义学》,北京:北京大学出版社,1992年,第131页。

词义的区分与归并的功能，实际上是从属于反映抽象原则的。我们知道，反映抽象是人类的逻辑形式和语言符号生成的基础（参见皮亚杰《结构主义》，商务印书馆 1996 年版），也是词和词义形成的根本基础。我们辨识、判定甲骨文的词本义，最终也离不开这一条总原则。

反映抽象原则包括两项具体原则：概括性原则和分析性原则。石安石先生认为，概括性原则是归并语义单位的根本原则。① 分析性原则是分解词的语义结构、提取词的语义特征或区别性义素的根本原则，是概括性原则——归并语义单位的前提。一个词的词义生成需要这两项原则同时发挥作用，概括中包含分析，分析中包含概括，相辅相成。词义概括了对象的共同的本质特征，表示出对象范围和类型，同时也包含着对各种义素性质的分析。这需要从词义的认知层面上去区分、提取语义特征，从语义逻辑上去解析语义关系和结构。例如，以下的三项词义：

A. 安置神主牌位的屋室。

B. 帝王宣政的屋室。

C. 人寝睡的屋室。

分解 A、B、C 的语义结构得出降级语义特征，修饰［屋室］。其中 A 为：［屋室］〈［动作］+［受事］〉；B 和 C 为：［屋室］〈［施事］+［动作］〉。［屋室］是这两个语义结构的焦点，是 A、B、C 的指称义素，反映了它们的共同语义特征，可提取，以指称一类对象。

---

① 石安石：《语义论》，北京：商务印书馆，2005 年，第 42 页。

先秦至两汉古汉语将屋室类对象概括为名词“宀”。《说文·宀部》:“宀,交覆深屋也。象形。”段注:“古者屋四注,东西与南北皆交覆也。有堂有室,是为深屋。”

“宀”的词义概括出屋室类对象的语义范围和共同特征:

[屋室]:[处所〈[四注](四面有墙)+[交覆](有顶)[建筑]〉]

名词“宀”,甲骨卜辞中写“∩”形:

丁卯卜,乍(作)宀于𣶃。(合 295)

丁卯卜,乍(作)宀于……(乙 5061)

辛酉贞:才(在)大宀我其埶。(合集 34399)

所列词义 A、B、C 经分解后,提取各自的指称义素和特征义素,在甲骨卜辞中可概括出三个词,即“宗”“宣”“寝”。A、B、C 三项词义(义位)见于卜辞中,如:

□亥卜,[在]大宗又㣇伐羌十小宰自上甲。(合集 34047)

己丑卜,在小宗又㣇岁自大乙。(合集 34047)

丁巳卜:于南宣舌。大吉。(合集 30374)

甲午贞:其令多尹乍(作)王寝。(合集 32980)

在反映抽象原则下,区分与归并的功能在语音、语义、语法三个层面上同时发挥作用,促使“词”这一语言基本结构单位最终生成。词是为句法组合关系(句子表层结构)而存在的,词的义位是为语义深层组合关系(句义深层结构)而存在的。词义是词的内容,词音是词的形式,词义系统涉及语音、语义和语法三个方面。这就要求我们必须从这三个方面去探讨甲骨文的词本义。

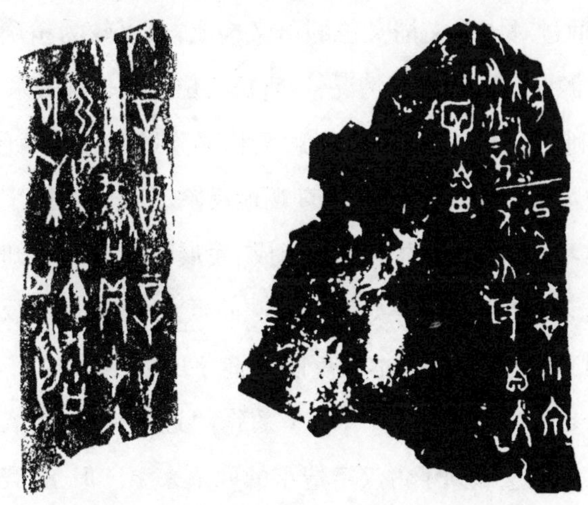

图 1　《合集》34399(左),《合集》34047(右)

反映抽象原则是判断词本义的根本原则。在一个词的词义系统中,反映抽象原则是确定义位与义位的关系、判断本义与引申义的语义认知和逻辑基础:

(1)反映抽象原则体现了先民的认知水平和思维习惯。词义的形成和发展,除社会因素及外界事物的变化、发展等因素外,还以认知水平和思维习惯为逻辑基础。

(2)词义引申是基于联想作用而产生的一种词义发展。联想的途径和方式是由先民的认知水平和逻辑思维习惯决定的。常见的词义引申方式,如蒋绍愚先生所说,有"连锁式""辐射式"等。[①] 研究者可利用对引申方式的认知,从逻辑上逆推引申义的来源,以判定其本义。

---

① 蒋绍愚:《古汉语词汇纲要》,北京:北京大学出版社,1989 年,第 72 页。

(3)通过对比多义词义位的语义构成,可以较为精确地分析义素的来源、扩展、消失等情况,以辨析义位与义位的关系。

(4)利用字形(主要是指表意字和部分形声字的字形)推测本表词的本义。因为字形造意直观地反映了先民在造字时的观念或思维习惯,与古汉语词义的形成、发展有同样的认知逻辑基础。字形义虽然与词义不是同一层次的意义,但联系或反映了本表词的词义,特别是造字本义反映了造字所表示的词义,此即造字时词的基本义和常用义。《易·系辞》“近取诸身,远取诸物”,华夏先民显然意识到了古汉字造字的取法来源。但是,我们对先民的认知水平和思维习惯需要有一个科学、精确的认识,在此基础上,才能够更深入地探究原始造字和词义发展的机制,并且应当建立一个便于数据化处理的、可操作性强的分析系统,使甲骨文词汇语义研究更加规范化、科学化。

词义,是在语言语义的反映抽象作用下形成的;义位,则是研究者在反映抽象原则之下,区分和归并出来的词义单位。因此,对义位语义构成和义位关系的辨析,离不开反映抽象原则。在实际语言使用中,词汇语义现象是具体的、动态的;在历史语言发展过程中,词义的发展具有历史逻辑的关联性和语义动态联系的系统性。历史文献语言为我们研究词义发展变化提供了书证,甲骨文、金文等古文字则为考察早期汉语词义提供了文字证据。

在反映抽象原则之下,研究者可综合以上四个方面,分析具体词义的内容和语义成分,观察义位的关系,提取、比较义位之间的语义成分的变化和逻辑关联。这有助于准确辨识义位间的源与脉、本义与引申义关系。试看下面的例子。

查阅传世古文献，本表词“宫”的义位很多，其中主要义位有：A. 房室，特指封建帝王处理公事、居住的场所；B. 庙宇；C. 文化娱乐场所；D. 供人居用的多室、套间的大型屋室。

“宫”的词义通过反映抽象，概括出 A～D 各种处所、建筑的对象适用范围及特征，形成四个义位。一方面，我们根据这一原则分解、提取每个义位的语义成分，观察其语义成分的关系和认知逻辑的先后顺序。另一方面，通过古文献资料查看哪一个义位产生得最早，反映了“宫”的本来用途。同时，根据本表词的性质，从字形表意信息去推测造字所表示的词本义。依据古文字的造字表意信息分析造字所表词义，是一种十分重要的方法。

《说文》谓：“宫，室也。……凡宫之属皆从宫。”“宫”用作部首，说明“宫”本是一种屋室类称。再看甲骨文、金文，“宫”字从宀从二口，造字字形像是多屋室套间组成的大型屋室。其字形造意反映出词义信息。再看义位 D 所反映的正是“宫”造字的本来用意，所以可判断为本义，其他几项义位是从 D 引申而来的。

又例如，借表词“翊”（昱）通常有两个义位：A. 明日；B. 次（日、年等）。哪一个是本义呢？

甲骨文“翊”是“翢”（昱）的通假字，可以还原为“昱”（昱）所本表的词。“昱”这个词反映概括了“明日”概念，即“第二天”这一时间概念，甲骨卜辞常有“翊日”“翊丁巳”“甲戌翊”等。

（1）叀翊(昱)日壬子酒又（有）大雨。（粹 121）

（2）翊丁巳先用三牢羌于酒用。（佚 199）

分解义位 A 和 B 的语义成分，得到降级语义结构：

A. ［时间］〈［次序（第二）］+［日］〉

B.［时间］〈［次序（下一个）］+［日/年等］〉

“翊”（昱）的本义反映了殷商时期“明日”这一时间概念。义位B是引申义，时间的概念范围扩展，词义所反映的时间由“第二日”引申到“下一日或年”，由“近”（或小）延伸至“远”（或大）。

又如，“本无其字”的借表词“来”是常举典型之例，其义位有：A. 返也，还也（人）；B. 至也（事）；C. 将至也（时间）；D.（前来）贡纳（人或方国）。

对以上4个义位的语义结构进行分析，得到：

A.	［返还］（行为）	〈［施事］（人）+［步行/乘车马船］+［接近］+［来处］〉
B.	［至］（发生）	〈［施事］（事）+［接近］+［目标］〉
C.	［将至］（时间）	〈［限定］+［时间］+［接近］+［时点］〉
D.	［贡纳］（行为）	〈［施事］（国族/某国人）+［交纳］+［贡品］〉

从上可以分析出，四个义位中有［接近］这一共同义素，无论人、事物还是时间，均接近“说话人”这一点。“来”字最初借用指称“接近说话人”这一焦点时，应该是空间距离，“行来”而“接近”的意思，与“往、去”的行为方向正相反，所以这一借表词的本义（基本义）是义位A“返还”。义位B、C、D是义位A的引申义。由空间距离“接近”引申为时间距离“接近”；由人的行为动作引申为事情的发生。这是由词义发展的认知和逻辑基础所决定的。

(二)辞例依据原则

辨识、判断甲骨文词本义的另一个原则是辞例依据的原则,简称"辞例原则"。根据甲骨卜辞辞例中所出现的词义用法去判断该词义是否用为本义,包括两层含义:一是结合各类古文献语料,观察词义在甲骨卜辞中出现的早晚和断代分布;观察词在卜辞中的词义内容,其在句法结构上的使用、充当语法成分的情况,以及词义在语句上的分布特征等。二是甲骨文词本义即指甲骨卜辞辞例中所出现的词本义,故而其有无情况必须依据甲骨辞例,这是做出准确判断的客观语言基础。

反映抽象原则是词义、词本义的生成机制,也是辨识、判断词本义的根本原则。辞例依据原则是判断词本义的客观依据。但是,在具体分析和判断时,除这两项总原则外,还必须根据一定的科学方法和操作技术来进行。

(三)辨识甲骨文词本义的主要方法

甲骨文语言、词汇是通过甲骨文字记录的,只有先揭开"字"的外衣,才能洞察词汇和词义。由于汉字是形、音、义的结合体,这一特征在甲骨文字中尤为突出,所以,总体上讲,对甲骨文词义的认识必须从形、音、义三方面入手,考察它们之间的关系。由外及里,由表层的字形现象到深层的词汇语义的关系系统。另外,还必须依词义的分布关系,以及词的语义、语法功能,从句子语义结构和语法结构上遍察词的本义。因此,辨识、判断甲骨文词本义的方法就包括字形、字音、字义、词的语义结构和语法五个方面。

1. 从字形表词表义层面判断甲骨文词本义。针对甲骨文的造字字形所本表之词和词义,辨识、判断出殷商时期词的常用基本义,此即甲骨文的词本义。

根据字形能初步推测出该字所标记的词是本表词还是借表词。如果是本表词,针对某字所表词,分析其字形义所表示、反映的词的语义或概念义部分,此即字的本义。在这种情况下,甲骨文的字本义与词本义通常是一致的。这是因为,甲骨文处于古汉字体系产生的较早阶段,能够把数量众多的词本义记录下来,通过造字字形直接反映词本义,所以,大多数字本义与其本表词的本义相一致。

造字字形义是在造字阶段汉字形体构造所传达的意义,反映了当时人们的观念。甲骨文字从形体构造上可分为独体字、合体字。

独体字,如:日、月、木、山、丘、阜、自、田、水、虎、牛、羊、豕、犬、马、鹿、鱼、龟、隹、大、人、屰、口、目、自、耳、又、止、女、子、巳、乙、丁、示、卜、且(祖)、酉、鬲、皿、贝、宀、高、于、乇、刀、弓、矢、戈、户、舟、入、其、一、丨(十),等等。

合体字包括意合型(会意字)和形声型。意合型甲骨文字,如:元、王、上、下、及、采、孚、隻(获)、牧、戍、吏、陟、先、尹、帚、步、行、涉、见、定、牢、冓、即、从、出、各、亡、化、若、长、萝、乎、令、北、中、宗、宫、門、品、多、生、休、林、明、旦、莫(暮)、旬、年(从禾在人上)、雨、共、興、戒、伐、戍、登、囚、圂,等等。形声字,如:天、萅、酒、省、槁、椎、杞、婦、妊、妹、娠、姬、羌、泊、湄、洹、淮、河、渔、宣、寝、室、啓、疾、霖、雩、昃、星、衛、遘、逆、追、降、征、至、弘、成、鼓,等等。

从汉字的性质来看,除形声字外,甲骨文的独体字和意合合体字属于表意文字,即依托字的构形来传达意义。表意字构形,有象形即像物的形体,或者说是“画成其物”;有象意即像抽象意义,孙雍长先生所说的“符号示意”,如:一、二、三、上、下、回、丩等;有象事,如:采、涉、及、牧、暮、休等。至于形声字,有意符和有专门的声符,可以通过意符传达意义。形声兼会意字的声符和意符都传达意义。

字本义与字形义不是一回事。字本义是字所代表的词在造字时的意义。而字形义只是字的形体所传达的直观形象意义,是一种观念,还不是语言意义和概念义。

甲骨文字构形显示的意义是具体而形象的,以具体的形象勾画、象征、比喻、暗示,去反映直观意义。蒋绍愚先生指出了字形示意的局限性,不能拘泥于字形,不能把字形的直观意义说成是字本义(或词本义)。① 因为早在文字产生以前,语言中就会有一些表示抽象概念的词,如“大”“小”“高”“长”等,而最早的象形字都是画成其“物”,这个“物”都比较具体。所以,我们不能把大、小、高的造字字形义——“大人”“沙粒”“高台榭”说成是这三个字的本义。(而这三个字的本义与它们所表示的词本义是一致的)。

---

① 蒋绍愚:《古汉语词汇纲要》,北京:北京大学出版社,1989 年,第 63~64 页。

基于以上,可知甲骨文的造字字形义既不等于字本义,更不等于词本义。但是,在判断甲骨文词本义时,字形义提供的表意信息有重要的作用。造字的字形义,是从甲骨文字形入手区别本表词本义和借表词本义的门径,也是辨识本表词本义的一个重要的方法。例如:

竹:独体象物字,甲骨文造字像竹枝竹叶形。字本义和词本义都是竹子。

王用竹若。(乙 6350)

目:独体象物字,甲骨文造字像眼目形。字本义和词本义都是眼睛。

癸巳卜,㱿贞:子渔疒(疾)目福告于父乙。(佚 524)

小:独体象意字,甲骨文造字以细小的点状物体(沙点、雨点等)表示事物形体之小,与大相对,字本义和词本义都是小。

其遘小雨。(合集 38170)

丁巳小雨不延。(合集 32113)

还有"小牢""小宰"等。

鳳:,独体象物字(甲骨文又作,从风鸟形,凡声),甲骨文造字像凤鸟展翅形,传达了神鸟造风的观念。字本义和词本义都是风。

其遘大鳳(风)。(粹 926)

出:合体象意字,甲骨文造字像脚从坎穴走出之形。字本义、词本义都是出去。

贞:于大甲告𢀛方出。(后上 29.4)

生:合体象意字,甲骨文从屮从一,造字像草生。字本义和词本义都是出生、生育。

辛巳贞:其求生于妣庚妣丙牡羊百豕。(粹 396)

囚:合体象事字,甲骨文从人从口,造字像人关闭于圈牢。字本义与词本义都是拘禁。

辛丑卜,殻贞:灵妃不囚。(前 4. 24. 1,后上 16. 11)

圂:合体象事字,甲骨文从豕从口,造字像猪在圈里。字本义与词本义都是猪圈。

贞:乎(呼)作圂于专。(乙 811)

昃:合体象意字,甲骨文从日,从人侧斜形,造字像日西照人影侧斜之形。后来有从日仄声的形声字。字本义与词本义都是日斜偏西(时段)。

叀昃饮。(粹 436)

昃日。(卜 790)

啓:合体象意字,形声字,甲骨文从日从户从又,造字像手开门见日,晴天。字本义和词本义都是天气晴朗。

今日庚至翊大啓。(粹 648)

夢:合体象意字,甲骨文像一人卧床而睡,首、手、足梦舞之状。字本义和词本义都是人做梦。

辛未卜,殻贞:王梦兄戊何从不隹(唯)祸。(铁 121. 3)

贞:亚多鬼梦亡疒(病)。(前 4. 18. 3)

驪:形声字,甲骨文从马,丽声,表示一种黑色的马。后世又造从马利声字。字本义与词本义都是黑色马。

叀驪罘大騂亡災。(佚970)

淮:形声字,甲骨文从水,隹声,造字表示水名,字本义与词本义都是淮水。

己亥卜,贞:王征于淮往来亡灾。(前2.24.5)

霽:形声字,甲骨文从雨,齐声。造字表示雨水停止。字本义与词本义都是雨止。

丙午卜,韦贞:生十一月雨,其隹(唯)霁。(掇2.1)

丁丑卜,争贞:雨霁帝不。(乙2438)

2. 从字音关系层面判断甲骨文词本义,通过诸字的音义同源关系推求原词的本义。

词是音义的结合体,所以考察词与词的关系,必要的依据应该是语音,以及语音与词义关系;而字形虽然是很重要的线索,但并非必要依据。这就要求我们必须打破字形的束缚,从字(词)音系统去系联和分析词义间的关系,从而在根本上理清词义系统内部的关系问题,求得词本义。这主要是针对同源词进行考察。

通过考察一组同源的派生词,整理找出它们的原词,辨识甲骨文的本表词本义。

例如,甲骨文∧字标记两个词“终”和“冬”。古音同部,义通。

“终”的义位有:A. 终结处,名词;B. 完成,终了,动词;C. 终极,名词;D. 终于,副词。

“冬”的义位是一年四季中的一季,四季之终尽。

哪一个是∧的词本义呢?显然,“冬天”的“冬”是取“终极”的引申义,即四时之终极而造的字,是派生词。“终”是为原词再造的字,为“终”的初文,但是只凭∧的字形难以判断本义是什么。

其原词的本义应为“完成,使终结(把事做完)”。例如:

丙辰卜,殻贞:帝隹其∧(终)兹邑。(丙66)

义位A、C、D是义位B的引申义。

“冓”“遘”“構”也是一组派生词系列。“冓”,甲骨文造字取义像二鱼相遇。“遘”,甲骨文造字取义像人行相遇,从彳、止,冓声。“構”,指架木相交,是从“相遇”引申出来的。原词的本义是遇到。例如:

今日辛王其田,不冓大风。(佚73)

其遘大雨。(粹997、1002、1004)

“遘”是为“相行而遇”这一引申义再造的字,“構”是为“架木相交”这一引申义而造的字。原词的本义“遇到”,在甲骨文中标记它的字形不定,可以写作“冓”“遘”,但字音是相同的。

“又”“右”“有”“佑”“祐”,是一组派生词系列,字音相同。在甲骨文中,字形“又”(㇋)通常可以表示“右”“有”“佑”“祐”各词及其词义。从甲骨文字的派生关系看,“又”字派生出了“右”和“有”,后世再造派生字“佑”“祐”。甲骨文字“又”是“右”的初文,应表示原词,词义为“右手”,此即本义。后滋生为“佑”义,用右手帮助人。从“右手”的“右”滋生出“有无”的“有”(又),“保佑”的“祐”;从“有无”的“有”滋生出后来的连词“又”义(另有的意思)。

除以上三例外,甲骨文中还有很多这类原词—派生词及其词义系列。这是汉语主要的造词手段之一。[①] 需要注意的是,标记

① 参见王力:《汉语词汇史》,载《王力文集》卷一一,济南:山东教育出版社,1984年,第511~594页。

派生词的字是为原词的引申义而造的字,所以这个字的本义与词本义不一致。[①] 只有标记原词的字的本义才是词本义。

通过考察同源词,可以确定甲骨文借表词的词本义。蒋绍愚、赵克勤都认为可以根据同源词的词义推求词的本义。例如,蒋先生分析"贯""關""丱"都是见母元部,"擐"是匣母元部,读音相近,它们都是同源词。从这一组同源词的共同意义可以推知,"贯"的词本义是"穿",甲骨文中"干"可借为"贯",借表词"干"的本义是"穿"。[②] 甲骨文中借表词用同源字来标记的情况很常见,可根据同源关系推知其借表词的本义。

例如,甲骨文可借"祡"为"柴",古音相同,为同源词(参见王力《同源字典》)。《说文》,"祡,烧柴焚燎以祭天神","祡""柴"通训。借表词"祡"的本义是"烧柴":

……卜,贞:祡四小牢。(林 1. 18. 13)

又如:借"酉"为"酒",古音同部,为同源词,"酉""酒"一字,"酉"的本义是酒器,借表词"酉"(酒)的本义是酒器中的酒。

……辰卜,翊丁巳先用三牢羌于酉(酒)用。(佚 199)

又如:借"正"为"征",古音同部,"正"的本义是表示人远行至某地;"征"的本义是远行某地(国)讨伐。

癸未卜,寅贞:王旬亡祸,王来正(征)人方。(甲 3355)

王勿正(征)鬼方。(后上 16. 8)

---

① 参见蒋绍愚:《古汉语词汇纲要》,北京:北京大学出版社,1989 年,第 67~68 页。

② 蒋绍愚:《古汉语词汇纲要》,北京:北京大学出版社,1989 年,第 69 页。

又如:“帝”用作“禘”,实为同源字。“帝”的本义是天帝。“禘”的本义是祭天帝、神祇。

丙辰卜,品贞:帝(禘)于岳。(遗 846)

癸未卜,帝(禘)下乙。(乙 4549)

又如:“屰”“逆”“迎”是同源字,可以通用,本义是迎接。

癸卯卜,𣏟贞:乎豖屰又商。(合 129)

乎執屰又商。(合 150)

又如,“史”“事”“吏”“使”是同源字,王国维《观堂集林》:“持书者谓之史,治人者谓之吏,职事者谓之事。”甲骨文“史”“事”“吏”通用,形同、音同、义通。本义是手持中、𢆉,有执掌(政事)的意思。

其御有史(事)王受祐。(粹 544)

甲戌卜,王余令角归甾(载)朕史(事)。(合集 5495)

“史”用作“使”,有指使、派遣的意思。

帚好史(使)人于眉。(续 4. 29. 1)

又如,“希”(蔡)字借为“祟”,古音相近,甲骨文字形相同,为同源字。“祟”的本义是灾祸。《说文》:“祟,神祸也。”

王固曰:往乃兹有希(祟)。(菁 1)

癸酉卜,宾贞:旬有希(祟)。(甲 1222)

“希”字,即“蔡”又借为“殺”。“蔡”,《说文》作“𥝢”,音蔡,“蔡”“𥝢”古音同,甲骨文二字同形,可通用,是同源字。《左传·昭公元年》:“周公杀管叔而蔡蔡叔。”其中,前一个“蔡”是“杀”与前面的“杀”对文,杨伯峻注,前一个“蔡”是《说文》中的“𥝢”字。甲骨文辞例有:

丁巳卜,行贞:王宾父丁蔡(杀)十牛,亡尤。(粹 302)

又如:“此”“兹”“斯”是同源字。王力《同源字典》:“尔雅释诂:‘兹,此也。’书大禹谟:‘念兹在兹。’传:‘兹,此也。’……”甲骨文“兹”用为“此”义。

癸亥卜,㱿贞:丝(兹)雨,隹(唯)若。(乙 2285)

丝(兹)小雨。(粹 761)

又如,甲骨文借“羊”为“祥”。本义是吉祥,古音同部,李孝定释“羊”读为“祥”,汉洗铭有“大吉羊”,“羊”不从示。

己巳卜,王壬申不羊(祥)雨。二月。(前 4. 49. 1)

3. 从同一词的词义关系层面,判断甲骨文词本义。即通过某词的词义间的来源、变化关系判断本义与引申义。

在多义词中,根据这个词的多个义位出现的时间先后序列,或语义变化发展的逻辑关系,来判断哪个义位是本义,哪个是引申义。利用义位出现的时间序列推测本表词本义。

例如,“朋”的义位:A. 朋友;B. 结党;C. 宝货。甲骨文字形像两串贝(玉)连在一起,义为宝货和赏祭品。常有“贝朋”相连。

庚戌……贞:易(赐)多母有贝朋。(合集 11438)

叀贝朋。(甲 777)

……正不葬易(赐)贝二朋。(南坊 3. 81)

王国维《观堂集林 · 说珏朋》谓:五贝为一串,两串为一朋。朋是远古的货币单位。因两串为一朋,可引申为关系亲密的友人。《论语 · 学而》:“有朋自远方来。”又引申为结党。《新唐书 · 李绛传》:“趋利之人,常为朋比,同其私也。”根据义位 A、B、C 出现的时间先后,可判断“朋”的本义是宝货。

例如，“君”在卜辞有两个义位：A. 方国的君长；B. 同尹，殷的官职名。①

一期卜辞写作⿱尹口，为义位 A。

君入。（甲 3006）

二期卜辞写作⿱尹口，同“尹”，赵诚认为有口无口无分别，如“啓”有口无口无别一样。

辛巳卜，㱿贞：多君弗言余其㞢于庚亡祝。九月。（存 1.1507）

义位 A 是君的本义，义位 B 是引申义。《说文》：“君，尊也。从尹发号，故从口。”由本义引申为天子和诸侯的尊称，与臣相对。《孟子·离娄上》：“欲为君，尽君道；欲为臣，尽臣道。”

借表词的本义（基本义），可以通过考察义位在古文献中出现的时间先后，以及义位间的语义逻辑关系来推测。

例如，“单”本为一种狩猎工具，又用为武器。甲骨文写作¥、⿱¥田，字形与“干”相近，所以“狩”“獸”的初文从¥，又“戰”也从單为证。“单”用为借表词，在古汉语中主要义位有：A. 单一、单独；B. 单薄、薄弱；C. 单层（如衣物）；D. 记载事物的纸片。从义位语义逻辑关系和时间先后顺序来看，这四项义位的关系为：

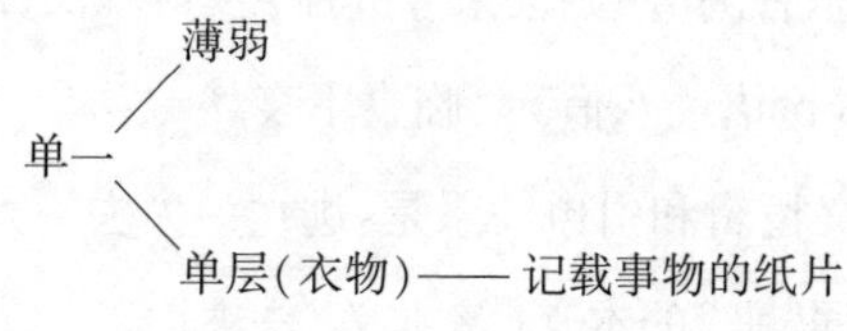

① 参见徐中舒主编：《甲骨文字典》，成都：四川辞书出版社，1998 年，第 89 页。

A. 单一。《荀子·正名》：“单足以喻则单，单不足以喻则兼。”

B. 薄弱、单薄。《后汉书·耿恭传》：“耿恭以单兵固守孤城。”

C. 单层（衣物）。《管子·山国执》：“春缣衣，夏单衣。”又唐代白居易《卖炭翁》：“可怜身上衣正单。”

D. 记载事物纸片。宋代胡太初《昼帘绪论·听讼篇》：“切不要案吏具单……”

所以，借表词“单”的基本义是义位 A。

例如“喪”，甲骨文像采集桑叶之形，假借为丧亡之丧，卜辞中表示“亡失”之义的辞例，如：

戊午卜，宾贞：不丧众。（宁 3.43）

其丧人。（甲 1099）

《说文》：“丧，亡也。”指逃亡。《礼记·檀弓下》“丧人无宝”，“丧人”即逃亡在外的人。

古汉语中“丧”的义位还有：

A. 失去。《孟子·告子上》：“非独贤者有是心也，人皆有之，贤者能勿丧耳。”

B. 死亡。东晋陶潜《归去来兮辞序》：“寻程氏妹丧于武昌。”

C. 丧事。《论语·八佾》：“临丧不哀。”

义位的语义逻辑和引申关系是：逃亡→失去→死亡（失去人）→丧事。借表词“丧”的本义（基本义）是逃亡。

4. 从词义的语义结构及其义素关系层面，判断甲骨文词本义。词义具有指称对象的功能，能概括、区分对象类别。在指称对象时，词义概括反映出同类现实现象的共同特征，其中包含小类的区别特征。

义位的语义构成，总可以分成两类义素，即与概念里的种概念相应表共性的方面和与属差相应表个性的方面。① 从词义比较或语义场角度观察义位的语义构成时，义位的义素可分为中心义素和限定性义素。② 例如，甲骨卜辞有：

　　𡆥：陷牛　　（粹 38）

　　𡆭：陷羊　　（甲 823）

　　𡆪：陷犬　　（前 7.3.3）

　　麕：陷鹿　　（前 6.41.4）

这四项词义形成一个语义场，中心义素是[陷]，表示所属的语义场，限定义素分别是陆地哺乳类动物[牛]、[羊]、[犬]、[鹿]，它们的语义结构是：[陷]+[动物]+[哺乳类]+[旱生]。

如果从词义的性质即指称和词义分布系统上看，义位的构成义素可分为指称义素和区别性义素两类。③ 义位的语义结构式可表示为：

义位：[指称义素]+[区别性义素]

这样就可以确定义位在句子语义组合结构中的性质类别，亦即义位的词汇意义和语法意义类别：名词义位指称事物，动词义

---

① 贾彦德：《汉语语义学》，北京：北京大学出版社，1992 年，第 128 页。

② 蒋绍恩：《古汉语词汇纲要》，北京：北京大学出版社，1989 年，第 49 页。

③ 张联荣：《古汉语词义论》，北京：北京大学出版社，2000 年，第 189～197 页。

位指称行为动作或变化，形容词义位指称性质状态。区别性义素则包括两类：(1)特征类区别性义素(行为的方式、状态或事物的形态或性质)；(2)表事物的类别范围的区别性义素。以上列出的四项词义都是动词，指称义素是［陷］，［动物］〈［牛］/［羊］/［犬］/［鹿］/……］〉是表示事物类别、范围的区别性义素。

在语义场环境中，义位的语义结构多用中心义素和限制性义素来进行分析。在分析多义词的词义系统时，则更适合用指称义素和区别性义素进行分析，从而有效地分解、剖析各个义位的语义结构的关系，能够比较精确地把握义素的来源、派生、扩展、收缩、存在和消失等情况。这种义素分析，可以观察、比较出从本义到引申义各义位的语义结构变动情况；反之，也可以从各引申义的语义结构逆推本义的语义结构。

动词“见”，在甲骨卜辞中的义位(参见徐中舒《字典》“见”字义项)有：

A. 视也，《说文》：“见，视也。”段注：“析言之有视而不见者。”故以目观看，词义为看见。

乙酉卜，王贞：自(师)不余其见。二月。(后上31.3)

B. 巡视也，即周行察视。

贞：乎(呼)往见于河有来。(库1572)

C. 谒见也(下对上，拜见之义)。

己未卜，赧贞：缶其来见王。(合301)

D. 读如展，省阅也，即察视之义，察看。

……戌卜，贞：见百牛𢓊用自上示。(前七32.4)

E. 侦伺也,即侦探窥视之义。

贞:彝人五千乎(呼)见𢀛方。(续 1.13.5)

F. 召见,指上见下。

贞:乎(呼)见自(师)般。(林 1.25.6)

这五项义位的语义结构和义素可分析为:

"见"的义位:	指称义素	+ 区别性义素
A. 视也:	[视]	+[方式]+[目看]+[结果]+[看到]
B. 巡视:	[视]	+[方式]+[周行]+[察看]
C. 谒见:	[视]	+[方式]+[拜谒]+[对象]+[下对上]+[看到]
D. 省阅:	[视]	+[方式]+[仔细]+[察看]
E. 侦阅:	[视]	+[方式]+[侦探]+[对象]+[方国]+[探看]
F. 召见:	[视]	+[方式]+[召命]+[对象]+[上对下]+[看到]

哪个义位是本义,哪个是引申义呢?在确定指称义素是[视]以后,分析区别性义素的源流关系。B 至 F 是"人目看到"之义引申出来的,由于指称义素[视]未变,蕴含的义素[看]贯穿于各引申义,词性也未变化,只能是一个词位,只不过"视"的对象、方式发生了变化。这样分析可以更精确地认识本义和引申义的关系。显然,准确、精确地分析语义结构和义素,是判断本义和引申义的语义关系的重要方法之一。

5. 从语义语法结构和语法意义层面判断某词义的用法和内容,辨识其在卜辞中是否用作词本义。这是查征词本义用例的重要方法。在卜辞句法结构上,观察某个词充当句子成分的情况,从而推断该词义在辞例中是否用为词本义。例如:

(1)己巳贞:王来逆有若。(合集32185)

(2)于来日庚彡,王受祐。(合集30435)

(3)于来日丁亥又(侑)岁伊……(合集32795)

例(1)中,“来”作谓语中心词,是动词,表示“行来”。例(2)(3)两句中“来日”和“于”构成介词词组表示时间,作状语。“来”限制“日”,表示“时间将至”。例(1)中的“来”表示行来义,是“来”的借表词本义,有卜辞例证。依据某词在句中充当的语法成分以及词义内容和分布的情况,可辨识其词本义是否在卜辞中出现。这是辞例依据原则的具体体现。

四、甲骨文词本义的语义范畴类型

古汉语的语义认知框架,自殷商时期至后世,一方面在整体上保持继承、传续状态,另一方面又有诸多更迭变化。现代汉语的语义认知框架及其具体认知内容,与殷商时代已有较多差异。古今汉语词义系统所反映的概念内容、内涵、外延以及分类,既有延续性,也有差异性,殷商甲骨文词义系统与现代汉语已有很多不同。尽管如此,古今汉语在语法和深层语义组织结构方面具有同构性的特点。

甲骨文词义的语义范畴系统性,不仅蕴含着甲骨文词汇语义的聚合层面,也涵盖词义的组合结构关系层面。甲骨卜辞语句中词义组合关系形成的类聚,不仅表现在语法结构表层,更是句子深层语义结构制约的结果——这种词义组合关系的类聚必然联系着词义的语义范畴类型及其系统性。

甲骨文词本义的语义范畴，当依据甲骨卜辞语言事实进行分类。我们从《甲骨文字典》中选录、理析出 580 个有字本义或疑似有字本义的甲骨文字。依据甲骨卜辞辞例中词义出现和使用的情况，对这些字所表示的词义进行定性、定量分析，以辨识其是否用为词本义。在此基础上，进一步探讨这些词本义的语义范畴的性质，概括、归并其语义范畴类型。可以归并为三大类：反映名物类，反映行为活动和变化类，反映性状类。同时，结合词义在古文献中的用法，与甲骨卜辞辞例进行印证，查看这三大类词本义在句子中的语法意义和词汇意义，进而观察三大类词本义与语法层面的词类对应情况。

通过查看、比照和词义验证，得出三大类词本义中，名物类义位与名词相应，行为活动和变化类义位与动词相应，性状类与形容词相应。但是，这三大类词本义的语义范畴，与其词项在语句中充当的句法成分并不是一一对应的，而呈现多功能性和一定的灵活性，情况比较复杂。

在语义层面上，三大类词本义充当句义深层结构成分的情况是：名物类通常充当谓项，还可以充当辅助成分；行为活动和变化类充当谓词，有时也可以充当谓项；性状类可以充当谓词、谓项和辅助成分。观察甲骨文词本义的三类语义范畴在语义结构层和语法层上的对应转换关系，有助于我们准确理解其词本义的语义范畴的系统性，从而可以观察、拟测出一个完整的甲骨文词本义的语义范畴分类系统模式。下面从理论上对观察、拟测情况予以阐述。

词义总系统是语言系统的内模块①,其结构模式呈现为:按义位的组合关系而分布的义位类聚系统。这种模式是由语言系统的"目标—运行程序"和义位的性质这两方面决定的。

首先,语言系统的总目标,以及为实现这一目标而形成的运转规则,决定了词义的语义范畴系统的结构模式。一方面,人们使用语言系统的目标在于传达语言信息,进行语言交流。就甲骨卜辞语言来看,卜辞具有巫术占卜的功能,这其实是口语占卜、记述、传达的语言信息,也是进行语言交流的一种方式。卜辞用语被当时的人们认为是能够传达巫术意旨、信息的,是可以和"神灵"世界沟通、对话的。从一般意义上看,语言系统在表达、交流过程中传递语言内容,使得各个层面(语义、语音、语法等)的语言结构单位都服务于这一目标。义位作为词汇语义基本单位,必然也为语言信息的传达而进行义位与义位的组合。另一方面,语言系统的运行规则即组合与替换②,也决定了语义层面上的词义单位——义位,在语义系统中呈现出横向组合关系和纵向聚合关系。

其次,义位的性质决定了词义的语义范畴类型系统的结构模

① 按:语言系统可以被看作是一个总模块系统(modular system),由许多子系统构成,这些子系统都具有一定的结构和功能,在总系统中各有自己的作用,是总系统的内模块(internal modularity)。子系统和子系统相互作用,有机地联系在一起,它们之间存在着信息的"输出—输入"的推导关系。子系统和最小子系统在语言总系统中,执行"目标—运行程序"的规则,以完成语言总系统的任务。

② 参见叶蜚声、徐通锵:《语言学纲要》,北京:北京大学出版社,1997年,第31页。

式。词有词汇意义和语法意义。词汇意义是一种反映义，可以分为指称意义(denotation)和系统意义(sensen)。[①] 有的学者认为义位属于词汇意义类型(词义类型)上的语义单位，它主要用于指称对象，并且通过反映抽象去概括对象，从而在各种同类对象中区分对象。其观点固然不错，这是从传统词汇学角度来认识义位的意义类型及其语义功能的；然而，词汇意义仅是义位的意义类型和功能的一个方面。从义位的动态使用和分布来看，义位不仅处于词汇语义的聚合关系中，还处于动态组合关系中。也就是说，义位除了具有词汇意义外，还具有语法意义。

在词义的演变或历时关系上，词义主要有词本义、引申义两种词义类型。符淮青先生认为它们是从词的派生关系上分出来的词义类型。[②] 从语义结构单位上看，词的本义、引申义都是义位。从语义系统中去观察，词本义总系统是词义总系统中的一种按词义类型划分的系统。

经以上分析，可以明确三个方面：义位的语义范畴的性质，词本义在词义总系统中的位置，以及义位与词本义的关系。根据义位的语义范畴的性质，即义位主要用于指称对象这一点，贾彦德认为，义位可分为并列的三大类：一类反映世界上的万事万物；二类反映世界万事万物的性质特征；三类反映万事万物的运动、变

---

① “指称意义”，贾彦德在《汉语语义学》中认为是“reference”的译文；张联荣《古汉语词义论》根据莱昂斯等人的说法，认为是“denotation”的译文，与“reference”(所指内容)相区别。本文采用张联荣说。

② 参见符淮青：《词义的分析和描写》，北京：语文出版社，1996 年，第 37 页。

化、行为、活动、状态。[①] 第一类义位与语法中的名词相应,第二类义位与语法中的形容词相应,第三类义位与语法中的动词相应。简言之,这三类义位是分别从对象、性质、变化三个方面来反映万物的。

如果从归纳、划分语义范畴的角度看,义位应划分、归属为:名物类语义范畴、行为活动和变化类语义范畴、性状类语义范畴。这三类义位的语义范畴性质都具有组合关系上的内在要求,义位在语义层面上可组合为语义深层结构,通过语法结构手段上升为句子表层结构。所以,义位在组合关系上的分布,就呈现出义位的聚合类。

所谓语义范畴,我们认为是对同类型的语义、语义关系具有的共性反映义所作的抽象概括和归类。语义层面上的语义范畴与语法层面上的语法意义范畴相对应,有狭义、广义两种解释。这里采用狭义的解释,认为语义范畴就是对性质相同的义位所作的抽象概括和归类,或者说是具有共性反映义的义位类聚。三类义位聚合(名物类、行为活动和变化类、性状类),也就是三类语义范畴。这里使用"语义范畴"这一概念,目的是从语义的内容和形式两方面研究义位,与语法层面上"词"的"语法范畴"相对应、相链接。仅从语义的纵向聚合关系看,名物类语义范畴、行为活动和变化类语义范畴、性状类语义范畴,三者的关系是并列的;但是,在句子的语义结构中,三者处在不同的组合结构层次上。

---

① 参见贾彦德:《汉语语义学》,北京:北京大学出版社,1992 年,第 216 页。

句子的深层语义结构主要包含四种成分，即谓词（predicate）、项（argument）、描述成分和连接成分。前两种是中心成分，后两种可合并称为"辅助成分"，是非中心成分。三类语义范畴充当这三种成分，按一定标准划分多层次的类，每层划分采用二分法，示意如下：

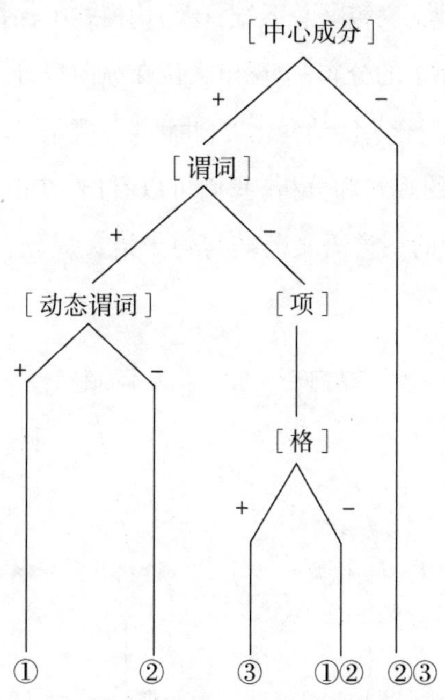

其中，[中心成分]、[谓词]、[项]、[动态谓词]、[格]是划分标准。"①"表示行为活动、变化类语义范畴，"②"表示性状类语义范畴，"③"表示名物类语义范畴。

以上示意一方面说明，三类语义范畴在句子的深层语义结构中充当什么语义成分；另一方面也说明，三类语义范畴是按一定语义功能标准从不同层次上划分出来的。

词本义系统是在词义总系统中,按词义类型而划分的子系统;而甲骨文的词本义总系统则是殷商时代古汉语词本义总系统中,按"断代"截面划分的共时子系统。在这里,之所以称为"总系统",是因为这些词义系统都处在共时层面上,是符合语言系统的"目标—运行程序"的完整系统。因此,甲骨文词本义的语义范畴系统与殷商时代词义范畴总系统,在结构模式上保持同构性:义位在横向组合关系上的分布,呈现出义位在纵向聚合关系上的类,并且可分为名物类、行为活动变化类、性状类三类语义范畴。

根据前面的观察和分析,我们可以看出,在甲骨文词本义的总系统里,义位的三类语义范畴与句子语义成分、词类之间具有的对应关系:

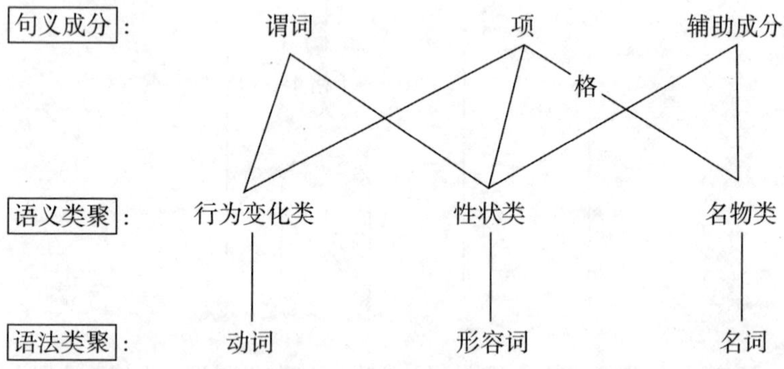

甲骨文词本义的三类语义范畴,在纵向语义聚合关系上是并列的,每类语义范畴下摄多层义位系统,以多层级的语义场为其结构形式。三类语义范畴实际上是三个总的语义场,从纵向和横向分出多层语义场或义位,它们之间存在着并列关系、交叉关系和联接关系。

从词义内容和词义系统性来看，虽然甲骨文词义系统与现代汉语的词义系统存在诸多差异，而且具体词义内容，词义反映的概念、概念分类，以及词义的语义认知框架也有很大差别，但是如前所述，甲骨文词本义的语义范畴类型与现代汉语的语义范畴类型具有同构性。同时，我们还观察到，尽管甲骨文词义系统的具体语义场内容、层级分类都与现代汉语有较大差异，然而，在语义范畴的总义场结构方面具有同构性。因此，依据殷商甲骨文词义的实际内容，在如实描写其词义关系系统的基础上，可按现代科学观和现代语义认知分类模式，划分甲骨文词本义的语义范畴及其语义场层级结构。将现代语义科学分类视域与殷商语义认知和词义概念观相对接、交融，并加以描写、解释，这样的方法更具有科学性。在具体操作上，我们参考了贾彦德《汉语语义学》中拟构的“现代汉语总语义场”，结合句义深层结构和语法组合规则，以拟测殷商甲骨文词本义的语义范畴类型系统模式。

五、名物类语义范畴

（一）名物类语义范畴概况

甲骨文词本义系统中的名物类语义范畴反映名物类对象，是名物类总语义场，与语法上的名词对应。从现代科学和语义认知角度划分，这类语义范畴可分为：自然界和人类自然生理、人类社会、人的精神意识和想象中的神灵世界四个次范畴。其下涉及各类大语义场，每个大语义场下面可分出许多类小语义场，层层分下去,直至最小义场和义位。这些子义场、最小义场和义位,有的是整齐排列的,有的不是,情况比较复杂,需要我们对各类义场进行层级分析。

在自然界类生物语义场中,人类义场包括人的生理和生存条件等多层次的子义场,人的生理义场有人体器官、生育、健康、疾病等多层的次子义场或最小义场。动物类义场有:旱生动物,如兽类——“虎、鹿、麋、兕、象、豹”,以及“麀、麎”等;畜类——“马、牛、豕、羊、犬”以及“牢、宰、騂”等;虫类——“虫、蛇、昆、萬、蜀、它(蛇)、龘”等,水生和两栖类动物(“鱼、龟、黽、鼍、鲶”等),以及飞禽类和其他动物类,等等。植物类义场有:木本植物(“木、林、杏、柳、杞、柏、棕、枬、棢”等),草本植物(“屮、蒿、竹”等),粮食等农作物(“禾、黍、稷、麦、米、穆、由、蘴、栗、桑、果”等),等等。

自然界和人类生命体的名物类语义场还有时间、空间类以及数字、数量等类。而自然界类非生物的名物类语义场,主要包括自然环境及自然现象等子义场。自然现象子义场有运动状态的自然现象类(“风、雨、霖、雪、云”等),静止状态的自然现象或物体类(“山、丘、田、阜、岳、麓、土、石、谷、滗”等),流动的水流类(如“水、泉、川、河、江、衍、渊”等)。时间类子义场有干支记时类,时间名称类[“祀、某祀、月、某月(数字+月)、日、某日(干支日)、春、秋、今、来、昔、凶、旬、翌(翌日)、湄(湄日)、朝、旦、大采、小采、食、日中、昏、晦、昃、莫、夕”等]。空间方位类子义场有“东”“西”“南”“北”,或“东方”“西方”“南方”“北方”,“上”“下”,“左”“右”“中”等,以及数字、数量和单位类义位。

商代社会类语义次范畴,包括社会关系、制度、生产、经济、交通、建筑、器物、祭祀、鬼神崇拜、占卜法等语义场。

商代社会关系语义场，有阶级成员子义场，臣下、从属等级和底层阶级如“众”“民”“臣”“奚”“仆”“婢”“嬖”“艮”“卬”“俘”等；上层统治阶级，如王室、先公、先王、先妣、贵族、臣正等。家庭关系成员子义场，如“祖”“公”“父”“妣”“母”“爽”“妇”“妻”“妾”“妃”“妇”“子”“孙”“兄”“妹”，以及“伯”（又作方伯义）、“叔”、“仲”、“季”等。

商代制度类语义场，分国家军政、法律制度和天文历法制度等子义场。国家军事、政治类子义场有王事、军政、职官、礼制、祀典制度等最小义场。法律制度类子义场有刑罚监狱，如“刖、剕、刵、劓、刞、删、刚、伐、执、圉、囚、辪”等义位构成最小义场。天文历法制度类义场，有天体星辰、天体气象（气象中有与自然现象重合的部分）和历法。殷历纪法，按董作宾《卜辞中所见之殷历》（1931 年）说法，有纪日法、纪旬法、纪月法、纪年法、纪时法。（这与自然界类的时间名称子义场有交叉、重合的部分。）

生产与经济类语义场，包括农业、渔猎、畜牧业、商业、手工业等子义场，交通、建筑、器物类语义场与生产经济类语义场相关联，可以构成一个大语义场，其中各类子义场分层繁多而细密。这类语义场中的义位与其他类语义场义位有重合交叉的部分。例如，畜牧业子义场中家畜、家禽的“马”“牛”“羊”“鸡”“豕”等，与自然界动物类部分重合。

祭祀类语义场包括祭名（祭祀活动）、祭祀方法、用牲法。商代有众多的祭祀词语，卜辞中常见如“彡”“𠭰”“羽（翌）”“岁”“祫”“祭”“祏”“彝”“福”“𠷎”“品”“司”“区”“示”“壴”“繇”，等等。这些义位通常用为动词,应归属在行为活动类语义范畴。但是有些祭祀类词语时常用作名词(即动名兼类词),又可划归为名物类。这些义位并不都是词本义,而且语义来源比较复杂,许多义位具有特定的祭法和用牲法上的语义功能。祭祀类语义场与国家制度中的祀典制类语义场有重合。

从现代科学和语义认知视角进行分类,名物类语义范畴还应当区分出华夏先民、商代人的精神意识次范畴和神灵世界次范畴。先秦古文献,如《诗经》《尚书》《周易》等,记载有商周时期人们的精神观念,其中的重要内容,不仅反映了当时人们对自然宇宙、社会和人的思考——既有哲理思想又有文化制度方面的理念,而且还反映了当时人们的鬼神迷信和占卜的观念。因此,商代的精神意识范畴和神灵世界范畴并不是同一的,有相异部分也有重合部分。甲骨卜辞所记录的占卜活动和祭祀内容,真实地反映了殷商人的精神意识和文化制度理念,而这些精神意识和理念也密切联系着当时人们的神灵世界观。但是,精神意识和神灵世界毕竟不是对等的范畴,故而应当区分为两类语义范畴。

就目前已知甲骨卜辞来看,其中所见的表示神灵世界现象的词本义,与殷商人的精神意识语义范畴相重合。词本义中的祭祀类和占卜类义位,"帝""龙""鳳"等神灵动物义位,以及自然神祇、先公、祖先神等义位,都同时关联着这两大类语义范畴。

精神意识范畴和神灵世界范畴在甲骨文词本义系统中占据重要位置,尤其是神灵世界范畴直接关涉祭祀、神祇、祖先崇拜、占卜法各个方面。神灵世界语义场包括:天帝的"帝"(上帝)和自然神祇、受祭先公等祖先神;想象中的神灵动物(如"龙、虹、鳳”)等。其中,受祭先公等祖先神多为专名。按华夏先民和商代人的观念,自然神祇是天象、天气、山岳、河川等自然名物或现象,其语义场中的义位,如“日”“月”“山”“河”“岳”“风(鳳)”“雨”“云”“晕”“雪”“雹”“霽”“雷”等即此。对于这些词本义的认识,应考虑所谓“神灵世界”观念方面的因素,自然界的某些天象、天气也可以归为神灵世界范畴。因此,自然界语义场的部分天象、天气、山岳、河川等子义场,与自然神祇类语义场之间存在层级的交叉和重合关系。

由于名物类语义范畴所统摄的各类语义场十分庞大复杂,义位层级繁多,所以下面我们只选取典型例子,对部分语义场进行描写和解释。

(二)商代社会关系语义场中的词本义

1. 平民、奴隶、战俘所组成的分类义场

平民、奴隶、战俘类义场又分若干小类,形成多个层次。表示平民和奴隶的上位词有“众”“民”“臣”等。

众:本义是从事农耕和从军作战的平民及奴隶。“衆”字形从日,从三人会意,与从(众人)字相区别(徐中舒《甲骨文字典》认为众是殷代的自由民;另说,众是从事农耕的奴隶)。本表词本义:

贞:叀小臣令众黍。一月。(前 4. 30. 3)

……大令众人曰劦田,其受年。十一月。(续 2. 28. 5)

贞:众有灾。九月。(前 5. 45. 5)

民:奴隶的总称。字形像刺目为盲,字本义为盲,用为“民众”

之“民”。《说文》:“民,众萌也。”《贾子·大政下》:“民之为言也,瞑也;萌之为言也,盲也。”暂定为借表词的本义。按:“民”为众萌之义,抑或为本表词的本义或引申义,需待进一步探讨。“臣”“民”二字古义为奴隶。郭沫若《甲骨文字研究·释臣宰》释“民”为“奴隶之总称”。兹用此说。

……卯民……奠王。(缀合91)

……卯民……其奠王。(乙455)

臣:屈服的臣仆奴隶,可管理其他奴隶。本表词本义。郭沫若《甲骨文字研究·释臣宰》:“臣民均古之奴隶也。”《说文》:“臣,牵也,事君也。”“臣”是商王朝臣仆,事君而做商王的仆从,其地位高于其他奴隶、仆从。卜辞还有“小臣”之称。因而奴隶语义场中的“臣”与臣正类语义场的词义重合(见下文)。

贞:今庚辰,夕用甗小臣三十、小妾三十于帚(妇)。(合集629)

共奠臣。(合集635反)

表示各种奴隶的下位词的义位构成一个最小类义场。比如:

臧:本义是败敌所获的奴隶,本表词本义。字形像以戈击臣之形。《说文》“臧,善也”当为引申义。卜辞中“臧”“隻(獲)”常在一起。李孝定《甲骨文字集释》和杨树达《积微居小学述林》认为“臧”为战败屈服之人。

王固曰:其隻(獲)其隹(唯)丙臧,其隹(唯)乙臧。(菁8)

奚:殷代用作人牲的奴隶,本表词本义。

庚午卜,侑奚大乙卅。(合28)

嫨:即女奚,一种女性奚奴人牲。

乙丑卜,王侑三媟于父乙,三月雨。(柏 8)

婢:女奴隶的一种,用为人牲。

乙卯卜,贞:王宾祖乙爽妣己姬婢二人鼓二人卯二牢,亡尤。(京 5080)

嬖:女奴隶的一种,用为人牲。

丁巳卜,其尞(燎)于河牢沈嬖。(后上 23.4)

王其又(侑)母戊一嬖,此受又(祐)。(粹 380)

可用为人牲祈祭的女奴还有“奸”“嫀”“孥”“姑”“姬”“娅”等词。表示俘虏的类义场由“艮(俘)”“卩”等词组成。其中,表示各种俘虏的词组成次类义场。这些次类义场中的词,如“羌”“姜”“而”“大”等,是以该俘虏所在的方国名来称呼(见赵诚《甲骨文与商代文化》),为下位词。这些俘虏统称为“艮”,为上位词。

艮:本义是捕获之人,即战俘,为俘虏通称,本表词本义。

□酉卜……㞢(侑)祖甲……用艮。(合集 743)

甲寅卜,贞:三卜用,盟三羊𣥅伐二十鬯三十牢三十艮三多于妣庚。(合集 22231)

“羌”“姜”(女羌奴)属于被俘奴隶,还有“而”“大”表示的奴隶均为借表词。

卩:被降伏的人们,字形像恭顺俯伏的人们,用作人牲:

戊寅卜,又(侑)妣庚五卩十牢不用。(佚 897)

壬……贞:其至十宰又(侑)二卩妣庚用牛一。(存下 582)

2. 王室、贵族、臣正、职官组成的分类义场

王室类义场中的词本义主要有“王”“公”“后”。

王:词本义为国家最高统治者,本表词,字本义为王权者。卜辞中指商王。

贞:勿隹(唯)王往以众。(合集 34 正)

壬戌卜,王其幫二方伯。(宁 1.442)

公:先公的统称,借表词本义。

辛亥卜,贞:壬子又(侑)多公岁。(粹 405)

后:本义为母系氏族的君长,乃一族之始祖母,用以称殷之先妣。字形像生子之形,后、毓、育通用。

甲寅贞:自祖乙至后(毓)。(粹 237)

庚戌卜,何贞:翊辛亥其又(侑)后(毓)妣辛饗。(合集 27456)

贵族类义场分两小类:一是同宗族所属,二是非同宗族所属。比如:

子:同宗族的贵族,即与殷为同姓氏的一族,属统治集团,借表词。曾运乾《尚书正读》云:"小子,盖同姓小宗也。"卜辞中有"多子""中子""小子"称法。裘锡圭先生认为"子"多指称商王同姓的族长。

生:即姓,子姓以外的氏族贵族,卜辞有"百生(姓)""多生"。

叀多生鄉(饗)。(合集 27650)

臣正、职官类义场,分内服和外服两小类子义场。

内服臣正、职官类子义场可以从职官高低和掌管事务两个角度分出最小类义场。按掌管事务内容分,有管祭祀(卜、巫、儒等)(徐中舒《字典》P878),掌管国家王事(臣、正、傅、伊、保等),军事(师、马、旅、射、卫、大、族、刺尹、马小臣、箙、戌、雀、索尹等),史官

(史、工、册、吏等),农业(耤臣、仆、众、臣),畜牧业(右牧、中牧、左牧等),掌管乐舞(万、舞、冒等)。此外,还有“任”(多任)、“亚”、“奠”、“老”、“宰”、“畯”、“晨”等。

以上最小义场中用为词本义的,例如:

巫:词本义是女巫,在殷代掌管巫术占卜事务。本表词,字形像女巫求祈神鬼所用的道具。《说文》:“巫,祝也。女能事无形以舞降神者也。”

亥扶女巫。(甲 2356)

尹:职官名称,为殷代大臣,又称“多尹”。

癸亥贞:王令多尹贵田于西,受禾。(人 2363)

令尹作大田。(丙 71)

保:职官名,殷旧臣。

癸未卜,出贞:侑于保叀辛卯饮。(存 1.1601)

史:甲骨文字形以手持𠁩,词本义为史官,本表词。《说文》:“史,记事者也。”

贞:我史亡其示。(丙 71)

癸巳卜,其乎北御史卫。(甲 1336)

吏:职官名。本表词。古“史”“吏”“事”字形无别。《说文》:“吏,治人者也。”

贞:勿命吏步。(铁 250.1)

雀:武官职名,或族氏、国名,借表词本义。有称“亚雀”者,为武丁时旧臣将领或雀族长。

癸巳卜,㱿贞:乎(呼)雀伐望危。(合集 6983)

癸卯卜,㱿贞:乎雀𢓊伐亘𢦏。十二月。(合集 6948)

工:字形像矩类工具之形。职官名,借表词。卜辞有“百工”“多工”之称。

庚寅卜,争贞:命登罘龛斫工卫有擒。(合集 9575)

……司我工。(掇 1.432)

畯:词本义为主管田地的职官名,本表词。《说文》段注:“田畯,教田之官。亦谓之田之月。……主农之官也。”

甲辰卜,[争]贞:亚畯保王亡不若。(库 1028)

外服臣正、职官子类义场有“君”“侯”“伯”“田”“卫”“男”等词。有的子类义场下(如“侯”“伯”等)又分小子类义场(“侯”前常冠以地域邦族名:“仓侯”“舞侯”“犬侯”;“伯”前也冠以方国、地域名:某方白)。此类义场中是词本义的有:

君:方国的君长。《说文》:“君,尊也。从尹发号,故从口。”徐中舒《字典》“尹为古代部落酋长”,应为各邦族、方国的统治者。又指商代官职名,后引申为诸侯国君。一期卜辞有:

君入。(甲 3006)

侯:商代地方长官,所管地域为殷的四域,与邦国相接。借表词本义。字形像射侯形,字本义为射侯。

贞:勿住侯虎从。(佚 375)

侯来告马。(乙 192)

贞:今……从仓侯虎伐[illegible](免)方,受有又(祐)。(前 4.44.6)

田:职官名,殷代外服侯田男卫之田,为地方长官,借表词。古文献中作“甸”。

……以多田亚任……(粹 1545)

多田亡𢦏。(京4563)

男:职官名,殷代外服侯田男卫之男,为地方官长,借表词。

庚辰卜,贞:男苟……亡祸。(前8.7.1)

贞:隹(唯)……男克。(京2122)

3. 卜辞中王室的亲属词构成关系义场

其包括三种关系:配偶关系、生育关系、同胞关系。这三种关系在近亲层和次亲层上分别有不同的语义分布。

按男性血统层次辈分的划分,语义分布在"祖""父""子""孙"四层次上,其中"祖""孙""父"表示辈分时用为本表词本义。甲骨文字"子"(𢀈)和"巳"(♀)均像童子形,造字取义为孩子,本表词本义是孩子。"子"表示子辈,是"子"的引申义。"子""巳"通常都假借为地支名,但偶有用为词本义的语例。"巳"(子)有时用为本表词的本义"孩子"。

祖:本义是宗祖、祖辈之人。卜辞用为商王之祖,即先王,本表词。

乙巳卜,宾贞:三羌用于祖乙。(合集379)

贞:今日㞢(侑)于祖丁。(合22)

父:𠂇字是"斧"字初文,"父"表示父亲义,殷商时代用于指称父辈,是常用基本义。

甲戌卜:㞢(侑)父甲今日。(合集2104)

孙:子之子曰孙,字形从系从子,像系子延续后代形,本表词本义。

多子……孙……田。(后下14.7)

□□卜……孙……受祐。(合集31217)

同辈的关系子义场中,男性有“兄”“弟”,女性有“妹”。“兄”“弟”“妹”之称在商代不分同胞(父母)和非同胞(父母),统称之。其中,“弟”用为词的引申义。

兄:兄长,包括同父母的兄弟和不同父母的兄。《说文》:“兄,长也。”

癸酉卜,亘贞:侑于兄丁。(续1.13.1)

壬辰卜,大贞:翌乙亥侑于兄。十二月。(卜31)

仲:伯仲之仲,殷代有大、中、小排行之称,本表词。

戊午卜,石坠疒仲不㚔。(乙5405)

戊午卜,而弗其以我仲母不……(前6.59.7)

女性辈分关系子义场有“妣”“母”“女”“妇”,其中“女”用为引申义。

妣:祖妣(先祖的配偶),商王室对各代祖母的通称,借表词本义。

……二告于高匕(妣)己。(合集2364)

不隹(唯)妣甲。(前1.31.6)

母:父的配偶,商王室对各代母辈的通称,本表词本义。

甲寅卜,㱿贞:禦妇井于母庚。(合集2756)

隹(唯)母庚蚩子安。(合94)

妇:表示一种妇女身份。应为商王嫔妃(商王配偶),地位很高,可参与国家大政。

……王妇。(存1.1014)

帚(妇)姘娩嘉。(前4.32.2)

子辈(或子女辈分)关系义场中有"子""女""姪"等词,仅"姪"用为词本义,而"子""女"表示子女辈分时是引申义。

以上关系义场是从辈分层次来划分的,每一层都有生育关系和配偶关系的语义分布。如生育关系的义位可分布在父辈层、母辈层和子辈层之间。血统层级辈分语义场与同辈分成员语义场有交叉和重叠关系,如子辈即此。

配偶关系子义场中有"妣""母""女""妇""妻""妾""爽""妃"等词,与女性辈分关系在语义分布上相互重叠。

妻:泛指女性配偶,辈分不限。

示壬妻匕(妣)庚。(丙 205)

祖乙妻。(掇 1. 184)

妾:女性配偶的通称,用为先公、先王之妾,也可用为时王之妾,还可用为某子之妾。(见赵诚《甲骨文简明词典》)妾与妻的地位不同。《说文》:"妾,有罪女子,给事之得接于君者,从辛,从女。"甲骨卜辞有:

示壬妾匕(妣)庚。(佚 99)

子商妾盂。(粹 1239)

爽:商王配偶,卜辞中"爽"字在"祖"和"妣"之间或之后,表示某妣为某祖之配偶。经籍作同义之字有"逑""仇"。

大戊爽匕(妣)壬。(掇 45)(后上 2. 3)

匕(妣)己祖乙爽。(南明 660)

以上商王配偶称谓,既可用称先王的配偶,又可用称时王的配偶。"母""女"二词也可以这样使用。

(三)动物类语义场中的词本义

动物类义场中有禽、兽、牲畜小类义场。畜类义场下面又分各种子类义场,如牛类、羊类、马类子义场等。子类义场还可再分为次子类义场或最小类义场,构成多个层次,各层之间存在上下位关系。

1. 牛类家畜子义场

牛:本义是家畜的一种,头部有角,哺乳类、食草、反刍、体大家畜。本表词本义。甲骨文字形像牛头。

甲戌卜,贞:翌乙亥㞢于祖乙三牛。(陈 30)

丙子卜,桒牛于祖庚。(乙 8406)

“牛”是牛类家畜的统称,从“牛”旁的字多与牛有关,词义属牛类义场,“牛”是上位词。下位词有“牡”“牝”(牛类性别),“牢”“物”。

牡:雄性牛类家畜。

辛巳贞:其桒生于妣庚妣丙牡羖白豭。(粹 396)

勿㞢牝,叀牡。(丙 317)

牝:雌性牛类家畜。

……卜,贞:……生于高妣……牡牝。(合集 34079)

㞢于妣己南卯牝。(乙 7008)

牢:甲骨文字形像圈栏养畜牛之形。本表词本义,表示经过专门饲养用作祭牲的牛。

大甲[illegible]叀大牢。(粹 192)

叀小牢。(甲 389)

物:甲骨文从牛从勿。本表词本义,表示杂色的牛类家畜。

丙申卜,行贞:父丁岁物,在五月。(戬 6.7)

甲戌卜,王曰贞:物告于帝丁,不繇。(粹 376)

2. 羊类家畜子义场

"羊"是羊类家畜的统称,为上位词,下位词有"羒""牝"(羊类性别),以及"宰""羔"等词。

羊:甲骨文字形像羊头。本义是一种食草、反刍、头上有角的哺乳类家畜。本表词本义。

甲申卜,宾贞:尞(燎)于东三豕三羊囗犬,卯黄牛。(续 1.53.1)

其又(侑)小丁叀羊。(合集 27330)

羒:雄性羊类家畜。

辛未卜,卯于祖乙羒豜。(乙 2854)

牝:雌性羊类家畜。

其㞢戉(岁)于二司一牝。(甲 875)

又(侑)妣庚牝。(乙 8852)

宰:甲骨文字形像圈栏养羊之形。本表词本义,表示经过专门饲养用作祭牲用的羊。

贞:翌辛未其侑于血室三大宰。九月。(铁 176.4)

贞:今日酒小宰于父乙。(合集 2215)

羔:未成年的羊类家畜,即小羊,可用为祭牲。《说文》谓:"羔,羊子也。"徐中舒《字典》:"以小羊会意为羔。"

……辰卜,㱿贞:蠢尞(燎)十豲羔卯。(铁 86.3)

3. 马类家畜子义场

马是马类家畜的统称,是上位词。下位词有"駐""駝"(马畜性别),"驪""驳""騂""騽"(毛色分别),"鷐""犒"(体形分别),"駛""寓""騂"(用途)等组成最小类义场。

马:本义是一种食草、哺乳类动物、四肢强健、善跑的牲畜。从"马"旁的字多与马类有关,本表词本义。

甲辰卜,殻贞:奚来白马。王固曰:吉,其来。(合集9177)

贞:……乎(呼)取白马氐(以)。(合集945正)

駐:雄性马类家畜。

乙未卜,暊贞:师貯入赤駐其[illegible]。(合集28195)

駝:雌性马类家畜。

……小駝……子白……不白……(合集3411)

驪:本义是深黑色的马,甲骨文从马,丽声,与后来造出的从马利声字为一字。《说文》:"骊,马深黑色也。从马,丽声。"

叀骊眔大騂亡灾。弘吉。(佚970)

叀骊眔……子亡灾。(前4.47.5)

驳:杂色的马。《说文》:"驳,马色不纯。从马,爻声。"徐铉曰:"爻非声,疑不象驳文。"

叀并驳。(甲298)

庚戌卜,贞:王……于麐驳[illegible]。(缀71)

騽:本义是脊背为黄色、身为黑色的马;騂:本义是赤色马;鷐、犒:本义均为身体高大的马。

马类词按饲养处所或用途形成最小类义场,如:

寓:本义是饲养在马厩里,祭祀时可用作祭牲的马。

騂:本义是牢厩中驯养的马,祭祀用牲。与寓略有不同。

叀并騂亡灾。(前4.47.5)

叀骊眔大騂亡灾。(佚970)

4. 豕类家畜的子义场

豕类家畜包括家养的猪和非家养的猪(野猪)两小类,其下可再分出多个次类义场。

彘:非家养豕,即野猪,可用为祭牲。甲骨文字形像豕身被箭射中之形,以指称野猪。罗振玉《增订殷虚书契考释》:“从豕身着矢,乃彘字也。彘殆野豕,非射不可得。”

贞:尞(燎)三羊三犬三彘。(乙2381)

丙戌卜,侑于父丁叀彘。(乙766)

豕:家养豕类动物通称,商代祭祀可用为祭牲。

丁巳卜,又(侑)尞(燎)于父丁百犬百豕,卯百牛。(合集32674)

癸未贞:叀今乙酉又父岁于祖乙五豕。(合集32512)

家养猪类构成子类义场,上位词是“豕”,下位词是“豭”“豝”“豭”“豶”,按性别和有无生殖器分别构成两个最小类义场。“豕”的下位词还有“豢”“圂”“豚”“豰”“豩”等。这些词多数在卜辞中用为词本义,可作祭牲。

豭:雄性家养豕的通称;豝:雌性家养豕的通称。二词语义相对,形成两性关系的小语义场。

豭:写作[oracle-bone glyph],是非去势的豝;豮:写作[oracle-bone glyph],是已去势的豝。“豭”和“豮”语义相对,形成一个小语义场。

豕类家畜中,用于豢养繁殖的一类称为“豢”,其本义是豢养猪,作动词,引申义为所豢养的猪豕。“圂”的本义为圈中豢养之豕,卜辞中用为本义。

豚:本义是小豕,《说文》:“豚,小豕也。”甲骨文字从月从豕,像小猪吃母猪奶之形。可用为祭牲。

十五豚。(前 3. 23. 6)

叀犬又豚用。(合集 30867)

彀:本义是小豚,《说文》:“彀,小豚也。从豕,殸声。”可用为祭牲。

庚申卜,殸贞:昔祖丁不黍隹(唯)彀。(乙 1968)

豩:本义是山间的群豕,即豳地的豕,是野生的豕。《说文》:“豩,二豕也,豳从此,阙。”“豩”,古“豳”字,可用为祭牲。

豩三羊犬三帝。(甲 3634)

5. 动物类义场的兽禽类子义场

兽类有鹿类、虎类、犬类、猴类等最小义场,还包括“象”“彔”“兔”“鼠”等词。水生类子义场和两栖动物类子义场,有鱼类、龟类、黽类等,子场包括各种鱼类以及“龟”“龥”“黽(蛙类)”“鼉”等词。飞禽类子场有“鸟”“凤”“隹”“雀”“雉”“鸡”“燕”“雇”“萑”“雏”等,“凤”属于飞禽类,是想象中的神鸟,与神灵动物义场中的词义重合。昆虫类子场有“萬”“蜀”“虫”“蚰”“龜”“它(蛇)”等。

鹿类子义场，卜辞中常见如下几词：

鹿：本义是鹿类动物的泛称。陆地野生哺乳类，有枝角，善跑，本表词本义。

狩隻(獲)失擒鹿五十又六。(前 4. 8. 1)

癸酉卜，王其逐鹿。(合集 10950)

鹿类子义场包括性别“麀”(雌性)、“𪊲”(雄性)。

鹿类按鹿角的形状、特征、有无，以及成年鹿和幼鹿的关系，构成义场。卜辞中的常见词有：

麋：本义是麋鹿，鹿类一种，冬至解其角，本表词本义。卜辞里有“逐麋”(甲 882)、“擒麋”(天 79)，用为词本义。

麑：鹿之子，无角。甲骨文作，文献中写作麛、麑。本表词本义。卜辞中有“逐麑”“隻(獲)麑”(佚 990)等例。

虎类子义场中，“虎”为上位词，“虒”“虘”为下位词。卜辞中常见词有：

虎：虎类的通称，哺乳类食肉动物，为猛兽。本表词本义。

……允擒隻(獲)虎一，鹿四十，豕百六四……(乙 2908)

擒隻(獲)虎。(丙 284)

虒：母虎。卜辞有“不隹(唯)虒”(续 5. 33. 6)，用为词本义。

陆地野生动物语义场中的犬类子义场，有“狼”“狐”等词，卜辞中用为词本义。“犬”为豢养的犬科动物，卜辞中常见其词本义。下位词有“尨”“狂”。猴类子义场有“猱”“猶”等词，在卜辞中有词本义。陆地野生动物语义场，还有“象”“冡”“兔”“鼠”，其词本义也出现于卜辞中。

水生类和两栖类动物子类义场,有鱼类、龟类、黽类等词本义构成的最小义场。最常见的词本义如:

鱼:鱼类的统称,本表词本义。

戊寅……王狩京鱼擒。(前1.29.4)

丙戌卜,贞:疛用鱼。(库1212)

龟:本义是龟类的统称,本表词本义。

丙午卜,其用龟。(前4.54.7)

壬申,龟示四[岳]。(粹1495)

有来自南氏致龟。(乙6670)

飞禽类子义场中,卜辞用为词本义者,如:

鸟:鸟类的总称,本义是鸟。《说文》:“鸟,长尾禽总名也。”

贞:戛不我其来百鸟。(掇2.142)

隹:本义是短尾鸟。《说文》:“隹,鸟之短尾总名也。”

隻(獲)隹百四十八。(续3.24.2)

鸟隹类飞禽子义场中,“隹”“鸟”为上位词,“凤”“雉”“鸡”等为下位词。

凤:“鳳”字的本义是凤鸟,甲骨文“風”与“鳳”同字,是本表词本义。按商代人们的认知和观念,“凤”属于飞禽类神鸟,故又可划入神灵动物类。

于帝史凤二犬。(遗935)

雉:本义是野鸡,本表词本义。字形从矢射隹鸟。

隻(獲)豖五雉二。(明99)

隻(獲)麑二雉十。(天76)

庚戌卜,申隻(獲)网雉隻(獲)五十。(合354)

鸡:短尾隹的一种,家禽。《说文》:“鸡,知时畜也。”本表词本义。

……之日夕㞢鸣鸡。(海 1.1)

雏:小鸡。《说文》:“雏,鸡子也。”本表词本义。

乎(呼)取生雏。(乙 1052)

萑:即鸢,鸟类一种,本表词本义。卜辞有“射萑”(存 1.705)。

6. 神灵动物类子义场

卜辞中用为词本义的神灵动物,除飞禽神鸟“鳳”(凬)以外,还有“龙”“虹”。

龙:古代神话中的神灵动物。《说文》:“龙,鳞蟲之长……”

壬寅卜,宾贞:若兹不雨帝隹(唯)兹邑龙不若。王固曰……

帝隹(唯)兹邑龙不若。(遗 620)

虹:彩虹,神话中的一种蟲虫,有两首,能饮水。《说文》:“虹,螮蝀也,状似蟲。”《释名·释天》:“蝃蝀,其见每于日在西而见于东,掇(啜)饮东方之水气也。”

……有出虹自北饮于河。(菁四)

(四)植物类语义场

植物类语义场分为野生植物类义场和农作物类义场。商代人对于草木植物和木本植物的区分不很明显,所以这里不作具体区分。

1. 野生植物类子义场

卜辞中表示野生植物的字,已确定其字本义者,如“木”“杏”

“柳”“杞”“柏”“苴”“蒿”“竹”“杜”“榆”“朱”“杖”“椭”“棋”“林”“森”“楚”“屮”“艿”等。其中“竹”在卜辞中用为本表词本义：

王用竹若。(乙 6350)

叀竹先用。(后下 21.2)

其它字在卜辞中或用为引申义，或用为地名、人名，尚未见其用为本表词本义。

2. 农作物类子义场

农作物类子义场有“禾”“黍”“𥞤”“秝”“穧”“麦”“䆃(稻)”“穆”“秦”“栗”等词及其本义义位。食粮类及禾谷实类有“米”“粟”。卜辞又见“桑”(桑树)、“㮚”(果实)，其字义明确，但在卜辞中用为借表词。

在农作物类子义场中，主要的词本义义位如：

禾：禾谷类农作物的总称。《说文》：“禾，嘉谷也。”本表词本义。

辛卯卜，桒禾上甲三牛。(合集 33312)

庚午卜，贞：禾有及雨。三月。(前 3.29.3)

黍：禾谷类草本农作物的一种，子实去皮后叫黄米，有黏性，即黏谷。《说文》：“黍，禾属而黏者也。”本表词本义。

甲子卜，𣪊贞：我受黍年。(续 2.29.3)

甲午卜，𢍃黍高祖乙。(粹 166)

𥞤：甲骨文写作𠯑、𦥑，是禾谷类作物的一种。本表词本义。

我受𥞤年。(乙 771)

𥞤其㞢祸。(乙 3462)

弗其受畬年。(合 138)

禾:甲骨文像禾穗上下谷的颗粒之形,本义是粱禾谷类作物的一种(或粟)。本表词本义。一说是小麦。

我受禾年。三月。(前 3. 30. 3)

禾年㞢足雨。(前 4. 40. 1)

穧:本义是稷(禾谷类草本作物),即谷子或谷穗。未去皮的子实称粟,去皮称小米,是商代主要粮食作物。

我弗其受穧年。(铁 241. 1)

“穧”字在卜辞中也借用为地名。

麥:麦类作物,有人说是大麦,“来”为小麦。李孝定认为“来”“麦”本为一字,因假“来”为行来字,故又制麦字表示来麰的本字。《说文》:“麦,芒谷。秋种厚薶,故谓之麦。”

月一正日食麦。(后下 1. 5)

稻:即䆃,禾谷类作物一种。徐中舒《甲骨文字典》隶定为稻,也有人认为是豆,陈梦家隶定为秬。卜辞中用为词本义。

不其受䆃(稻)年。(佚 400)

癸巳卜,㱿贞:我受䆃(稻)年。三月。(遗 456)

禾谷作物的果实及食粮类子义场中,用为本表词本义的主要有:

米:甲骨文像禾实之形,本义是谷米,禾谷作物子实去皮后叫米。《说文》:“米,粟实也。”本表词本义。

癸巳贞:乙……王其登米。(后下 29. 15)

贞……其登米于祖乙。(外 53)

粟:稷的果实,谷类作物的果实未去皮的叫粟。去皮的叫小米。《说文》:“粟,嘉谷实也。”

□申卜:声(馨)粟其登兄辛。(后上 7.10)

……其登粟于……(粹 1574)

按:辞例“声(馨)粟其登兄辛”中的“粟”字,有的学者释为“黍”。

另,“枽”的字本义为果实,在卜辞中借用为人名、地名。

六、行为活动、变化类语义范畴

(一)行为活动、变化类语义范畴概况

在甲骨文词本义的语义范畴类型中,行为活动、变化类语义范畴,反映人、动物的行为活动,或者事物现象的运动、发展、变化,可作为一类语义范畴总语义场。它在语法上与动词对应,包括人的行为活动(也包括神性事物的行为运动,具有人格化),动物的行为活动,植物生长变化,物体和自然现象的存在、变化(动态)四个次范畴。

1. 人的行为类语义场

人的行为活动次范畴,可分为动作行为和活动两大语义场。人的动作行为语义场包括:

(1)手的动作子义场——由“及、取、戍、役、牧、教、更、改、隻、秉、为、共、爰、受、圣、羞、再、振、臾”等词组成。

(2)足的动作子义场——由“步、正、迨、辻、逆、復、还、追、逐、遘、逴、遷、往、御、值、征、各、出、逆、涉、衍、陟、降”等词组成。

(3)与“目”有关的行为子义场——由“相、省、见、觀、冒、峴”

等词组成。

(4)与“口”有关的行为子义场——由“言、讯、曰、问、命、令、吹、召、饮”等词组成。

(5)与“耳”有关的行为子义场——由“耶(听)、闻、聋、聑”等词组成。

(6)与“人体”形态有关的行为子义场——由“从、乳、育、祝、保、企、濡(濡身)、𨈏、并”等词组成。

(7)凭借工具的行为子义场——由“耤、剥、禽(擒)、戔、辰、斻、乇、刺、析、射、引、劦、乍、铸、卯、焚、罗(寧)、炔、至、网、洒、沐、沫”等词组成。

(8)人的生理、生育、疾病及其他子义场——由“孕、乳、娩(冥)、疒、炔、疫、夢”等词组成。

以上八种子义场都可以分出多层、多类次级子义场和最小义场。

2. 人的活动类语义场

人的活动类语义场,大致包括:

(1)农牧渔猎等生产活动子义场——有农牧类的“芻、采、圣①、[illegible]、敹、牧、剥、釆、舂、辰②、蓐、埶”等词,有渔猎类的“田、禽、甾、𤰔、圂、䧵、䴢、狩、隻、麗、渔、阱”等词。

(2)占卜和祭祀活动子义场——有“占、固、贞、卜”等占卜活

① “圣”,本义是开恳土地,见于省吾:《甲骨文字释林·释圣》,北京:中华书局,1979年。

② “辰”,本义是“中耕除草”,作动词,与“蓐”是同义词。“辰”字释“中耕除草”义,参见温少峰、袁庭栋:《殷墟卜辞研究——科学技术篇》,成都:四川省社会科学院出版社,1983年,第214页。

动义位。商代有一百多种祭祀形式和祭祀用牲方式，卜辞中常见者，如"又/㞢（侑）、示、祭、祏、𠦪、酢、彡、𠭰、羽（翌）、岁、宾、登（蒸）、槱、㪔、𣪘、㲋、礿、柴、祫、彝、奠、帝（禘）、求、祈、𠕋（册）、伐、舌、卯、𩰫、癸、告、祝、福、祼、尞（燎）、烄、熯、將、𠬝、𩚵、𦄛、𠷎、𦥑、品、司、区、尊、吕、壴、緐、羞、爿、沉（沈）、陷"等词及其本义。甲骨卜辞中有些义位是用专字表示的，如"沉"实际上是两个义位，"沉羊以祭"用𣲛，"沉牛以祭"用𣲗。祭祀类语义场归为祭祀（活动）、祭祀方法、用牲法三类分义场，可再分为多层级的次级义场。这些词的本义与占卜、祭祀直接联系，不可分割，有的词是本表词，有的是借表词。

（3）政治、军事等活动子义场有"侵、𢦏、嗣、赐、戌、戋、肇"等词及其本义。

3. 动物行为活动类义场

动物行为活动类语义范畴，有"𦍒"（羊叫）、"牟"（牛叫）、"鸣"（鸟叫）、"犷"（犬吠）等义位组成的最小义场，有"羴"（羊群发出的膻味）、"虤"（两虎相斗）、"麤"（鹿跑得快而远）、"逸"（动物跑失）等义位组成的最小义场。

4. 植物生长变化类义场

植物的生长变化语义范畴，有"年"（谷物成熟）、"生"、"𦔳"（秝）[1]等词的本义。

---

① "𦔳"，本义是插禾而生，禾苗间隔有序地生长。此采用唐兰说，参见温少峰、袁庭栋：《殷墟卜辞研究——科学技术篇》，成都：四川省社会科学院出版社，1983年，第212页。

5. 物体、自然现象存在变化类义场

在物体和自然现象的存在、动态变化类语义范畴中，各类语义场有"合""会""有（又/㞢）""亡（无）""災""暵""虹""云""雨""雷""雾""晕""冲""溢""衍"等词。卜辞中与"日"有关的变化现象——"易日""出日""入日"应为动宾词组，而非词，故不列入这类语义范畴。

以上甲骨文动词义，属于行为活动和变化类语义范畴类，所列仅反映了其义位系统构成和分布类别的大致情况。这类语义范畴下摄各级语义场及义位，其中语义分布各有特点，情况不一，许多语义场之间的义位有重合部分。下面仅以词本义明确、义位分布典型的语义场为例证，进行简要描写和解释。

（二）人的动作、行为语义场部分子义场举例

在甲骨文的本表词中，与人手的动作和行为有关的词和词本义，可以直接从甲骨文字构形信息中分析出来，由此归纳、形成多个子义场。例如：

从"又"类最小义场——有"及、取、隻、秉、聿、妻、肄、㪥、㲋、羞、封、將、奴、㝵"等义位。

从"攴"或"殳"类的最小义场——有"攸、牧、敹、弢、鼓、教、改、更、敢、𢼄"等义位，以及"役、殺"等义位。

从"臼""廾"类最小场——有"廾、共、戒、興、與、𢍏、𢍜、𦥑、爰、受、圣、學、遣"等义位。

从"爫"（爪）类最小义场——有"采、爲、再、𥝌、孚、䜌"等义位。

从“丮”类最小义场——有“丮、埶、執、䢅、摯”等义位。

在甲骨卜辞中，人手的动作和行为子义场中用为本表词本义的，例如：

及：甲骨文字形像以手（又）捕人，词本义为逮及。

己亥，历贞：三族王其令追旨方及于[illegible]。（京4387）

犬追亘，亡其及。（合302）

𠩺：丰收，甲骨文字形像以攴击禾实粒，以示丰收。有成语“肆𠩺”，表示祈求丰收。

肆𠩺其雨。（粹1003）

取：甲骨文字形像以手（又）取耳，词本义是获取、收取。

贞：勿取羊于戈。（乙3581）

庚申卜，乎（呼）取犳芻。（合集117）

𣪘：甲骨文字形从又从示从木中，表示烧木火以祭祀。

癸巳卜，行贞：王宾𣪘，亡尤。（河472）

己丑贞：庚𣪘有于妣庚五。（前1.36.3）

㪔：甲骨文字形像以手（又）开户，词本义是开户门。

己巳卜，其㪔宿西户。（邺3.41.6）

役：甲骨文字形像以手（又）持攴驱使人，或击打人使之于事，词本义是役使。

贞：役隹（唯）有不正。（前6.4.1）

甲戌卜，㱿贞：王役不在……（后下26.18）

杀：甲骨文字形像乂杀之形，表示杀戮。

丁巳卜，行贞：王宾父丁杀十牛，亡尤。（粹302）

牧：甲骨文字形像以手（又）持攴驱牛，词本义是牧养牛。

庚子卜，贞：牧以羌延于丁曾用。（后下 12.13）

甲戌卜，宾贞：在昜牧隻（獲）羌。（贵 758）

敎：甲骨文字形像以手（又）持攴驱羊，词本义是牧养羊。

贞：于南敎。（乙 3935）

芻：甲骨文字形像以手（又）乂艸，词本义是割草。

……贞……于敦大芻。（前 4.35.1）

贞：父乙芻于壬。（乙 554）

教：甲骨文字形从手（又）持攴，从爻从子，表示教导童子学习。《说文》："教，上所施，下所效也。"词本义是教导。

a. 丁酉卜，其乎（呼）以多方小子小臣。b. 其教戒。（粹 1162）

学：甲骨文字形从爻，从宀从子，表示教导、学习与仿效，学与效为反训。

丁巳卜，㱿贞：王学众……（丙 21）

更：甲骨文字形像以手（又）持攴，从二丙，丙声，表示鞭驱，更是鞭的初文。

戊午卜，更……𢀛弗其擒。（乙 7690）

壬戌卜，王更……虎……（前 6.64.8）

改：甲骨文字形像以手（又）持攴，以攴教改错。词本义是更改。

弜改其唯小臣……众命，王弗悔。（前 4.27.2）

隻：甲骨文字形像以手（又）获及隹（禽鸟），词本义是获取，捕获禽兽，不限于禽鸟类。

贞：乎（呼）逐豖隻（獲）。（粹 947）

丁卯卜，王大隻（獲）鱼。（遗 760）

秉:甲骨文字形像以手(又)持禾束,词本义是秉持。

丁未……其秉……于且(祖)庚。(人 1804)

挚:甲骨文字形从又,从執,词本义捕捉罪人。

丁酉卜,古贞:兄挚[illegible]奚戉。(前 6. 29. 5)

爲:甲骨文字形像以手(又)牵象,表示助役,词本义是做事。

己丑卜,彭贞:其爲且(祖)丁宾门。(合集 30282)

丁未卜,㱿贞:我爲宾。(南明 145)

共:甲骨文字形从廾(双手)奉持,表示供聚,也表示供奉。

……㱿贞……克共百豖羊。(佚 158)

興:甲骨文字形像四手抬举舟盘形,词本义是举、興起。

丁卯卜,宾贞:岁不興,亡匄。五月。(甲 2124)

爰:甲骨文字形像双方以双手互援、互引,表示援助。

丁酉卜,王族爰多子族立于召。(南明 224)

受:甲骨文字形像双方以双手接受舟盘之形,从舟,得声。表示承受、受予;反训。

辛未贞:受禾。(后下 6. 16)

乙巳卜,亘贞:彗不其受年。(前 7. 43. 1)

敢:甲骨文字形像以手(又)持攴进取、对抗猎物,表示敢于进取。

辛丑卜,㱿贞:今日子商其敢基方缶,弗其𢦏。(乙 6692)

乙亥卜,内贞:今乙亥子商其敢基方,弗其𢦏。(乙 5349)

圣:甲骨文字形像双手掘土,表示掘土开田。

戊辰卜,宾贞:命永圣田于……(合集 9476)

甲子贞：于下人刖圣田。（合集 33211）

彝：甲骨文字形像以廾奉豆器、肉，表示进献黍、稷、肉、醴酒，以祀神祇。

丙子卜，其彝黍于宗。（掇 1.438）

癸巳贞：乙未王其彝米。（粹 909）

羞：甲骨文字形像以手进奉羊牲，表示进献祭品。

……祀其羞，王受又（祐）。（甲 2006）

贞：勿羞用。一月。（前 4.34.3）

爯：甲骨文字形像以爪手稱举，表示并举，登献物品。

庚午贞：王其爯朋于祖乙寮三牢卯……乙亥饮。（邺 3.45.12）

乙未卜，宾贞：于上甲告秋爯。（存 1.196）

𢦏：甲骨文字形从丮从戈，表示投献。

贞：基方不其𢦏。（前 5.12.5）

癸卯卜，王曰耑其𢦏。（前 4.42.2）

將：甲骨文字形从寸（又）爪（又）从爿，表示持将、扶治。

贞：于南方将河宗。十月。（续 1.38.3）

遣：甲骨文写作[illegible]，表示派遣。

……其遣戕……（粹 1219）

……亘贞：王遣若。（续 4.34.8）

以上所举动词的本义义位，均与人手的动作、行为有关，具有一定典型性，同类其他词和义位还有许多。另外，表示行为活动和事物运动变化类的词及其本义众多，所形成的语义场、子义场较为繁杂、庞巨。这里做典型举列，其他不再列出。

七、性状、特征类语义范畴

(一)性状、特征类语义范畴概况

甲骨文中表性状、特征类的词本义较少。此类语义范畴的总语义场反映事物的性质特征,在语法上与形容词对应。表示性状、特征的词本义,属于性状、特征类语义范畴,构成一个大语义场,下面由各层级子义场、最小义场及义位分层级组成。主要有形状类子义场、性质类子义场、色彩类子义场、特征类子义场、状态类义场。以下简要列举典型的语义场类型。

(二)形状类语义场

表示事物形状特征的义位构成的语义场,有些义位是对立关系。例如:

"大"—"小",组成最小极性义场。

大:本义是物体形状所占空间之大(引申为程度深、范围广之义),本表词。卜辞用为词本义,如:

……有新大星并火……(后下9.1)

贞:作大邑于唐土。(金611)

……湄日无災擒有大豕。(合集28310)

戊,王其田于斐擒大狐。(合集28319)

小:本义是物体形状所占空间之小,与"大"相对,是本表词。卜用为词本义,如:

丁亥卜,在小宗又(侑)㞢岁自大乙。(合集 34045)

叀十小牢又五……用。(屯南 793)

丙午卜,出贞:今夕侑……保三小宰。(合集 25040)

甲骨卜辞中表形状的词还有"高""员"(圆)。在传世文献中,"高""圆"有其对立义位,如"高"—"低"(或矮),"圆"—"方"。但目前所见甲骨卜辞有限,故而未见其对立义位。甲骨卜辞中"方"用为方土义和方国名、人名。

员:本义是物体形状为圆形,与"方"相对。"员"字同"圆",是"圆"的初文,是本表词。卜辞用为本义者,如:

弗员(圆)……(合集 20709)

戊戌卜,王贞:余弜立员(圆)宁(贮)史暨见奠终夕印。(英 1784)

卜辞中的"高"虽表示形容词,是先祖世系久远的意思,而未见其用于表示形状之高。(此义见于先秦传世文献)

(三)性质类语义场

甲骨卜辞中表示事或物的性质的词本义,如"妫(㚤/嘉)""吉""譱(善)""祥""鲁"等词,构成同义义场。

㚤:或隶作"妫",同于后来的"嘉"字,词本义是嘉美。如:

戊辰卜,殻贞:妇好娩,不其妫(嘉)。五月。(合集 14003)

二月庚申娩,不妫(嘉)。(合集 717 正)

贞:妇好娩,妫(嘉)。(合集 14000)

吉:本义是善,有吉利之义,或疑为借表词。如:

己未卜,王贞:气㞢奉于祖乙,王吉兹卜。(佚 894)

王固曰:吉,亡祸。(乙 3427)

善:本义是吉美,本表词,多用于祭名。卜辞中用为词本义,如:

丙子卜,㱿贞:勿譱饮河。(后上 24.10)

勿譱出示若。(缀 165)

祥:本义是吉祥,卜辞用“羊”为“祥”,借表词。如:

戊寅卜,王贞:勿羊(祥)步泉。(合集 21282)

己巳卜,王壬申不羊(祥)雨。二月。(前 4.49.1)

鲁:本义美嘉,本表词。

贞:其雨在甫鲁。(后上 31.2)

王固曰:吉鲁。(乙 7781)

“新”—“舊”,组成事物性质类最小的极性义场。

新:字本义是伐薪。借作新旧的“新”,借表词。如:

……有新大星并火。(后下 9.1)

丙戌卜,叀新豊用。(粹 232)

舊:字本义是一种鸟名,借为新舊的“舊”,借表词。如:

叀旧豊用。(粹 232)

……昔我旧臣……(库 1516)

(四)状态类语义场

甲骨卜辞描写天气观象状态的词本义,有“晕”“明”等,构成一个子义场。

晕:词本义是日旁云气,日光不亮,本表词。如:

癸巳卜,贞:今其有祸,甲午晕。(柏二)

乙酉晕,旬癸巳向甲午雨。(合集 6928 正)

明:词本义是天色(日、月)光明,本表词。如:

乙未卜,王翊丁酉酒伐,易日丁明大食。(续 6.11.3)

翊庚其明雨。(合集 6037 反)

描写处境(事物、心理等)状态的词本义,如"安""罗(寧)""宓"等组成同义义场。

安:安泰,平安,本表词。

贞:亡其安。(拾 10.17)

癸酉卜,争贞:王腹不安,亡延。(续 5.6.1)

贞……亡其安……(合集 18617)

寧:或隶作罗,表示宁息、安宁,本表词。

贞:今夕王宁。(合集 26162)

……在……商……兹月……宁。(英 2529)

宓:词本义是安,本表词。

贞:乎(呼)……宓[illegible]……(拾 14.11)

(五)色彩类语义场

卜辞中表色彩的词及其义位有"黄""堇""赤""幽""黑""白"等。

黄:字本义是环佩(释义参见郭沫若《金文丛考·释黄》,徐中舒《字典》P1475)。借为黄色的"黄",借表词。卜辞用为借表词本义,如:

贞:尞(燎)东西南卯黄牛。(合278)

叀黄牛。(粹545)

堇:字形与“赤”“烄”字相似。词本义是赤色(郭沫若《殷契粹编·考释》)。疑为借表词:

……其用堇牛。(粹551)

叀堇牡。(拾1.4)

赤:字形与“烄”字相似。字本义是以火红表示赤色。词本义是赤色,本表词。

癸丑卜,晱贞:有赤马……(铁10.2)

乙未卜,晱贞:师贮入赤駐其利,不𠧟吉。(合集28195)

幽:借表词,借表的基本义是黝,近于黑色。

叀幽牛又黄牛。(乙7122)

叀幽牛吉。(粹550)

黑:借表词,借表的基本义是黑色。

庚寅卜,贞:共黑豕。(英834)

惟黑牛吉。(怀1407)

……辛卯卜,㱿贞:不黑。(乙6698)

白:借表词,借表词的基本义是白色。

乙酉卜,御新于父戊白豭。(乙4603)

叀白羊又大雨。(粹786)

甲辰卜,㱿贞:奚不其来白马。(合集9177正)

除此之外,形容词“疾(急)”“卣/𠧟(修)”“𡕼(骤)”“列(烈)”均为借表词,在甲骨卜辞中用于形容雨、风等天气现象的状态。卜辞中常见形容词“引”，甲骨文写作[illegible]，过去学者多读为“弘”（如前引《甲骨文字典》所用卜辞语例即释“弘”），后来学者改释为“引”，表示长久、延长，多修饰“吉”。甲骨卜辞另有形容词“弘”，表示宏（或洪）大，甲骨文字写作[illegible]、[illegible]等形，如“癸未卜，争贞：生一月帝其[illegible]（弘）令雷”（《合集》14128正）即其例。

以上概述了甲骨文词本义的三类语义范畴：名物类、行为活动和变化类、形状特征类。同时，列出了其中较为典型的词及其本义义位。这三类语义范畴及其所辖多层级次语义范畴，可以用多层级的语义场模式关联、示意其结构系统。但是，各层级语义范畴之间的关系，具体义位所属范畴，并非简单化一，其交错，重合，多维关联，具体情况是复杂的。因而，这里所述仅为大致情况，所列语义场示意图只是综合性概况。见下页图2“甲骨文词本义的语义范畴类型系统简况”所示。

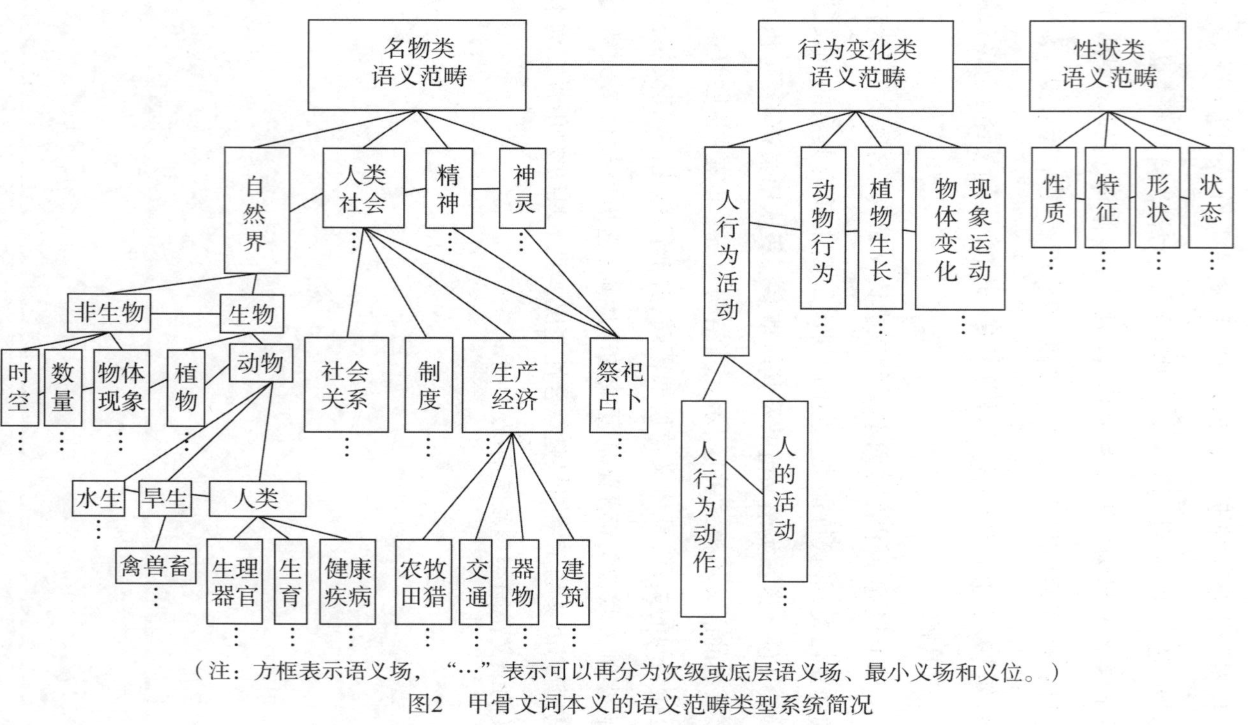

（注：方框表示语义场，"…"表示可以再分为次级或底层语义场、最小义场和义位。）

图2　甲骨文词本义的语义范畴类型系统简况

附:甲骨文中主要词本义举列[①]

001

, 一:

《说文》:“一,惟初太始,道立于一,造分天地,化成万物。凡一之属皆从一。”《说文》用老子道家哲学观念解释上古时期“一”的内涵。

甲骨文中“一”有词本义,作数词,表示基数一。(《合集》37204)

002

、、、, 天:

《说文》:“天,颠也。……从一大。”甲骨文字形从大、上从一或、,金文或作,即顶颠、头顶。

甲骨文中“天”有词本义,作名词,表示人的头顶、颠顶。(《合集》20975)

003

、, 上:

---

① 这里所列是甲骨卜辞中典型的词本义或词本义用法较明显者。除此之外,甲骨文词本义或疑似词本义还有许多。

《说文》:"丄,高也。此古文上,指事也。"

甲骨文中"上"有词本义,作名词,表示空间位置,方位之上。(《合集》27815)

004

[oracle bone forms]、[oracle bone forms]、[oracle bone forms]、[oracle bone forms], 帝:

《说文》:"帝,谛也。王天下之号也。从丄,朿声。"《说文》据小篆释字形造意不确。甲骨文"帝"字为"禘"之初文(参见《甲骨文字典》)。以架木燔所祭来象征上帝。

按:甲骨文中[oracle bone form]、[oracle bone form]等形下部像架木或束木燔祭形,上部从▽或一,与"鳳"字上端[oracle bone form]之▽形同,与"辟"字偏旁"辛"([oracle bone form]、[oracle bone form])的上部▽形同,推测其造意为掌法辟刑锥之权柄,又与"言"之上部"辛"形同,似舌干掌言发语之权。而"帝"之▽则为掌天地权力之象征,故▽形为天神帝位的象征,其上加"一"表示"上"或天颠。(另,王国维等释"帝"即"蒂"。)

甲骨文中"帝"有词本义,作名词,表示上神地位最高者、天帝。(《合集》30388)

005

[oracle bone form]、[oracle bone form], 示:

《说文》:"示,天垂象,见吉凶,所以示人也。从二、三垂,日月星也,观乎天文以察时变,示神事也。"据小篆和古文解释形造意不确。甲骨文“示”字像神主示位形(参见《甲骨文字典》)。

甲骨文中“示”有词本义,作名词,表示神主、庙主。(《合集》10613 正)

006

，祉：

《说文》:“祉,福也。从示,止声。”

甲骨文中“祉”有词本义,作祭祀动词,表示祉祭。(《合集》27202)

007

、、、、，福：

《说文》:“福,祐也。从示,畐声。”

甲骨文中“福”有词本义,作祭祀动词,表示满酒卣以祼祭。(《合集》25978)

008

、，祋/祐：

《说文》:“祐,助也。从示,右声。”甲骨文字形从示从又或収。

甲骨文中“祐”有词本义,作祭祀动词,表示祐祭。(《合集》22222)

009

，祭：

《说文》：“祭，祭祀也。从示，以手持肉。”

甲骨文中“祭”有词本义，作祭祀动词，表示祭祖或神祇活动的统称。（《合集》22692）

010

、、，祀、巳（祀）：

《说文》：“祀，祭无已也。从示，巳声。”

甲骨文中“祀”有词本义，作祭祀动词，表示祀祭活动。（《合集》14549 正）

011

、、、，叙：

《说文》无此字。甲骨文字形从又或収，从木示。

甲骨文中“叙”有词本义，作祭祀动词，许以牲体为报塞之祭。（《合集》23198）

012

，𥜽（祓）：

《说文》：“祓，除恶祭也。从示，犮声。”甲骨文字形从示木、从臼,是“祓”的初文。

甲骨文中“祓”有词本义,作祭祀动词,表示祓祭,祓除灾祸之祭。(《合集》21694)

013

[甲骨文字形],祖:

《说文》:“祖,始庙也。从示,且声。”甲骨文字“且”为“祖”字初文。

甲骨文中“祖”有词本义,作名词,表示父祖始庙之“祖”,卜辞中表示殷先公先王称谓。(《合集》1776)

014

[甲骨文字形],祏:

《说文》:“祏,宗庙主也。周礼有郊宗石室,一曰大夫以石为主。从示,从石,石亦声。”

甲骨文中“祏”疑为本义,作祭祀动词,表示祏祭。(《合集》2020)

015

[甲骨文字形]、[甲骨文字形]、[甲骨文字形]、[甲骨文字形]、[甲骨文字形]、[甲骨文字形],祝:

《说文》:“祝,祭主赞词者。从示,从人口。”

甲骨文中“祝”有词本义,作祭祀动词,表示祝祭。(《合集》32723)

016

、，斳(祈)：

《说文》："祈，求福也。从示，斤声。"

甲骨文中"斳"借作"祈"，有借表词的基本义，作祭祀动词，表示祈求、求福。(《合集》17086)

017

，禦：

《说文》："禦，祀也。从示，御声。"

甲骨文中"禦"有词本义，作祭祀动词，表示迎御之祭。(《合集》27559)

另，甲骨文字、即"钔"，在卜辞中用作"禦"。

018

、、，祸(𡆥)：

《说文》："祸，害也，神不福也。从示，咼声。"甲骨文字为"祸"之初文。、等形从骨，从卜，或从犬。卜辞常以"骨"字借作"祸"。

甲骨文中"祸"有词本义，作名词，表示灾祸。(《合集》20576正)

019

，[?]/[?]：

《说文》无此字。甲骨文字从廾从升从示。

甲骨文中“[?]”有词本义，作祭祀动词，表示[?]祭活动。(《合集》35776)

020

，[?]：

《说文》无此字。甲骨文字从又从贝从示。

甲骨文中“[?]”有词本义，作祭祀动词，表示[?]祭。(《合集》36747)

021

，[?]：

《说文》无此字。甲骨文字从臼(或又)从隹从示，会意持献禽祭祀。

甲骨文中“[?]”有词本义，作祭祀动词，表示[?]祭，持献鸟禽、兽类(以祭祖先)。(《合集》925 正)

022

[?]，[?]：

《说文》无此字。

甲骨文中“⿰米又”有词本义，作祭祀动词，表示⿰米又祭。（《合集》36521）

023

，三：

《说文》：“三，天地人之道也。从三数。”

甲骨文中“三”有词本义，作数词，表示基数三。（《合集》10109）

024

、，王：

《说文》：“王，天下所归往也。”

甲骨文中“王”有词本义，作名词，表示帝王称号，殷商时王。（《合集》32正）

025

、、、，玉：

《说文》：“玉，石之美有五德……象三玉之连，丨其贯也。”

甲骨文中“玉”有词本义，作名词，表示玉器。（《合集》4720）

026

，璞：

《说文》无此字。《玉篇》“璞”训“玉未治者”。字释又见《尔雅》等。

甲骨文中“璞”借为“戮”，有借表词的基本义，作动词，表示击伐。（《合集》6813）

027

，珏：

《说文》：“珏，二玉相合为一珏。”

甲骨文中“珏”有词本义，作名词，表示二玉相合之玉器，玉器礼制。（《合集》14588）

028

，气：

《说文》：“气，云气也。象形。”

甲骨文中“气”有词本义，作动词，表示云气起伏流动。另有借表词基本义，作动词“乞”，表示乞求，以及作动词“迄”，表示行至。（《合集》12532 正，《英》1923，《合集》795 正）

029

、、、，中：

《说文》:“中,内也。从口丨,上下通。”《说文》释形造意误,甲骨文字形像建中之㫃。

甲骨文中“中”有词本义,作名词,表示建中旗帜。(《合集》7369)

030

[甲骨文字形]、[甲骨文字形], 每:

《说文》:“每,艸盛上出也。从屮,母声。”释形误,甲骨文字形从屮在女(母)头上。

甲骨文中“每”借“悔”,有借表词基本义,作动词,表示懊悔、后悔。(《合集》26901)

031

[甲骨文字形]、[甲骨文字形], 萑:

《说文》:“萑,蓷也。从艸,萑声。”

甲骨文中“萑”有词本义,作名词,表示一种鸟名。(《合集》28348)

032

[甲骨文字形], 萑 [甲骨文字形], 雚:

《说文》:“萑,艸多貌。从艸,隹声。”又,《说文·萑部》:“萑,鸱属。从隹,从丫。有毛角,所鸣,其民有祸。……读若和。”又,

《说文》:"雚,小爵也。从萑,吅声。"

甲骨文中"萑""雚"借"觀",有借表词基本义,作动词,表示观看、查看;另借"獲",作动词,表示田获、猎获。(《合集》6069正,《合集》9607正)

033

,若:

《说文》:"若,择菜也。从艸右,右手也。一曰,杜若,香艸。"据小篆释形误,甲骨文字形像人双手捋顺头发之形,表示顺若。

甲骨文中"若"有词本义,作动词,表示顺。(《合集》795正)

034

88,兹(丝):

《说文》:"兹,艸木多益。从艸,兹省声。"释形误,甲骨文字形像丝形。

甲骨文中"丝"借"兹",有借表词基本义,作代词,表示近指,相当于"此"。(《合集》29256)

035

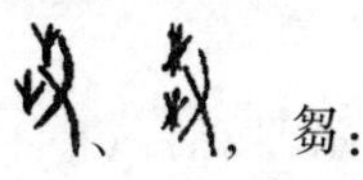,芻:

《说文》:"芻,刈艸也。象包束艸之形。"小篆"芻"形讹变,

《说文》释形不确。甲骨文字形从又从艸,会意手刈艸。

甲骨文中“芻”有词本义,作动词,表示刈草。(《合集》152 正)

036

、、、, 春(萅):

《说文》:“萅,推也,从艸,从日。艸春时生也。屯声。”

甲骨文中“春”有词本义,作纪时名词,表示季节“春”。(《合集》9518)

037

, 蓐:

《说文》:“蓐,陈艸复生也。从艸,辱声。”又,《说文》:“薅,拔去田草也。从蓐,好省声。”

甲骨文中“蓐”有词本义,作动词“薅”,表示除田草。(《合集》583 反)

038

、、、、, 莫(暮):

《说文》:“莫,日且冥也。从日在茻中。”

甲骨文中“莫”有词本义,作动词,表示日落。(《合集》29807)

039

、，葬：

《说文》："葬，藏也。从死，在茻中。"甲骨文字形从歺，死在口中。

甲骨文中"葬"有词本义，作动词，表示掩藏、埋葬尸体。（《合集》32829）

040

，小：

《说文》："小，物之微也。从八丨，见而分之。"据小篆释形不确。甲骨文以三或四小点表示小意，甲骨文"小""少"一字。

甲骨文中"小"有词本义，作形容词，表示事物形体、容量面积、数量、力度、强度等度量之小。（《合集》28546）

041

，八：

《说文》："八，别也。象分别相背之形。"

甲骨文中"八"借作数字，有借表词的基本义，作数词，表示基数八。（《合集》904 正）

042

，介：

《说文》:“介,画也。从八,从人,人各有介。”释形误。甲骨文字形从人两侧有多点,像人衣甲之形。(据《甲骨文字典》)

甲骨文中“介”借为“匄”,有借表词的基本义,作动词,表示匄求。(《合集》14393 反)

043

, 余:

《说文》:“余,语之舒也。从八,舍省声。”据小篆释形误,甲骨文字形像柱支撑房舍顶。

甲骨文中“余”借作自指“余”,有借表词基本义,作代词,表示第一人称。(《合集》809 正)

044

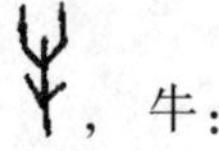, 牛:

《说文》:“牛,大牲也,牛件也,事理也。象角头三,封尾之形。”《说文》释形不确,甲骨文字形像牛头形,以牛头表示牛。

甲骨文中“牛”有词本义,作名词,表示牲畜类名。(《合集》34575)

045

、、, 牡、⿰羊土、⿰豕土:

《说文》:“牡,畜父也。从牛,土声。”

甲骨文中“牡”有词本义,作名词,表示牡牛。(《合集》34080)

046

,牝:

《说文》:“牝,畜母也。从牛,匕声。”

甲骨文中“牝”有词本义,作名词,表示牝牛。(《合集》7399反)

甲骨文中有、、、、,即⿰羊匕、⿰豕匕、⿰馬匕、⿸虍匕、⿰兕匕。

甲骨文⿰羊匕字表示母羊,⿰豕匕表示母豕,⿰馬匕表示母马,⿸虍匕表示母虎,⿰兕匕表示母兕。

047

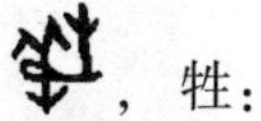,牲:

《说文》:“牲,牛完全。从牛,生声。”甲骨文字形从牛或羊,从生,生亦声。

甲骨文中“牲”有词本义,作名词,表示祭牲,即畜养的用牲。(《合集》5659)

048

,宰:

《说文》无此字。甲骨文字形从宀从羊。

甲骨文中“宰”有词本义,作名词,表示用作祭祀的羊牲,或用于宴享。(《合集》346)

049

[illegible], 牢:

《说文》:“牢,闲,养牛马圈也。”

甲骨文中“牢”有词本义,作名词,表示圈养之牛牲,用作祭祀或宴享。(《合集》29586)

甲骨文另有[illegible],即騂:表示圈养的马牲。

050

[illegible]、[illegible], 物:

《说文》:“物,万物也。……从牛,勿声。”

甲骨文中“物”有词本义,作名词,表示杂色牛。(《合集》33602)

051

[illegible]、[illegible], 告:

《说文》:“牛触人,角箸横木,所以告人也。从口,从牛。”据小篆释形不确,甲骨文字形从[illegible]口。

甲骨文中“告”有词本义,作动词,表示言告、告诉。(《合集》33359)

052

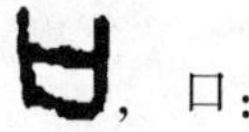，口：

《说文》："口，人所以言食也。象形。"

甲骨文中"口"有词本义，作名词，表示人或动物发音、进食的器官。(《合集》13643)

053

、，君：

《说文》："君，尊也。从尹发号，故从口。"

甲骨文中"君"有词本义，作名词，表示国族君长。(《合集》9336)

054

、、、、、，攺(启/啓)、啓：

《说文》："启，开也。从户从口。"又，《说文》："啓，雨而昼殅也。从日，啓省声。"

甲骨文中"启"(啓/攺)有词本义，作动词，表示启户、开门。(《合集》27555)

055

，吉：

《说文》:“吉,善也。从士口。”

甲骨文中“吉”有词本义,作形容词,表示善。(《合集》777反)

056

,各:

《说文》:“各,异辞也。从口夊。夊者,有行而止之,不相听也。”

甲骨文中“各”有词本义,作动词,表示来格、至。(《合集》27000)

057

,台:

《说文》:“台,山间陷泥地。从口、从水败貌。读若沇州之沇。九州之渥地也,故以沇名焉。”

甲骨文中“台”有词本义,作地理名词。(《合集》21114)

058

,由:

《说文》未收。“由”训“自”,训“因”,字见于古文献以及《尔雅》《广韵》《集韵》等。

甲骨文中“由”借为“咎”,有借表词基本义,作名词,表示灾

祸，上天或神灵降下的咎责。（《合集》2953 正）

059

、，單：

《说文》："單，大也。从吅甲，吅亦声。阙。"释形造意误。甲骨文"單"字与"獸"左旁同，"獸"从犬从單或干。甲骨文"單"字似用于狩猎擒获的长杆武器。

甲骨文中"單"用于假借，亦可用"干"字表示，有借表词基本义，作处所名词，如卜辞有"南单"。（《合集》6473 正）

060

，喪：

《说文》："喪，亾也。从哭从亾，会意，亾亦声。"据小篆释字形不确，甲骨文"喪"字像桑树之形，造字本意表示桑树。

甲骨文"喪"字用为借表词，卜辞中有借表词的基本义，作动词，表示亡失。（《合集》32002）

061

，走：

《说文》："走，趨也。从夭止。"

甲骨文中"走"有词本义，作动词，表示人奔跑。（《合集》17230 正）

062

、，止：

《说文》："止，下基也。象艸木出有址，故以止为足。"

甲骨文中"止"有词本义，作名词，表示"趾"，人足。（《合集》13683）

063

、，歸：

《说文》："歸，女嫁也。从止，从婦省，自声。"

甲骨文中"歸"作动词，表示返还，疑为词的本义。（《合集》5227）

064

、、、，登：

《说文》："登，上车也。从癶豆。象登车形。"《说文》释形造意误，甲骨文从癶、从廾、从豆，会意供奉器食、升进献豆之形。

甲骨文中"登"有词本义，作动词，表示汇聚供奉、蒸献用牲而祭祀。（《合集》28180，30304）

065

，步：

《说文》："步，行也。"甲骨文字形从二止向前之形。

甲骨文中“步”有词本义，作动词，表示前行。（《英》2564）

066

，此：

《说文》：“此，止也。从止从匕，匕相比次也。”

甲骨文中“此”借作“祡”，有借表词的基本义，作祭祀动词，表示祡祭。（《合集》27499）

067

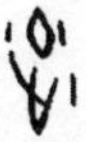

，辻：

《说文》：“辻，步行也。从辵，土声。”

甲骨文中“辻”有词本义，作动词，表示步行。（《合集》6573）

068

，還：

《说文》：“還，复也。从辵，瞏声。”甲骨文字形从行从眉从方。唐兰释“還”之本字。

甲骨文中“還”有词本义，作动词，表示还归。（《合集》6349）

069

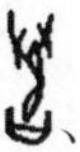

、、，遣：

《说文》:“遣,纵也。从辵,䢐声。”甲骨文字形从臼从自一(或口)。此是“遣”的本字。

甲骨文中“遣”有词本义,作动词,表示动词,派遣。(《合集》24412)

070

,進:

《说文》:“進,登也。从辵,閵省声。”甲骨文字形从止从隹。

甲骨文中“進”有词本义,作动词,表示登上。(《京》4001)

071

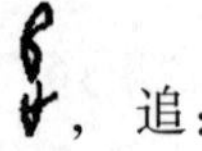,追:

《说文》:“追,逐也。从辵,𠂤声。”

甲骨文中“追”有词本义,作动词,表示追(人、师众)。(《屯南》190)

072

,逐:

《说文》:“逐,追也。从辵,从豚省。”

甲骨文中“逐”有词本义,作动词,表示逐(兽或人)。(《合集》5775 正)

073

，邇：

《说文》："邇，近也。从辵，壐声。"

甲骨文中"邇"有词本义，作动词，表示近至。（《合集》36824）

074

，途：

《说文》未收。"途"训"路""道"，释字见《尔雅》《玉篇》《广韵》等。甲骨文字形从止，余声。

甲骨文中"途"有词本义，作名词，表示道路、途中。（《合集》17055 正）

075

，戏：

《说文》无此字。甲骨文字形从戈从彳止。

甲骨文中"戏"有词本义，作动词，表示步武征行。（《合集》28943）

076

、、，得：

《说文》:"得,行有所导也。从彳,导声。"

甲骨文中"得"有词本义,作动词,表示"获得"。(《合集》508)

077

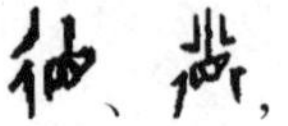

、，值(徝),或释为"循":

《说文》:"循,行顺也。从彳,盾声。"

甲骨文中"徝"有词本义,作动词,表示巡行(顺行察视)。(《合集》559正)

078

、、，御:

《说文》:"御,使马也。从彳,从卸。"

甲骨文中"御"有词本义,作动词,表示迎迓、遇到。(《合集》22099)

079

、，延:

《说文》:"延,长行也。从㢟,丿声。"

甲骨文中"延"有词本义,作动词,表示长行。(《合集》12921正)

080

，行:

《说文》:“行,人之步趋也。从彳,从亍。”

甲骨文中“行”有词本义,作名词,表示道路。(《屯南》2718)

081

、、、, 衛(韋):

《说文》:“衛,宿衛也。从韋帀,从行。行、列衛也。”

甲骨文中“衛”有词本义,作动词,表示军事防卫。(《合集》33001)

082

, 齿:

《说文》:“齿,口齗骨也。象口齿之形,止声。”甲骨文为象形字,像口中牙齿形。

甲骨文中“齿”有词本义,作名词,表示牙齿。(《合集》13660)

083

, 齲:

《说文》:“禹牙,齿蠹也。从牙,禹声。齲,禹牙或从齿。”

甲骨文中“齲”(禹牙)有词本义,作动词,表示齿疾。(《合集》13663 正甲)

084

、，足、正(重见“正”)：

《说文》：“足，人之足也，在下，从止口。”

甲骨文中“足”有词本义，作名词，表示人的脚足。(《合集》13694)

085

、，跀：

《说文》：“跀，断足也。从足，月声。”

甲骨文中“跀”有词本义，作动词，表示刖足刑。(《合集》580)

086

、，踬：

《说文》：“踬，动也。从足，辰声。”甲骨文字形从止从辰，辰亦声。止与足同。

甲骨文中“踬”有词本义，作动词，表示动、行动。(《合集》36427)

087

，龢：

《说文》:"龢,调也。从龠,禾声。读与和同。"

甲骨文中"龢"用为本义,作名词,表示和乐、乐曲调名。(《合集》30693)

088

、、, 册、栅:

《说文》:"册,符命也。诸侯进受于王者也。象其札一长一短、中有二编之形。"

甲骨文中"册"有词本义,作名词,表示典册。(《合集》7412)

089

、, 㗊:

《说文》:"㗊,众口也。从四口。"

甲骨文中"㗊"有词本义,作动词,表示应允授予(即众口应允)。(《合集》9615)

090

、、, 舌:

《说文》:"舌,在口,所以言也,别味也。从干,从口,干亦声。"甲骨文字形从口、舌干,会意舌。

甲骨文中"舌"有词本义,作名词,表示舌头。(《合集》13634正)

091

[illegible]、[illegible]、[illegible]，屰，[illegible]、[illegible]、[illegible]，逆：

《说文》："屰，不顺也。从干下屮。屰之也。"

甲骨文中"逆"有词本义，作动词，表示不顺，具体用法见于祭祀中，表示与顺序相逆的祀神程序。（《屯南》37）

092

[illegible]，丙：

《说文》："丙，舌貌。从谷省。象形。"释形造意误。甲骨文字像席垫形。

甲骨文中"丙"疑为本义，作名词，表示席垫。（《合集》23715）

093

[illegible]，十：

《说文》："十，数之具也。"

甲骨文中"十"有词本义，作数词，表示基数十。（《合集》321）

094

[illegible]，千：

《说文》："千，十百也。从十从人。"

甲骨文中“千”有词本义，作数词，表示基数“千”。(《合集》7325)

095

、，廿：

《说文》：“廿，二十并也。古文省。”

甲骨文中“廿”有词本义，作数词，表示基数二十。(《合集》10408正)

096

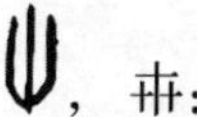，卅：

《说文》：“卅，三十并也。古文省。”

甲骨文中“卅”有词本义，作数词，表示基数三十。(《合集》22546)

097

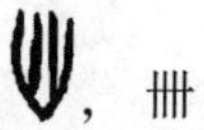，卌：

《说文》无此字。释字见《广韵》等书。

甲骨文中“卌”有词本义，作数词，表示基数四十。(《合集》37450)

098

、、，言：

《说文》:“言,直言曰言,论难曰语。从口,辛声。”

甲骨文中“言”有词本义,作动词,表示言语,说话。(《合集》13640)

099

,讯:

《说文》:“讯,问也。从言,卂声。”甲骨文字形从卂(或女)下从口,会意问讯。

甲骨文中“讯”有词本义,作动词,表示讯问。(《合集》1824反)

100

、,競:

《说文》:“競,彊语也。一曰逐也。从誩,从二人。”

甲骨文中“競”有词本义,作名词,表示二人牲。(《合集》31787)

101

,设:

《说文》:“设,施陈也。从言,从殳。殳,使人也。”

甲骨文中“设”有词本义,作动词,表示陈设。(《合集》13559)

102

𡚪、𡚪，妾：

《说文》："妾，有罪女子，给事之得接于君者。从䇂，从女。"

甲骨文中"妾"有词本义，作名词，表示女性配偶，特指殷王配偶或神祇配偶。（《合集》658）

103

𥝤，秄：

《说文》无此字。

甲骨文中"秄"有词本义，作动词，表示刈割禾谷。（《合集》28203）

104

𠬞，収（共/供）：

《说文》："廾収，竦手也。从𠂇，从又。"

甲骨文中"収"（廾）有词本义，作动词"供"，表示征聚、会聚众人或物件，与"登"同义。（《合集》6409）

105

𢍏，𢍏：

《说文》："𢍏，持弩拊。从廾肉，读若逵。"

甲骨文中“𢍏”有词本义，作动词，表示持供肉用以祭祀。(《合集》31770)

106

、、，戒：

《说文》：“戒，警也。从廾持戈，以戒不虞。”

甲骨文中“戒”有词本义，作动词，表示警戒。(《合集》20253)

107

、，兵：

《说文》：“兵，械也。从廾持斤，并力之貌。”

甲骨文中“兵”有词本义，作名词，表示兵械。(《合集》9468)

108

、，䢅(晨)：

《说文》：“晨，早昧爽也。从臼从辰，辰时也，辰亦声。”

甲骨文中“䢅”有词本义，作时间名词，表示晨时。(《合集》25157)

109

，鬲：

《说文》:“鬲,鼎属。实五觳,斗二升曰觳。象腹交文三足。”

甲骨文中“鬲”有词本义,作名词,表示鼎属炊器“鬲”(鬲形制,腹空、三足、阔足、无耳)。(《合集》32235)

110

、鬳(甗):

《说文》:“鬳,鬲属。从鬲,虍声。”

甲骨文中“鬳”有词本义,作名词,表示鬲属,有耳。(《合集》32125)

111

、鬺:

《说文》:“鬺,煮也。从鬲,羊声。”

甲骨文中“鬺”有词本义,作动词,表示用牲法。(《英》1891)

112

、餗:

《说文》:“鬻,鼎实惟苇及蒲。陈留谓健为鬻。从弼,速声。餗,鬻或从食,束声。”

甲骨文中“餗”(鬻)有词本义,作名词,表示鼎实。(《合集》14125)

113

，孚(俘)：

《说文》:“孚,卵孚也。从爪,从子。一曰信也。”甲骨文字“孚”是“俘”的初文。

甲骨文中“孚”有词本义,作动词,表示战争中俘获人口。(《合集》35362)

114

，爲：

《说文》:“爲,母猴也。其为禽好爪。爪,母猴象也。”许慎据小篆释形不确,甲骨文字形像以手牵象形,会意服作。

甲骨文中“爲”有词本义,作动词,表示助、作。(《合集》15179)

115

，埶：

《说文》:“埶,种也。从坴、丮,持亟种之。《书》曰:我埶黍稷。”

甲骨文中“埶”有词本义,作动词,表示植藝。(《屯南》2358)

116

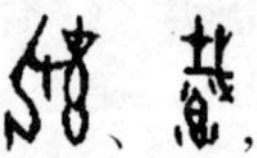，䎵：

《说文》:“䬭,设飪也。从丮,从食,才声。读若载。”

甲骨文中“䬭”有词本义,作祭祀动词,表示设饪以祭祀。(《合集》26899)

117

、，𢦔:

《说文》:“𢦔,击踝也。从丮,从戈。读若踝。”

甲骨文中“𢦔”有词本义,作动词,表示投献兵器。(《合集》29783)

118

，鬥:

《说文》:“鬥,两士相对,兵杖在后。象鬥之形。”

甲骨文中“鬥”有词本义,作动词,表示搏斗。(《合集》20231)

119

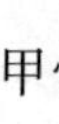

，又，、、，㞢(又/有):

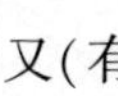

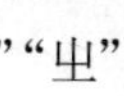

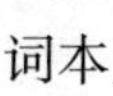

《说文》:“又,手也。象形。三指者,手之列多略不过三也。”

甲骨文中“又(有)”“㞢”有词本义,作动词,表示领有。(《合集》7694)

120

，厷(肱)：

《说文》:“厷,臂上也。从又。”

甲骨文中“厷”有词本义,作名词,表示臂肱。(《合集》13678)

121

，父：

《说文》:“父,矩也。家长率教者。从又举杖。”商周金文“父”字造意像以又(手)持石斧形。

甲骨文中“父”有词本义,作名词,表示生父及父辈。(《合集》672 正)

122

，及：

《说文》:“及,逮也。从又,从人。”

甲骨文中“及”有词本义,作动词,表示逮及、獲及。(《合集》28013)

123

、、，伇(役)：

《说文》:“役,戍边也。从殳,从彳。”甲骨文字形从人(卩)从殳。

甲骨文中"役"有词本义,作动词,表示役使、劳役。(《合集》5363)

124

，專：

《说文》:"專,六寸簿也。从寸,叀声。一曰專,纺專。"

甲骨文中"專"借为"剸",有借表词基本义,作动词,表示截断。(《合集》7603)

125

，更：

《说文》:"更,改也。从支,丙声。"

甲骨文中"更"有词本义,作动词,表示鞭驱[此释从于省吾说]。(《合集》10951)

126

、，败：

《说文》:"败,毁也。从支贝,败贼皆从贝,会意。"

甲骨文中"败"有词本义,作动词,表示毁。(《合集》6596)

127

、、、、、，牧、羖(牧)：

《说文》:“牧,养牛人也。从攴,从牛。《诗》曰:牧人乃梦。”

甲骨文中“牧”有词本义,作动词,表示牧牛。(《合集》28351)

128

，學:

《说文》:“斆,觉悟也。从教,从冂,冂,尚矇也,臼声。學,篆文斆省。”

甲骨文中“學”(斆)有词本义,作动词,表示教令。(《合集》32 正)

129

，卜:

《说文》:“卜,灼剥龟也。象灸龟之形。一曰象龟兆之从(纵)横也。”

甲骨文中“卜”有词本义,作动词,表示灼剥甲骨辨吉凶。(《合集》24239)

130

、、，⿴囗占/⿴囗卜(卟):

《说文》:“卟,卜以问疑也。从口卜。读与稽同。《书》云:卟疑。”

甲骨文中“固”有词本义,作动词,表示视卜兆定事或辨吉凶。(《合集》152 反)

[或释为“占”。]

131

,贞:

《说文》:“贞,卜问也。从卜贝。一曰鼎省声,京房所说。”

甲骨文中“贞”有词本义,作动词,表示卜问。(《合集》281)

132

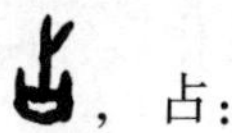,占:

《说文》:“占,视兆问也。从卜,从口。”

甲骨文中“占”有词本义,作动词,表示视卜兆问。(《合集》21068)

133

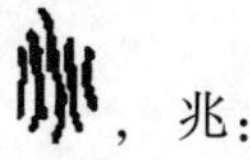,兆:

《说文》:“𠧞,灼龟坼也。从卜兆,象形。”甲骨文“兆”是“𠧞”的初文。

甲骨文中“兆”有词本义,作名词,表示卜兆象。(《合集》590 正)

134

，圃：

《说文》："圃，种菜曰圃。"

甲骨文中"圃"有词本义，作名词，表示苗圃、田地幼苗。（《合集》10022 甲）

135

，爾：

《说文》："爾，丽爾，犹靡丽也。从冂，从㸚，其孔㸚，尒声。此与爽同意。"

甲骨文中"爾"借作"邇"，有借表词的基本义，作形容词，表示近。（《合集》3297 正）

136

、，目：

《说文》："目，人眼。象形。重童子也。"

甲骨文中"目"有词本义，作名词，表示人眼目。（《合集》456 正）

137

，眔（暨）：

《说文》："眔，目相及也。从目，从隶省。"

甲骨文中"眔"疑为本义，作动词，疑有会及、会与之义，用于

表示祭祀类活动。(《合集》34559)

138

、，相：

《说文》："相，省视也。从目，从木。《易》曰：地可观者，莫可观于木。《诗》曰：相鼠有皮。"

甲骨文中"相"有词本义，作动词，表示省视、观相。(《合集》18410)

139

，奭/爽：

《说文》："奭，目衺也。从䀠，从大。大人也。"释字形造意不确。甲骨文从大，双手携双器物，二物相俪表示配偶义。(释字详见《甲骨文字典》)

甲骨文中"奭"(爽)疑为本义，作名词，表示先祖配偶。(《合集》23314)

140

，省：

《说文》："省，视也。从眉省，从屮。"甲骨文字从目生(屮)，生亦声。

甲骨文中"省"有词本义，作动词，表示察视。(《合集》

11175)

141

，自：

《说文》："自，鼻也。象鼻形。"

甲骨文中"自"有词本义，作名词，表示鼻。(《合集》11506 正)

142

，皆：

《说文》："皆，俱词也。从比，从白。"据小篆释形造意误。甲骨文字形从、下从口。

甲骨文中"皆"疑为本义，作副词，表示俱。(《屯南》1092)

143

、、，百：

《说文》："百，十十也。从一白。数。"

甲骨文中"百"有词本义，作数词，表示基数"百"。(《合集》10407 正)

144

，隹：

《说文》:“隹,鸟之短尾总名也。象形。”

甲骨文中“隹”有词本义,作名词,表示一种鸟名。(《合集》37367)

145

, 隻(獲):

《说文》:“隻,鸟一枚也。从又持隹。持一隹曰隻,二隹曰雙。”

甲骨文中“隻”有词本义,作动词,表示猎获。(《合集》10411)

146

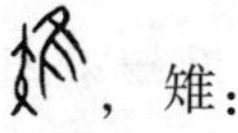, 雉:

《说文》:“雉,有十四种。……从隹,矢声。”

甲骨文中“雉”有词本义,作名词,表示一种鸟名。(《合集》10514)

147

, 鷄:

《说文》:“雞,知时畜也。从隹,奚声。”

甲骨文中“鷄”(雞)有词本义,作名词,表示一种鸟禽。(《合

集》33686)

148

, 雛/鶵:

《说文》:"雛,雞子也。从隹,芻声。"

甲骨文中"雛"有词本义,作名词,表示鸡子。(《合集》116正)

149

, 罹(羅):

《说文》:"罹,覆鸟令不飞走也。从网隹。读若到。"甲骨文字从网从隹。

甲骨文中"罹"有词本义,作动词,表示用网罩获鸟类。(《甲》3112)

150

, 隽:

《说文》无此字。

甲骨文中"隽"疑为本义,作祭祀动词,表示隽祭。(《合集》33281)

151

，⿱隹米：

《说文》无此字。

甲骨文中“⿱隹米”疑为本义，作名词，表示一种鸟名。（《合集》9572）

152

、，舊：

《说文》：“舊，雖舊、舊留也。从萑，臼声。”

甲骨文中“舊”有借表词基本义，形容词“旧”。（《合集》30694）

153

，蔑：

《说文》：“蔑，劳目无精也。从苜。人劳则蔑然。从戍。”许慎据小篆释形不确，甲骨文字形像以戈砍伐人形。

甲骨文中“蔑”有词本义，作动词，表示“杀伐”，与“伐”同义。（《合集》6611）

154

、，羊：

《说文》:“羊,祥也。从𦍌。象头角足尾之形。”据小篆释形不准确,甲骨文字像羊头形,以羊头表示羊。

甲骨文中“羊”有词本义,作名词,表示牲畜名“羊”。(《合集》672 正)

155

, 羔:

《说文》:“羔,羊子也。从羊,照省声。”甲骨文字形从羊从小,表示羔羊。

甲骨文中“羔”有词本义,作名词,表示小羔,羊子。(《铁》86.3)

156

, 莧:

《说文》:“莧,莧菜也。从艸,见声。”

甲骨文中“莧”有词本义,作名词,表示“羱羊”的俗称。(《合集》14801)

157

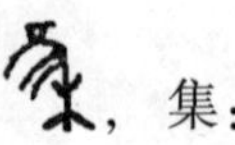, 集:

《说文》:“雧,群鸟在木上也。从雥,从木。集,雧或省。”

甲骨文中“集”(雧)有词本义,作动词,表示群鸟在木上。

(《合集》17455)

158

，鳥:

《说文》:“鳥,长尾禽緫名也。象形。鸟之足似匕,从匕。”甲骨文字像鸟形。

甲骨文中“鳥”有词本义,作名词,表示鸟禽。(《合集》522反)

159

、、，鳳(風):

《说文》:“鳳,神鸟也。……从鸟,凡声。”又,《说文》:“風,八风也。风动虫生,故虫八日而化,从虫凡声。”甲骨文中“鳳”“風”一字。

甲骨文中“鳳”有词本义,作名词,表示神鸟“鳳”、风神,祭祀对象。(《合集》14225)

160

、，朋:

《说文》:“古文鳳,象形。鳳飞群鸟从以万数,故以为朋党字。”许慎据战国古文和小篆释形造意不确。甲骨文、金文“朋”字本像贝串两挂相联之形,表示朋贝。

甲骨文中“朋”有词本义,作名词,表示宝货、朋贝。(《合集》11438)

161

,鳴:

《说文》:“鳴,鸟声也。从鸟,从口。”

甲骨文中“鳴”有词本义,作动词,表示鸟鸣。(《合集》17366反)

162

,鳶:

《说文》无此字。字见传世古文献和《广韵》《集韵》等。甲骨文字从戈从隹。

甲骨文中“鳶”有词本义,作名词,表示一种鸟名。(《合集》5739)

163

,華:

《说文》:“華,箕属,所以推弃之器也。象形。”

甲骨文中“華”有词本义,作动词,表示擒。(《合集》10308)

164

,再:

《说文》:“爯,并举也。从爪,冓省。”

甲骨文中“爯”有词本义,作动词,表示并举(祭品以奉献)。(《合集》32420)

165

、,玄/吿:

《说文》:“玄,幽远也。黑而有赤色者为玄,象幽而入覆之也。”

甲骨文中“玄”疑为本义,作形容词“玄”;另作形容词,表示幽微,标记于卜兆旁表示不清晰。(《合集》17745,《合集》15556)

166

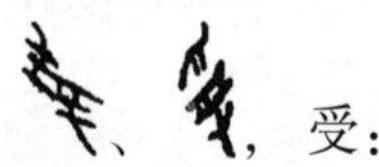,受:

《说文》:“受,相付也。从𠬪,舟省声。”

甲骨文中“受”有词本义,作动词,表示相付或领受。(《合集》6271)

167

、,𠭥(敢):

《说文》:“𠭥,进取也。从𠬪,古声。”据小篆释字形造意不确。

甲骨文“敢”字从手持干(杆)迎击对抗野豕,以表示敢于进取义。

甲骨文中“敢”有词本义,作动词,表示进取。(《合集》6577)

168

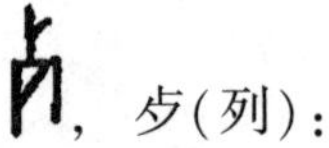, 歺(列):

《说文》:“歺,列骨之残也。从半冎。……读若蘖岸之蘖。”

甲骨文中“歺”有词本义,作动词,表示列骨,一种用牲法。(《合集》22134)

169

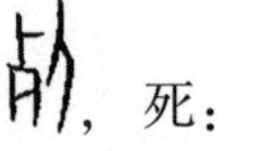, 死:

《说文》:“死,澌也,人所离也。从歺,从人。”

甲骨文中“死”有词本义,作动词,表示身死。(《合集》21890)

170

, 骨:

《说文》:“骨,肉之覈也。从冎有肉。”甲骨文字形像骨节形。

甲骨文中“骨”有词本义,作名词,表示骨。(《合集》709 正)

171

ᖱ, 肉:

《说文》:“肉,胾肉。象形。”

甲骨文中“肉”有词本义,作名词,表示胾肉(切割成块的肉),泛指人和动物体肉。(《合集》6507)

172

，肘：

《说文》:“肘,臂节也。从肉,从寸。寸手寸口也。”甲骨文字形像手臂肘腕。

甲骨文中“肘”有词本义,作名词,表示臂肘。(《合集》13676 正)

173

，腹：

《说文》:“腹,厚也,从肉,复声。”甲骨文字形从身(人之腹部形),复声。

甲骨文中“腹”有词本义,作名词,表示人身体的腹部。(《合集》5373)

174

，刀：

《说文》:“刀,兵也。象形。”

甲骨文中“刀”有词本义,表示名词“刀”。(《怀》1655)

175

、，利：

《说文》："利，铦也。从刀，和然后利，从和省。"

甲骨文中"利"有词本义，作动词，表示犁地艺禾。（《合集》27459）

176

，刚：

《说文》："刚，彊断也。从刀，岡声。"

甲骨文中"刚"有词本义，作动词，表示彊断，一种用牲法。（《合集》21955）

177

，刜：

《说文》："刜，击也。从刀，弗声。"

甲骨文中"刜"有词本义，作动词，表示断击、斫击。（《合集》21021）

178

，劓（劓）：

《说文》："劓，刑鼻也。从刀，臬声。"臬或从鼻。甲骨文字形从刀、鼻。

甲骨文中“劓”有词本义，作动词，表示刖鼻。（《合集》6226）

179

、，刵：

《说文》无此字。字见《集韵》《正字通》。

甲骨文中“刵”疑为本义，作动词，表示一种用牲法。（《合集》308）

180

、，耤：

《说文》：“耤，帝耤千亩也。古者使民如借，故谓之耤。从耒，昔声。”释形造意不确。甲骨文字形像人耕耤形。

甲骨文中“耤”有词本义，作动词，表示耤田、耕田。（《合集》28200）

181

，觵：

《说文》：“觵，兕牛角，可以饮者也。从角，黄声。其状觵觵，故谓之觵。觥，俗觵从光。”

甲骨文中“觵”有词本义，作名词，表示兕牛角制饮器。（《合集》19563）

182

，㲄(簋)：

《说文》:"㲄,揉屈也。从殳,从皀。皀古文叀字,廏字从此。"释形误。甲骨文、金文字形似以匕(勺匙)从皀中取食形。又,《说文》:"簋,黍稷方器也。从竹,从皿,从皀。"簋器的本字是"㲄",殷周时王室贵族所用礼器"簋"为铜器。

甲骨文中"㲄"(㲄)有词本义,作动词,设㲄食器以取献熟食(进行祭祀)。(《合集》27894)

183

、、，典：

《说文》:"典,五帝之书也。从册在丌上,尊阁之也。庄都说,典,大册也。"

甲骨文中"典"有词本义,作名词,表示典册之典。(《合集》38306)

184

，畀：

《说文》:畁,相付与之,约在阁上也。从丌。甶声。"据小篆释形不确。甲骨文字形似矢头为大而特异之箭镞,其用意不明。

甲骨文中"畀"(畁)有借表词基本义,作动词,表示付予。(《合集》15942)

185

、，奠：

《说文》："奠，置祭也。从酋，酋，酒也，下其丌也。礼有奠祭者。"

甲骨文中"奠"有词本义，作动词，表示置祭。（《合集》15238）

186

、，工：

《说文》："工，巧饰也。象人有规矩也。与巫同意。"甲骨文字"工"疑似矩形（据李孝定说）。

甲骨文中"工"借作"贡"（供），有借表词的基本义，作动词，表示献供、承奉，卜辞有"工（贡/供）典"。（《合集》38306）

187

，巫：

《说文》："巫，祝也。女能事无形以舞降神者也。象人两褎舞形，与工同意。古者巫咸初作巫。"按：甲骨文字""形疑与"工"有关，盖为巫器，以巫器代称巫者。待考。

甲骨文中"巫"有词本义，作名词，表示巫祝者。（《合集》5658 正）

188

，甘：

《说文》："甘，美也。从口含一。一，道也。"

甲骨文中"甘"有词本义，作形容词，表示口味甜美。（《合集》27147）

189

，曰：

《说文》："曰，词也。从口，乙声。亦象口气出也。"

甲骨文中"曰"有词本义，作动词，表示言说。（《合集》3297 正）

190

，曹：

《说文》："曹，告也。从曰，从册，册亦声。"

甲骨文中"曹"有词本义，作动词，表示册告。（《合集》6160）

191

，乃：

《说文》："乃，曳词之难也。象气之出难。"

甲骨文中"乃"有借表词基本义，表示第二人称代词，领格"你的"。（《合集》8986 反）

192

，可：

《说文》:“可,肎也。从口丂,丂亦声。”

甲骨文中“可”有词本义,作动词,表示肯、许可。(《合集》18897)

193

、，于：

《说文》:“亏,于也。象气之舒亏。从丂,从一。一者,其气平之也。”古文字“亏”是“于”的异体字。甲骨文、金文“于”字的基本义是往某处。

甲骨文中“于”疑为词本义,作动词,表示到往。(《合集》5128)

194

、，喜：

《说文》:“喜,乐也。从壴,从口。”

甲骨文中“喜”有词本义,作动词,表示喜乐之喜。(《合集》21207)

195

、、，壴：

《说文》:“壴,陈乐立而上见也。从中,从豆。”

甲骨文中“壴”有词本义,作名词,表示乐器名“鼓”。(《屯南》236)

196

、、、、鼓:

《说文》:“鼓,郭也。春分之音。万物郭皮甲而出,故谓之鼓。从壴,支(攴)象其手击之也。”

甲骨文中“鼓”有词本义,作动词,表示击鼓以乐,或为以鼓乐祭祀。(《合集》4805 正)

197

,嘉:

《说文》:“嘉,美也。从壴,加声。”甲骨文字形从女从力。

甲骨文中“嘉”有词本义,作形容词,表示“嘉好”。(《合集》10936 正)

198

,鼖:

《说文》:“鼖,大鼓谓之鼖。鼖八尺而两面,以鼓军事。从鼓,贲省声。”

甲骨文中“鼖”有词本义，作名词，表示大鼓。（《合集》18594）

199

、，蒸/烝：

《说文》：“蒸，折麻中干也。从艸，烝声。”古文献中，“蒸”常借作“烝”。

又，《说文》：“烝，火气上行也。从火丞声。”甲骨文“烝”字从米从廾豆，表示升献器食之形。

甲骨文中“烝”有词本义，作动词，表示烝升进献食物（于祖神）。（《合集》38689）

200

、、，豊：

《说文》：“豊，行礼之器也。从豆，象形。……读与礼同。”

甲骨文中“豊”有词本义，作名词，表示酒豊。（《屯南》2292）

201

、，豐：

《说文》：“豐，豆之豐满者也。从豆，象形。一曰乡饮酒有豐侯者。”

甲骨文中“豐”有词本义，作形容词，表示容纳物品、食饮丰盛、丰满。(《合集》22288)

202

[illegible]、[illegible]，虎：

《说文》：“虎，山兽之君。从虍，虎足象人足。象形。”

甲骨文中“虎”有词本义，作名词，表示一种兽名“虎”。(《合集》10205)

203

[illegible]，虣：

《说文》无此字。甲骨文字形从戈从虎，会意戈击虎。

甲骨文中“虣”有词本义，作动词，表示搏击虎。(《合集》5516)

204

[illegible]、[illegible]、[illegible]，盟：

《说文》：“盟，《周礼》曰：国有疑则盟。……从囧，从血。”

甲骨文中“盟”有词本义，作动词，表示一种用牲法，杀牲以血誓鬼神。(《合集》21247)

205

，甹、寍(寧)：

《说文》："甹，定息也。从血，甹省声。读若亭。"《说文》又有"寧"字，与"甹"(寍)同源字。

甲骨文中"甹"有词本义，作动词，表示使(災患)定息。(《合集》13372)

206

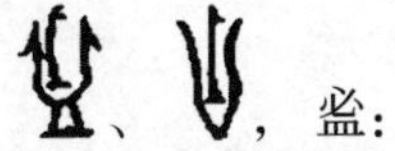，盗：

《说文》："盗，械器也。从皿，必声。"

甲骨文中"盗"有词本义，作名词，表示盛械容器。(《屯南》2380)

另，甲骨卜辞中"盗"借作"谧"，有借表词的基本义，作动词，表示宁静、使安静。(《合集》31935)

207

，去：

《说文》："去，人相违也。从大，凵声。"甲骨文字形会意人离凵口而去。

甲骨文中"去"有词本义，作动词，表示离去。(《合集》5127)

208

，皀：

《说文》："皀，谷之馨香也。象嘉谷在裹中之形，匕所以扱之。"甲骨文像盛有谷实熟粮的食器。

甲骨文中"皀"有词本义，作名词，表示食器。（《屯南》2380）

209

、，即：

《说文》："即，即食也。从皀，卩声。"

甲骨文中"即"有词本义，作动词，表示（使）就食。（《合集》32256）

210

、，既：

《说文》："既，小食也。从皀，旡声。《论语》曰：不使胜食既。"甲骨文字形从皀从旡，会意食毕。

甲骨文中"既"有词本义，作动词，表示小食、食毕。（《合集》1205）

211

，亯：

《说文》:“皀,饭刚柔不调相著。从皀,冂声。读若適。”甲骨文字形像皀器形。

甲骨文中“皀”疑为本义,作动词,表示设皀食以祀。(《续》2.9.9)

212

,鬯:

《说文》:“鬯,以秬酿郁艸,芬芳攸服,以降神也。从凵,凵,器也,中象米,匕所以扱之。《易》曰:不丧匕鬯。”

甲骨文中“鬯”有词本义,作名词,表示香酒、礼鬯。(《合集》30974)

213

,爵:

《说文》:“爵,礼器也。象爵之形,中有鬯酒,又持之也。所以饮器象爵者,取其鸣节节足足也。”

甲骨文中“爵”有词本义,作名词,表示礼器爵。(《合集》24506)

214

,食:

《说文》:“食,一米也。从皀,亼声。或说亼皀也。”甲骨文字形像食器以盛饭食。

甲骨文中“食”有词本义,作名词,表示饭食。(《合集》1163)

215

、、,鄉(饗):

《说文》:“饗,乡人饮酒也。从食,从鄉,鄉亦声。”甲骨文、金文字形像二人相向而食。

甲骨文中“鄉”(饗)有词本义,作动词,表示燕饗礼酒肴以劳之。(《合集》5237)

216

,會:

《说文》:“會,合也。从亼,从曾省。曾,益也。”

甲骨文中“會”有词本义,作动词,表示汇聚。(《合集》30956)

217

、,倉:

《说文》:“倉,穀藏也。倉黄取而藏之,故谓之倉。从食省,口象倉形。”

甲骨文中“倉”有词本义,作名词,表示谷物藏处。(《屯南》3731)

218

，入：

《说文》："入，内也。象从上俱下也。"

甲骨文中"入"有词本义，作动词，表示进入。（《合集》30946）

219

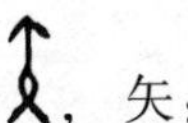，矢：

《说文》："矢，弓弩矢也。从入，象镝栝羽之形。古者夷牟初作矢。"

甲骨文中"矢"有词本义，作名词，表示箭矢。（《合集》36481正）

220

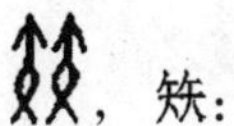，⿰矢矢：

《说文》无此字。甲骨文"⿰矢矢"字与"夷"同义，《说文》："夷，平也。从大，从弓。"传世古文献中，"夷"又常有杀伤之义。

甲骨文中"⿰矢矢"有词本义，作动词，表示杀伤、夷杀。（《合集》26889）

221

，射：

《说文》:“䠶,弓弩发于身而中于远也。从矢,从身。射,篆文䠶,从寸,寸,法度也,亦手也。”

甲骨文中“射”(䠶)有词本义,作动词,表示发矢。(《合集》10276)

222

,孜:

《说文》无此字。甲骨文字形从子从矢,会意伤损。

甲骨文中“孜”有词本义,作动词,表示伤损。(《合集》14208正)

223

、,𩫏(郭):

《说文》:“𩫏,度也,民所度居也。从回,象城𩫏之重,两亭相对也。或但从口。”又,《说文》:“郭,从邑,𩫏声。”

甲骨文中“𩫏”(𩫏)有词本义,作名词,表示城郭、城垣。(《合集》13514正甲)

224

,京:

《说文》:“京,人所为绝高丘也。从高省,丨象高形。”

甲骨文中“京”有词本义，作名词，表示人所居高丘。（《合集》318）

225

、，亯：

《说文》：“亯，献也。从高省，曰象进孰物形。《孝经》曰：祭则鬼亯之。”释形误。甲骨文像高居处，以表示升高进献祭神之义。

甲骨文中“亯”有词本义，作动词，表示升进享献、献食于祖神。（《合集》32227）

226

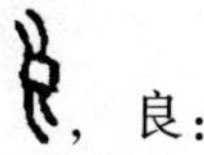，良：

《说文》：“良，善也。从畗省，亡声。”《说文》释形误。甲骨文字“良”像连屋的廊道形，本表示走廊，是“廊”的本字，借表良善之“良”。

甲骨文中“良”有借表词基本义，作形容词，表示善好。（《怀》495）

227

，㐭（廩）：

《说文》:“亩,谷所振入,宗庙粢盛,仓黄亩而取之,故谓之亩。从入回。象屋形,中有户牖。……或从广、从禾。”

甲骨文中“亩”有词本义,作名词,表示谷仓。(《合集》583反)

228

，啚(鄙):

《说文》:“鄙,五鄼为鄙。从邑,啚声。”甲骨文字形从口从亩,可隶作“啚”,是“鄙”字初文。

甲骨文中“鄙”有词本义,作名词,表示边邑、行政地域名。(在卜辞里,专指商王朝的行政边鄙)(《合集》6057正)

229

、，嗇/啬1:

《说文》:“啬,爱濇也。从来,从亩。来者亩而藏之,故田夫谓之啬夫。……古文啬从田。”

甲骨文中“嗇”有词本义,作动词,表示收穑“啬穧”。(《合集》9617)

230

，嗇/啬2:

甲骨文中“嗇”有词本义,作名词,表示祭品、并置的穑禾。

(《合集》811 反)

231

、，來：

《说文》:“來,周所受瑞麦來麰,一來二缝,象芒束之形。”甲骨文字形像麦形。

甲骨文中“來”有词本义,作名词,表示一种禾谷名,來麰之“來”。(《合集》914 正)

另,甲骨卜辞中“來”作借表词,借表词基本义,用作动词,表示行来,人行动而来至。(《合集》914 正)

232

、，沓/香：

《说文》:“香,芳也。从黍,从甘。《春秋传》曰:黍稷馨香。”

甲骨文中“沓”有词本义,作名词,表示一种禾谷名。(《合集》9552)

233

，麥：

《说文》:“麥,芒谷。秋种厚埋,故谓之麥。”

甲骨文中“麥”有词本义,作名词,表示禾谷类作物麦。(《合

集》24440)

234

，复(復)：

《说文》："复，行故道也。从夊，畐省声。"又，《说文》谓："復，往来也。从彳，复声。"甲骨文字形从[illegible]从夊，"复"字是"復"的原字。

甲骨文中"复"有词本义，作动词，表示行故道，还复。(《合集》7076正)

235

，夒：

《说文》："夒，贪兽也。一曰母猴，似人，从页。"

甲骨文中"夒"有词本义，作名词，表示猕猴。(《合集》14376)

236

，舞：

《说文》："舞，乐也。用足相背。从舛，无声。"甲骨文字形从大、双手、从双毛，像人双手携毛饰而舞，此为"舞"字初文。(参见《甲骨文字典》)

甲骨文中“舞”有词本义，作动词，表示乐舞，卜辞作祈雨而舞。（《合集》14209 正）

237

、、，雩：

《说文》：“雩，夏祭乐于赤帝，以祈甘雨也。从雨，于声。”

甲骨文中“雩”有词本义，作动词，表示祭神祈甘雨。（《合集》30065）

238

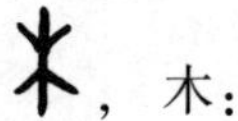，木：

《说文》：“木，冒也。冒地而生，东方之行。从屮，下象其根。”甲骨文字形为独体象形字，像树木形。

甲骨文中“木”有词本义，作名词，表示树木。（《合集》5749）

239

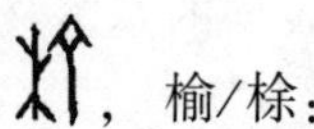，榆/梌：

《说文》：“榆，榆白，枌。从木，俞声。”

甲骨文中“榆”借作“渝”，有借表词的基本义，作动词，表示变、变污。（《合集》23711）

240

，柲：

《说文》："柲，欑也。从木，必声。"

甲骨文中"柲"有词本义，作名词，表示戈柲，柄。（《外》263）

另有甲骨文字"柲"借作"毖"，有借表词基本义，作动词，表示恭敬谨慎，用于祭祀礼仪。（《合集》23064）

241

，析：

《说文》："析，破木也。一曰折也。从木，从斤。"

甲骨文中"析"有词本义，作动词，表示破木、劈木。（《合集》118）

242

，休：

《说文》："休，息止也。从人依木。休或从广。"

甲骨文中"休"有词本义，作动词，表示息止。（《文》735）

另，甲骨文中"休"借作休善之"休"，是借表词的基本义，作形容词，表示美善。（《合集》32961）

243

、、，東：

《说文》:“東,动也。从木。官溥说,从日在木中。”

甲骨文中“東”有词本义,作方位名词,表示东方。(《合集》34255)

244

，林:

《说文》:“林,平土有丛木曰林,从二木。”

甲骨文中“林”有词本义,作名词,表示树林。(《屯南》3004)

245

、、，麓:

《说文》:“麓,守山林吏也。从林,鹿声。一曰,林属于山为麓。《春秋传》曰:沙麓崩。古文从录。”

甲骨文中“麓”有词本义,作地理名词,表示山麓。(《合集》29409)

246

，才:

《说文》:“才,艸木之初也。从丨上贯一,将生枝叶,一,地也。”甲骨文、金文“才”常用作介词“在”。

甲骨文中“才”可借作“災”(或“𢦏”),有借表词基本义,作名词,表示灾害、灾祸。(《合集》20425)

247

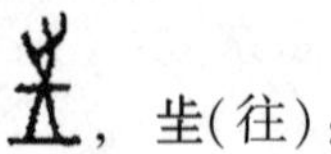，㞷(往)：

《说文》："往，之也。从彳，㞷声。"甲骨文字"㞷"，即后来"往"字的初文。

甲骨文中"㞷"(往)有词本义，作动词，表示行往，从此适彼。(《合集》5102)

248

，出：

《说文》："出，进也。象艸木益滋上出达也。"许慎释形不确，甲骨文字从止、从凵，会意足趾自凵而出。

甲骨文中"出"有词本义，作动词，表示(人)出行。(《合集》32 正)

249

，南：

《说文》："南，艸木至南方有枝任也。从𣎵，羊声。"许慎据小篆释形不准确。

甲骨文中"南"有词本义(疑为就借表词的基本义)，作方位名词，表示南方。(《合集》32036)

250

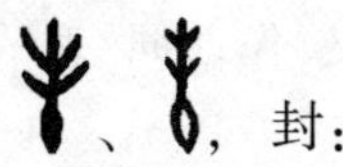、，封：

《说文》："封，爵诸侯之土也。从之，从土，从寸，守其制度也。公侯百里，伯七十里，子男五十里。"甲骨文字形从木中、植于土上。

甲骨文中"封"有词本义，作名词，表示方国封疆。（《合集》36530）

251

，橐：

《说文》："橐：囊也，从橐省石声。"《说文》释字构形不确，甲骨文字形像橐，囊形。

甲骨文中"橐"疑为本义，作单位词，表示囊袋。（《合集》7694）

252

、，囿：

《说文》："囿，苑有垣也。从口，有声。一曰，禽兽曰囿。"

甲骨文中"囿"有词本义，作名词，表示苑囿。（《合集》9552）

253

、，因：

《说文》:“因,就也。从口大。”

甲骨文中“因”借作“殪”,有借表词基本义,作动词,表示死、突死。(《合集》13717)

254

、,圂:

《说文》:“圂,厕也。从口,象豕在口中也。会意。”

甲骨文中“圂”有词本义,作名词,表示豢豕之所。(《合集》11274 正)

255

、,貝:

《说文》:“貝,海介虫也。居陵名猋,在水名蜬。象形。古者货貝而宝龟,周而有泉。至秦废貝行钱。”

甲骨文中“貝”有词本义,作名词,表示海贝。(《合集》11425)

256

宾(賓):

《说文》:“賓,所敬也,从貝,㝁声。”甲骨文字从宀一、下从人从止。会意人自外而至室中,以迎宾。(参见《甲骨文字典》)其为“賓”的初文。甲骨文字“宾”不从貝。

甲骨文中“賓”有词本义，作动词，表示迎宾，在祀典中具体表示宾祭。（《合集》1402 正）

257

，圣：

《说文》：“圣，汝颍之间，谓致力于地，曰‘圣’。从土从又，读若兔窟。”

甲骨文中“圣”有词本义，作动词，表示墾田，音“窟”。（《合集》33209）

258

，邑：

《说文》：“邑，国也。从口。先王之制，尊卑有大小。从卩。”

甲骨文中“邑”有词本义，作名词，表示人所聚居的城邑。（《合集》7852 正）

259

，邦：

《说文》：“邦，国也。从邑，丰声。，古文。”

甲骨文中“邦”有词本义，作名词，表示封邦、邦土。（《合集》846）

（另，前见 0135“圃”字。古文“圃”字作形，与甲骨文字形极接近,或释此甲骨文字形为“圃”。)

260

、,日:

《说文》:“日,实也。太阳之精不亏。从口一。象形。”

甲骨文中“日”有词本义,作时间名词,表示一天中的一段时间;另有作名词,表示天体之日。(《合集》28548,《合集》11480)

261

,昃:

《说文》:“厢,日在西方时侧也。从日,仄声。”

甲骨文中“昃”(厢)有词本义,作动词,表示日在西方斜侧。(《合集》12809)

另有双音词“昃日”,有词本义,作时间名词,表示一天中的时段,日在西方斜侧时。(《合集》11728 反)

262

、,昔:

《说文》:“昔,干肉也。从残肉,日以晞之。与俎同意。”许慎据小篆、古文释形造意不确。甲骨文字形从日从水,会意水流逝往昔之日。

甲骨文中“昔”有词本义,作时间名词,表示往日。(《合集》

137 反）

263

，晕：

《说文》："晕，日月气也。从日，军声。"甲骨文字形从日从气点浑绕。

甲骨文中"晕"有词本义，作动词，表示天气有晕气。（《合集》20985）

264

，旦：

《说文》："旦，明也。从日见一上。一，地也。"

甲骨文中"旦"有词本义，作时间名词，表示一天中的时段，日明时。（《合集》29272）

另有"旦"借作"壇"，读为"坦"，疑为借表词基本义，作名词。（《合集》34071）

265

，朝：

《说文》："朝，旦也。从倝，舟声。"释形误。甲骨文字形从日、月，从茻或林，会意朝时、晨时之义。

甲骨文中"朝"有词本义，作时间名词，表示一天中的时段，旦

时、日初时。(《合集》23148)

266

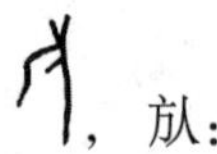，㫃：

《说文》:“㫃,旌旗之游。㫃蹇之貌,从中曲而下,垂㫃相出入也。读若偃。”

甲骨文中“㫃”有词本义,作名词,表示旌旗之㫃。(《合集》303+304)

267

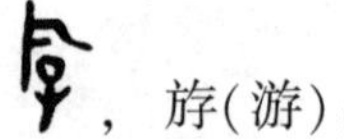，斿(游)：

《说文》:“游,旌旗之流也。从㫃,汓声。”甲骨文“斿”字即“游”的初文。

甲骨文中“斿”有词本义,作名词,表示旌旗之流。(《合集》303+304)

268

，旋：

《说文》:“旋,周旋,旌旗之指麾也。从㫃,从疋。疋,足也。”

甲骨文中“旋”有词本义,作动词,表示周旋于旗麾之下,即旌旗指挥。(《合集》21482)

269

，旅：

《说文》:“旅,军之五百人为旅。从㫃,从从。从,俱也。”

甲骨文中“旅”有词本义,作名词,表示军旅。(《合集》36426)

270

，族：

《说文》:“族,矢锋也。束之族族也。从㫃,从矢。”

甲骨文中“族”有词本义,作名词,表示宗族或氏族。(《合集》5617)

271

、，星：

《说文》:“曐,万物之精,上为列星。从晶,生声。”

甲骨文中“星”(曐)有词本义,作名词,表示星体。(《合集》6063反)

272

、，月：

《说文》:“月,阙也。大阴之精。象形。”甲骨文“月”像月阙半圆明之形。

甲骨文中“月”有词本义，作名词，表示天体之月。（《合集》33694）

按：殷商甲骨卜辞有“一月”至“十二月”，还有“十三月”，有时出现“十四月”，用于年终置润。甲骨卜辞中一至十二月每月都有“生月”和“生某月”之称，这是商代的一种月相名。① 另外，卜辞中还有某月的专名。

273

、、，明：

《说文》：“朙，照也。从月，从囧。”

甲骨文中“明”有词本义，作动词，表示日、月照明。（《合集》20717）

274

、，夕：

《说文》：“夕，莫也。从月半见。”甲骨文字“夕”与“月”部分同形字。

甲骨文中“夕”有词本义，作时间名词，表示一天中落日后天黑的时段。（《合集》11651）

---

① 见王晓鹏：《论甲骨文“生月”“生某月”是商代的一种月相名》，《古代文明》，2023 年第 2 期。

275

，歺(夙)：

《说文》："歺,早敬也。从丮。持事虽夕不休,早敬者也。"

甲骨文中"歺"有词本义,作祭祀动词,表示夙祭。(《屯南》1115)

276

、，多：

《说文》："多,重也。从重夕。夕者,相绎也,故为多。"许慎据小篆、战国古文释形不确,甲骨文字形从肉相叠,会意多之义。并非从夕。

甲骨文中"多"有词本义,作形容词,表示物体数量多。(《合集》12694 正)

277

，函：

《说文》："函,舌也。象形。舌体丂。丂,从丂,丂亦声。"据小篆释形造意不确,甲骨文字形像箭矢藏于函袋中,后来字形讹变。

甲骨文中"函"有词本义,作名词,表示藏矢之函袋。(《合集》36481 正)

278

、，卣(卣)：

《说文》："卣，艸木实垂卣卣然。象形。……读若调。"《说文》无"卣"字，"卣"字造意有待探究。甲骨文中字与西周金文"卣"字形同，即后来的"卣"。

甲骨文中"卣"有词本义，作名词，表示盛酒器。(《合集》15795)

另有甲骨文字"卣"借作"修"(读"攸""悠")，疑为借表词基本义，作形容词，表示绵长。(《合集》33292)

279

，𠭯：

《说文》无此字。甲骨文字从又(手)从二卣，会意收割谷实。

甲骨文中"𠭯"有词本义，作动词，表示收割禾黍谷实。(《合集》9547)

280

、、，朿：

《说文》："朿，木芒也。象形。……读若刺。"

甲骨文中"朿"有词本义，作名词，表示刺器，有锋武器。(《合集》4787)

281

、，鼎：

《说文》："鼎，三足两耳，和五味之宝器也。"

甲骨文中"鼎"有词本义，作名词，表示三足两耳炊器，或者用作礼器。(《合集》31000)

另有甲骨文中"鼎"借作"贞"，有借表词基本义，作动词，表示贞卜。(《合集》28022)

282

、、，⿱将鼎：

《说文》无此字。甲骨文字形从鼎从肉或爿。

甲骨文中"⿱将鼎"有词本义，作动词，表示将享献食。(《合集》27529)

283

、，录：

《说文》："彔，刻木彔彔也。象形。"许慎据小篆释形不确，甲骨文像汲水的辘轳之形。

甲骨文中"录"(彔)有词本义，作名词，表示汲井水器。(《合集》25942)

另有甲骨文"录"借作"麓"，有借表词基本义，作名词，表示

山麓。(《合集》10970 正)

284

，禾：

《说文》:“禾,嘉谷也。二月始生,八月而孰,得时之中,故谓之禾。”

甲骨文中“禾”有词本义,作名词,表示禾谷类农作物总名。(《合集》33351)

285

，稻：

《说文》:“稻,稌也。从禾,舀声。”

甲骨文中“稻”有词本义,作名词,表示水稻类农作物。(《合集》10049 正)

286

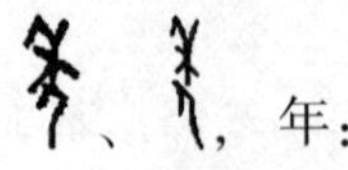，年：

《说文》:“秊,谷熟也。从禾,千声。《春秋传》:大有秊。”小篆已形讹,故《说文》释形误。甲骨文“年”字从人从禾,会意人背负禾、庄稼成熟意。

甲骨文中“年”(秊)有词本义,作动词,表示谷熟。卜辞常有

习语“受年”。(《合集》2)

287

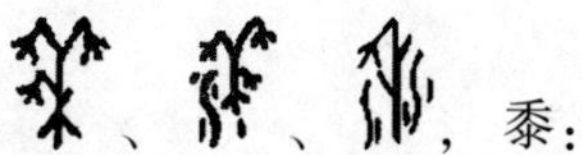，黍：

《说文》：“黍，禾属而黏者也。以大暑而种，故谓之黍。从禾，雨省声。”

甲骨文中“黍”有词本义，作名词，表示禾属黍类农作物。(《合集》376 正)

288

，米：

《说文》：“米，粟实也。象禾实之形。”

甲骨文中“米”有词本义，作名词，表示黍实。(《合集》32542)

289

，宀：

《说文》：“宀，交覆深屋也。象形。”

甲骨文中“宀”有词本义，作名词，表示庐舍宫室等建筑类。(《合集》22246)

290

、，家：

《说文》:“家,居也。从宀,豭省声。”

甲骨文中“家”有词本义,作名词,表示人所居处。(《屯南》2672)

291

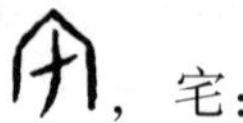, 宅:

《说文》:“宅,所讬也。从宀,乇声。”

甲骨文中“宅”有词本义,作名词,表示宅室。(《怀》1576)

292

, 室:

《说文》:“室,实也。从宀,从至。至所止也。”

甲骨文中“室”有词本义,作名词,表示屋室。(《合集》30370)

293

, 宣:

《说文》:“宣,天子宣室也。从宀,亘声。”

甲骨文中“宣”有词本义,作名词,表示宣室。(《合集》28003)

294

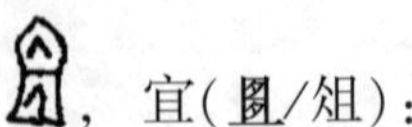, 宜([illegible]/俎):

《说文》:“宜(宜),所安也。从宀之下,一之上,多省声。”“俎,礼俎也。从半肉在且上。”

甲骨文中“宜”有词本义,作动词,表示祭祀用牲法,荐牲肉以祭祖。(《合集》390 正)

295

,宿:

《说文》:“宿,止也。从宀,佰声。佰,古文夙。”

甲骨文中“宿”有词本义,作动词,表示舍止。(《合集》29351)

296

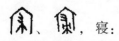

、,佰:

“佰”与“殂”(夙)形异,但表词音同义同,语义用法略有区别,应是同源词。《说文》谓:“佰,古文夙。”《说文》:“殂(夙),早敬也。从丮。持事虽夕不休,早敬者也。”

甲骨文中“佰”疑为本义,作祭祀动词,表示一种敬祭、跪坐拜祖神之礼。(《合集》1779 正)

297

、,寝:

《说文》:“寝,卧也。从宀,𡩟声。”

甲骨文中“寝”(寑)有词本义,作名词,表示居室。(《合集》32980)

298

,宗:

《说文》:“宗,尊祖庙也。从宀,从示。”

甲骨文中“宗”有词本义,作名词,表示祖庙。(《合集》13542)

299

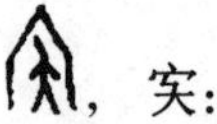,宎:

《说文》无此字。甲骨文字从宀从矢,矢亦声。

甲骨文中“宎”有词本义,作名词,表示宗庙侧室。(《合集》27164)

300

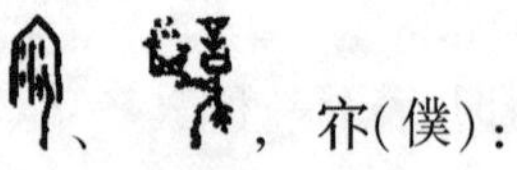,宩(僕):

《说文》:“僕,给事者。从人,从菐,菐亦声。”

甲骨文中“宩”有词本义,作名词,表示奴仆。(《合集》540)

301

,寓:

《说文》无此字。甲骨文字从宀从马。

甲骨文中“寓”有词本义,作名词,表示马厩,相当于“廄”。(《合集》29415)

302

, 宫:

《说文》:“宫,室也。从宀,躳省声。”

甲骨文中“宫”有词本义,作名词,表示宫室建筑。(《合集》36542)

303

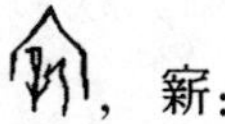, 新:

《说文》无此字。甲骨文字从宀,新声。

甲骨文中“新”有词本义,作名词,表示宫室的一种类型,可为祭祀场所。(《屯南》287)

304

, 吕:

《说文》:“吕,膂骨也。象形。昔太岳为禹心吕之臣,故封吕侯。”

甲骨文中“吕”疑为本义,作名词,表示金属“铝”。(《合集》29687)

305

，㝱(夢)：

《说文》："㝱，寐而有觉也。从宀，从疒，夢声。"

甲骨文中"㝱"有词本义，作动词，表示寐而有觉。(《合集》376 正)

306

，疒(疾)：

《说文》："疒，倚也。人有疾病，象倚箸之形。"甲骨文字形从人从爿从氵，会意人卧爿床有汗滴之病态。

甲骨文中"疒"有词本义，作动词，表示有疾病。(《合集》6484 正)

307

，⿰矢大：

《说文》无此字。甲骨文字形从矢从大，会意伤人。

甲骨文中"⿰矢大"有词本义，作动词，表示伤病。(《合集》21052)

308

，疛：

《说文》:“疛,小腹病。从疒,肘省声。”

甲骨文中“疛”有词本义,作动词,表示小腹病。(《合集》13863)

309

, 同:

《说文》:“同,合会也。从冃,从口。”

甲骨文中“同”有词本义,作动词,表示合同、一起。(《合集》30439)

310

, 网:

《说文》:“网……从冂,下象网交文。”

甲骨文中“网”有词本义,作动词,表示网猎。(《合集》16203)

311

, 罥(罝):

《说文》无此字。甲骨文字形从网从眉(目)。

甲骨文中“罝”疑为本义,作动词,表示网捕猎物。(《合集》28342)

312

, 羁:

《说文》未收此字。字见传世古文献及训诂。段玉裁《说文解字注》谓:“羈或从革。今字作羈。俗作羇。”甲骨文字形从网从系从马。

甲骨文中“羈”有词本义,作名词,表示祭牲,祭祀用牲礼。(《屯南》2499)

313

, 罿:

《说文》无此字。甲骨文字形从网从虎。

甲骨文中“罿”疑为本义,作动词,表示用网捕虎。(《合集》20710)

314

, 冤:

《说文》无此字。甲骨文字形从网从兔。

甲骨文中“冤”疑为本义,作动词,表示捕猎,用网捕兔。(《合集》10750)

315

, 羅:

《说文》无此字。甲骨文字形从网从雉。

甲骨文中“羅”疑为本义，作动词，表示用网捕鸟。（《合集》354）

316

、，帚：

《说文》：“帚，粪也。从又持巾埽门内。”释形误。甲骨文字像扫帚形。

甲骨文中“帚”借为“婦”，有借表词基本义，作名词，表示诸婦。（《合集》9976 臼）

317

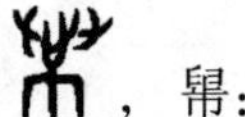，帰：

《说文》无此字。甲骨文字形从臼从止从巾，会意双手置放意。

甲骨文中“帰”有词本义，作动词，表示置放，用于祭祀活动。（《合集》30693）

318

，人：

《说文》：“人，天地之性最贵者也。此籀文，象臂胫之形。”甲骨文、金文字形像人之侧形，为独体象形字。

甲骨文中“人”有词本义,作名词,表示泛称人。(《合集》6409)

319

、，企：

《说文》:“企,举踵也。从人,止声。”

甲骨文中“企”有词本义,作动词,表示举踵而望。(《合集》15241 正)

320

，倗：

《说文》:“倗,辅也。从人,朋声。读若陪位。”

甲骨文中“倗”有词本义,作名词,表示陪位,辅臣,职官名。(《合集》7561)

321

、，作：

《说文》:“作,起也。从人,从乍。”

甲骨文中“作”有词本义,作动词,表示治作、造。(《合集》13542)

322

、、，伐：

《说文》："伐，击也。从人持戈。"

甲骨文中"伐"有词本义，作动词，表示特指砍伐人牲首。(《合集》958)

323

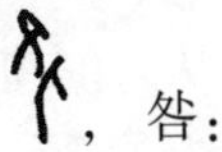，咎：

《说文》："咎，灾也。从人，从各。各者，相违也。"

甲骨文中"咎"有词本义，作动词，表示降灾祸。(《合集》902反)

324

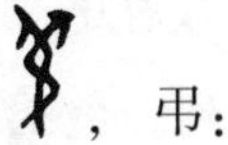，弔：

《说文》："弔，问终也。……从人持弓。"释形不确。甲骨文字形从人系缚射矰形，即以拴绳之箭射鸟或擒缚猎物。

甲骨文中"弔"疑为本义，作动词，有系、擒缚之义。(《合集》6635、6637正)

325

、、，𠤕(疑)：

《说文》："𠤕，未定也。从匕，吴声，吴，古文矢字。"释字形造意误。甲骨文字像人扶杖行而旁顾，表示疑惑。(见《甲骨文字典》)

甲骨文中"𠤕(疑)"有词本义，作心理动词，表示未定、拟测。

(《合集》12532 正)

326

[oracle bone glyphs]、[glyph]、[glyph], 从:

《说文》:"从,相听也。从二人。"

甲骨文中"从"有词本义,作动词,表示相听、听从。(《屯南》4513)

327

[glyph], 并:

《说文》:"并,向从也。从从,幵声。一曰:从持二为并。"

甲骨文中"并"有词本义,作动词,表示兼、并列。(《合集》37514)

328

[glyph]、[glyph], 北:

《说文》:"北,菲也。从二人相背。"

甲骨文中"北"有词本义,作方位名词,表示北方。(《合集》5117)

329

[glyph], 丘:

《说文》:“丘,土之高也,非人所为也。从北,从一。”《说文》释形造意不确,甲骨文字像高丘,独体象形字。

甲骨文中“丘”有词本义,作名词,表示高丘之地。(《合集》7839)

330

、，眾:

《说文》:“眾,多也。从㐺目众意。”甲骨文字形从三人在日下,会意多人之众。

甲骨文中“眾”有词本义,作名词,殷代“众”,或称“众人”,表示从事劳作或农业劳动并可以征编为军队组织的一种社会群体,与正规军队不同,可能是殷商平民(或认为是一种奴隶群体)。(《合集》34 正)

331

、、，朢:

《说文》:“朢,月满,与日相望,以朝君也。从月,从臣,从𡈼。”

甲骨文中“朢”有词本义,作动词,表示远望。(《合集》17919)

332

，監:

《说文》:“監,临下也。从卧,衉省声。”

甲骨文中“監”有词本义,作动词,表示察、察视。(《合集》27740)

333

,身:

《说文》:“身,躳也。象人之身。从人,厂声。”甲骨文字形像人腹之身。

甲骨文中“身”有词本义,作名词,表示人的腹部。(《合集》13668 正)

334

,孕:

《说文》:“孕,裹子也。从子,从几。”据小篆释形不准确,甲骨文字形像妇身怀子。

甲骨文中“孕”有词本义,作动词,表示妇人有孕。(《合集》10136 正)

335

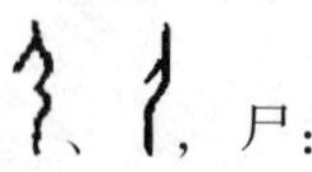,尸:

《说文》:“尸,陈也。象卧之形。”

甲骨文中"尸"有词本义，作名词，表示祭祀之尸（祭祀中代表受祭先人的人）。（《合集》831）

336

，尻：

《说文》："尻，脽也。从尸，九声。"

甲骨文中"尻"有词本义，作名词，表示髀。（《合集》13750正）

337

，舟：

《说文》："舟，船也。……象形。"

甲骨文中"舟"有词本义，作名词，表示舟船。（《合集》33691）

338

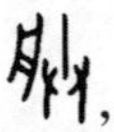

，朕：

《说文》："朕，我也。"

甲骨文中"朕"（朕）有借表词基本义，作代词，表示单数第一人称代词主格。（《合集》152正）

339

，汎（洀）：

《说文》:“汎,浮貌。从水,凡声。”

甲骨文中“汎”有词本义,作动词,表示汎舟。(《合集》33691)

340

、,方:

《说文》:“方,并船也。象两舟省总头形。”《说文》释形造意误。《甲骨文字典》谓:甲骨文字形像农耕具耒形,“古者秉耒而耕,刺土曰推,起土曰方”(《甲骨文字典》P954)。其说甚是。“方”字造意本表示一种耕田耒具,后专用作假借,借表方位,以及方正、方并、旁等,此即后来常用的“方”,而后世有“耪”字专表示耒方之初义,“方”即“耪”的本字。

甲骨文中“方”有借表词基本义,作名词,表示方向、方位之方。(《合集》14294)

341

、、,沆(杭):

《说文》:“沆,方舟也。从方,亢声。”

甲骨文中“沆”有词本义,作动词,表示舟渡。(《合集》20619)

342

,允:

《说文》:"允,信也。从儿,㠯声。"

甲骨文中"允"有词本义,作动词,表示应信、应验,用于验词。(《合集》12905)

343

，兑:

《说文》:"兑,说也。从儿,㕣声。"

甲骨文中"兑"有词本义,作动词,表示"悦"。(《屯南》1127)

344

、，兄:

《说文》:"兄,长也。从儿,从口。"

甲骨文中"兄"有词本义,作名词,表示亲属称谓,兄长。(《合集》2870)

345

、，先:

《说文》:"先,前进也。从儿,从之。"

甲骨文中"先"有词本义,作动词,表示先行、前进。(《合集》27948)

346

、，見：

《说文》："見，视也。从儿，从目。"

甲骨文中"見"有词本义，作动词，表示视、看见。(《合集》20391)

另有甲骨文"見"借为"献"，有借表词基本义，作动词，表示进献。(《合集》33577)

347

，歙：

《说文》："歙，歠也。从欠，酓声。"

甲骨文中"歙"有词本义，作动词，表示饮啜。(《合集》10405 反)

348

、，頁：

《说文》："頁，头也。从百，从儿。"甲骨文字形从百从卩(人)。

甲骨文中"頁"有词本义，作名词，表示头。(《合集》15684)

349

、、，首：

《说文》："首，百同，古文百也。巛象发，谓之鬊，鬊即巛也。"

《说文》又有“百”字,释:“头也,象形。”

甲骨文中“首”有词本义,作名词,表示头部、头的上端。(《合集》24956)

350

，司:

《说文》:“司,臣司事于外者。从反后。”《说文》释形不确,甲骨文、金文从口从倒匕(勺匙),会意进食。(参见《甲骨文字典》)

甲骨文中“司”有词本义,作动词,表示取食、进食。(《合集》21797)

351

，卩:

《说文》:“卪,瑞信也。……象相合之形。”释形不确。甲骨文、金文字形为人服跪形。

甲骨文中“卩”有词本义,作动词,表示人卩(跪)祭,一种祭礼。(《合集》32700)

352

，令:

《说文》:“令,发号也。从亼卪。”

甲骨文中“令”有词本义,作动词,表示号令。(《合集》5658 正)

353

，卯:

《说文》:“卯,二卩也。”小篆字形已讹变,释形不确。

甲骨文中“卯”有词本义,作名词,表示二卩,人牲。(《合集》1381)

354

，印:

《说文》:“印,执政所持信也。从爪,从卩。”《说文》释形造意不确,甲骨文会意以手按服于下跪之人,表示抑制、制服。

甲骨文中“印”有词本义,作动词,表示“抑”镇压(敌方、族人)。(《合集》20415)

355

，㓝(色):

《说文》:“色,颜气也。从人,从卩。”不确。甲骨文字形从刀从卩,会意断绝,借作颜色之“色”。(依据唐兰释说)

甲骨文中“㓝”疑为本义,作祭祀用人牲动词,表示㓝人牲以祭祖神。(《合集》709 正)

356

、、，辟：

《说文》:“辟,法也。从卩,从辛。节制其罪也。从口,用法者也。”

甲骨文中“辟”疑用为借表词,表示“闢”,有借表词基本义,作动词,表示“开”。(合集21085)

或用为宫室门专名。

357

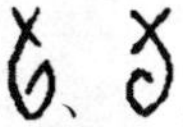

、，旬：

《说文》:“旬,遍也。十日为旬。从勹日。”

甲骨文中“旬”有词本义,作纪时名词,表示自天干甲日至癸日为一旬十天。(《合集》522正)

358

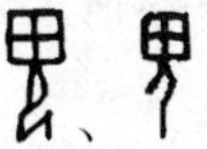

、，鬼：

《说文》:“鬼,人所归为鬼。从人,象鬼头……从厶。”甲骨文字形从由从人(或卩)。

甲骨文中“鬼”有词本义,作名词,表示神鬼之鬼。(《合集》137正)

359

，彪：

《说文》："彪，老精物也。从鬼彡。"

甲骨文中"彪"有词本义，作名词，表示鬼类灵怪。（《合集》13751）

360

，醜：

《说文》："醜，可恶也。从鬼，酉声。"

甲骨文中"醜"有词本义，作动词，表示怒。（《合集》12878反）

361

，畏：

《说文》："畏，恶也。从甶，虎省。"《说文》小篆释形不准确，甲骨文字形从鬼持攴。

甲骨文中"畏"有词本义，作动词，表示畏惧。（《合集》14173正）

362

，山：

《说文》:“山,宣也。……象形。”

甲骨文中“山”有词本义,作名词,表示山岳之“山”。(《合集》34711)

363

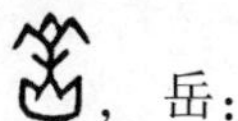,岳:

《说文》:“嶽(岳),东岱、南霍、西华、北恒、中泰室,王者之所以巡狩所至。从山,獄声。”甲骨文字形与《说文》古文“岳”字接近,但与小篆的形声字“嶽”相异。

甲骨文中“岳”有词本义,作名词,表示山岳(五岳)。(《合集》5518)

364

,⿱宀⿰耳口(廰):

《说文》无“廰”字,收录于后来《广韵》等字书。《广韵》:“廰,廰屋。”又,《集韵》:“古者治官处,谓之听。事后语省,直曰聽,故加广。”

甲骨文中“⿱宀⿰耳口”有词本义,作名词,表示厅,宫室之中。(《合集》31672)

365

、,石:

《说文》:“石,山石也。在厂之下,口象形。”甲骨文字像岩壁山石形。

甲骨文中“石”有词本义，作名词，表示山石。（《合集》13505正）

366

，硪：

《说文》：“硪，石岩也。从石，我声。”

甲骨文中“硪”有词本义，作名词，表示石岩。（《合集》10405正）

367

，竹/冃：

《说文》：“竹，冬生草也。象形。”

甲骨文中“竹”疑为本义，作名词，表示一种植物“竹”。（《合集》108）

368

、、，箙：

《说文》：“箙，弩矢箙也。从竹，服声。”甲骨文字形从矢从口，会意箭矢置于口中，即盛箭矢器，后来造“箙”字表示。

甲骨文中“箙”借作“副”，有借表词基本义，作动词，表示剖列、判列，是一种用牲法。（《合集》320）

369

、，豕：

《说文》："豕，彘也。……读与豨同。"甲骨文字像豕形。

甲骨文中"豕"有词本义，作名词，表示泛指猪类。（《合集》390反）

370

，豬：

《说文》："豬，豕而三毛丛居者。从豕，者声。"甲骨文字形从豕从彡（三毛）。

甲骨文中"豬"有词本义，作名词，表示豕而三毛聚居者。（《屯南附》3）

371

，豶：

《说文》："豶，羠豕也。从豕，贲声。"甲骨文字形会意去势之豕。

甲骨文中"豶"有词本义，作名词，表示去势肥豕。（《合集》6611）

372

、，豭：

《说文》:"豭,牡豕也。从豕,叚声。"甲骨文字形像有势之豕,即牡豕。

甲骨文中"豭"有词本义,作名词,表示牡豕。(《合集》1371)

373

,𧰲:

《说文》:"𧰲,希属。从二希。"

甲骨文中"𧰲"有词本义,作名词,表示祭祀所陈之牲。(《合集》974 正)

374

,彘:

《说文》:"彘,豕也。后蹄发谓之彘。从互,矢声,从二匕。"甲骨文字形从豕从矢,会意射猎所获之野豕。

甲骨文中"彘"有词本义,作名词,表示野猪。(《合集》20689)

375

,豚:

《说文》:"㣍,小豕也。从象省,象形。从又持肉,以给祠祀。"甲骨文字形从豕从肉,不从又。

甲骨文中"豚"有词本义,作名词,表示小豕。(《合集》29537)

376

、，兕：

《说文》："舄(兕)，如野牛，而青，象形。"

甲骨文中"兕"有词本义，作名词，表示兽名，犀牛类，可用兕祭祖。(《合集》10407 正)

377

、、，易：

《说文》："易，蜥易蝘蜓守宫也，象形。……一曰从勿。"许慎据小篆释形不确，甲骨文、金文字形会意以饮水器易换水酒。

甲骨文中"易"借作"晹"(或释"赐")，有借表词基本义，作动词，表示"晹日"。(《合集》11483 正)(或释"赐日")

378

，象：

《说文》："象，长鼻牙，南越大兽。"

甲骨文中"象"有词本义，作名词，表示大象。(《合集》10222)

379

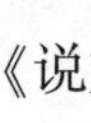

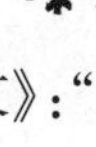

、，馬：

《说文》："馬，怒也、武也。象马头髦尾四足之形。"

甲骨文中“馬”有词本义,作名词,表示马。(《合集》29416)

380

、，驪:

《说文》:“驪(骊),马深黑色。从马,丽声。”此甲骨文字从马利声,即“骊”。

甲骨文中“驪”有词本义,作名词,表示马深黑色者。(《合集》37514)

381

，駁:

《说文》:“駁,马色不纯。从马,爻声。”

甲骨文中“駁”有词本义,作名词,表示杂色马。(《合集》36987)

382

、，騽:

《说文》:“騽,马豪骭也。从马,習声。”

甲骨文中“騽”有词本义,作名词,表示马毫骭者。(《合集》37514)

383

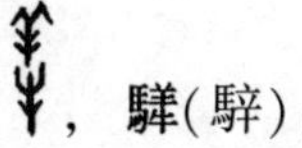，騂(騂)：

《说文》无此字。“騂”字见古典籍文献及其训诂。

甲骨文中“騂”有词本义,作名词,表示赤色马。(《合集》35828)

384

，駛：

《说文》无此字。

甲骨文中“駛”疑为本义,作名词,表示一种马名。(《合集》28196)

385

，廌：

《说文》:“廌,解廌,兽也。……象形,从豸省。”

甲骨文中“廌”有词本义,作名词,表示兽名“廌”。(《合集》5658反)

386

，鹿：

《说文》:“鹿,兽也。象头角四足之形。……从匕。”

甲骨文中“鹿”有词本义,作名词,表示兽类名“鹿”。(《合

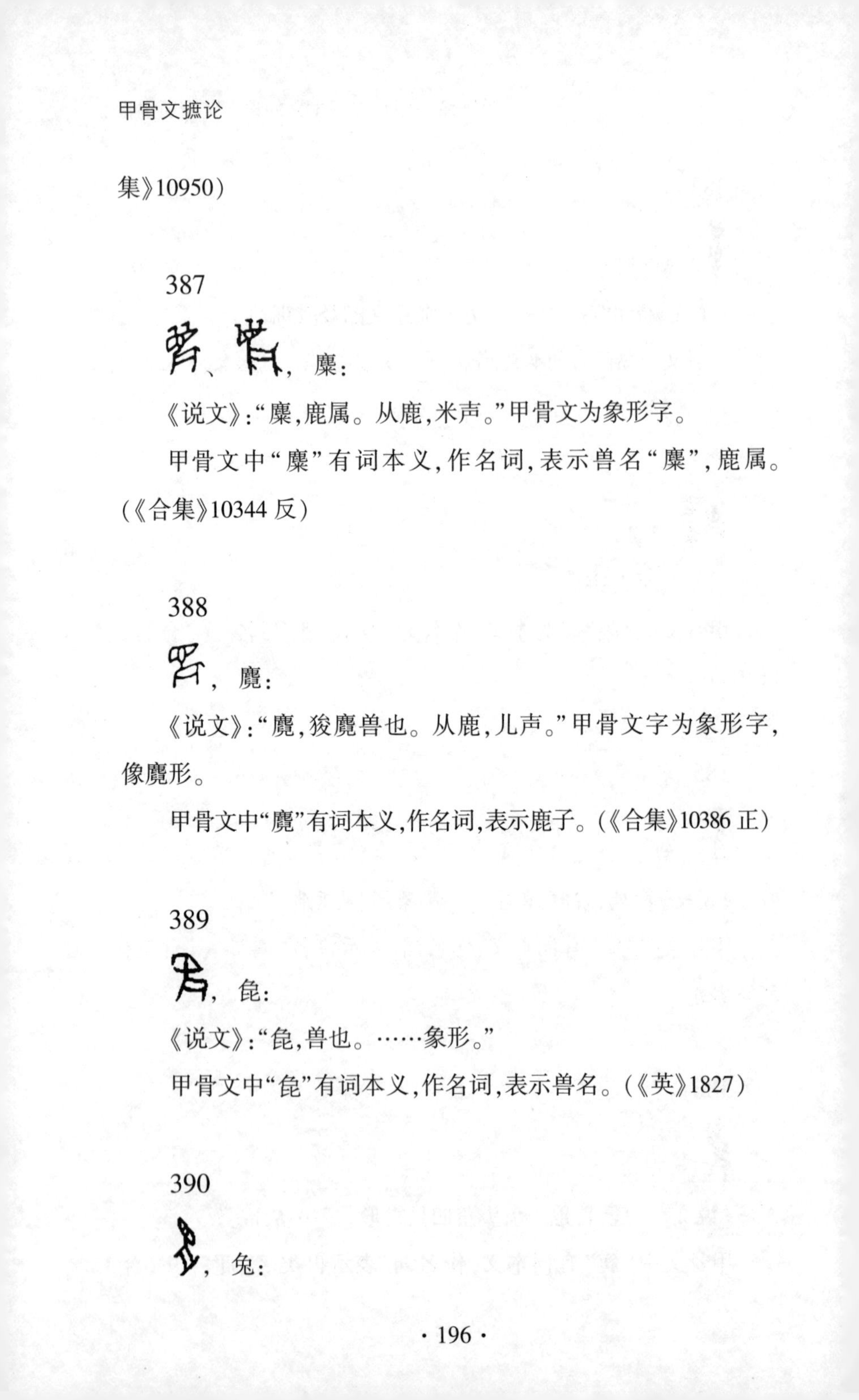

集》10950）

387

、，麋：

《说文》："麋，鹿属。从鹿，米声。"甲骨文为象形字。

甲骨文中"麋"有词本义，作名词，表示兽名"麋"，鹿属。（《合集》10344 反）

388

，麑：

《说文》："麑，狻麑兽也。从鹿，儿声。"甲骨文字为象形字，像麑形。

甲骨文中"麑"有词本义，作名词，表示鹿子。（《合集》10386 正）

389

，皀：

《说文》："皀，兽也。……象形。"

甲骨文中"皀"有词本义，作名词，表示兽名。（《英》1827）

390

，兔：

《说文》:“兔,兽名。象踞,后其尾形。”

甲骨文中“兔”有词本义,作名词,表示一种兽名。(《合集》154)

391

[甲骨字形]、[甲骨字形],犬:

《说文》:“犬,狗之有县蹏者也。象形。”

甲骨文中“犬”有词本义,作名词,表示狗犬。(《合集》34082)

392

[甲骨字形],尨:

《说文》:“尨,犬之多毛者。从犬,从彡。”

甲骨文中“尨”有词本义,作名词,表示一种兽名,犬之多毛者。(《合集》11208)

393

[甲骨字形],獻:

《说文》:“獻,宗庙犬。……从犬,鬳声。”

甲骨文中“獻”有词本义,作动词,表示于宗庙献牲。(《合集》26954)

394

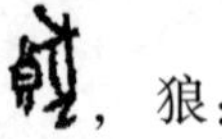，狼：

《说文》："狼，似犬。……从犬，良声。"

甲骨文中"狼"有词本义，作名词，表示一种兽名"狼"。（《前》6.48.4）

395

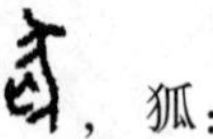，狐：

《说文》："狐，妖兽也。……从犬，瓜声。"

甲骨文中"狐"有词本义，作名词，表示一种兽名"狐"。（《合集》37487）

396

，狽：

《说文》无此字。

甲骨文中"狽"有词本义，作名词，表示一种兽名"狈"。（《合集》29420）

397

，火：

《说文》："火，毁也。……象形。"

甲骨文中“火”有词本义,作名词,表示所燃之火。(《合集》30774)

另,甲骨文中有“火”借作“祸”,有借表词基本义,作名词。(《合集》34797)

398

、、、,寮、燎:

《说文》:“寮,柴祭天也。”又,《说文》:“燎,放火也。从火,寮声。”“寮”为“燎”的初文。

甲骨文中“寮”有词本义,作祭祀动词,表示烧柴祭祖先、神祇。(《合集》14305)

399

、,爇:

《说文》:“爇,烧也。从火,蓺声。”

甲骨文中“爇”有词本义,作动词,表示焚烧。(《屯南》722)

400

、、、,熯、熯:

甲骨文用“熯”表示“熯”。《说文》:“熯,干貌。从火,漢省声。”

甲骨文中“暵”有词本义，作动词，表示使干旱。（《合集》10164）

401

，烄：

《说文》：“烄，交木然也。从火，交声。”

甲骨文中“烄”有词本义，作动词，表示烄祭。（《合集》30168）

402

、，熹：

《说文》：“熹，炙也。从火，喜声。”

甲骨文中“熹”有词本义，作动词，表示炙烤（在卜辞里具体表示用牲法，炙烤牲体以祭）。（《合集》32536）

403

、、、、，焚：

《说文》：“燓（焚），烧田也。从火棥，棥亦声。”甲骨文字形从林火，或从又，是会意字。

甲骨文中“焚”有词本义，作动词，表示烧田狩猎。（《合集》10198 正）

404

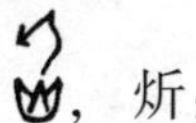，炘：

《说文》无此字，字见《玉篇》《广韵》等。《玉篇》："焮（炘），炙也。"

甲骨文中"炘"有词本义，作动词，表示炙烤（在卜辞里具体表示祭法或用牲法）。（《合集》30413）

405

，赤：

《说文》："赤，南方色也。从大，从火。"

甲骨文中"赤"有词本义，作形容词，表示颜色，赤色。（《合集》28195）

406

，大：

《说文》："大，天大、地大、人亦大，故大象人形。"

甲骨文中"大"有词本义，作形容词，表示事物形体、容量、面积数量或速度、强度大。另有双音词"大室"，有词本义，作名词，表示太室。又有双音词"大学"，有词本义，作名词。（以上见《合集》12704、《合集》30370、《屯南》60 等）

407

[oracle bone glyphs]、、，执：

《说文》:“執,捕罪人也。从丮,从𡴘。𡴘亦声。”

甲骨文中“執”有词本义,作动词,表示拘执。(《合集》19789)

408

、、、，圉：

《说文》:“圉,囹圄。……从𡴘,从囗。一曰圉垂也。一曰圉人掌马者。”

甲骨文中“圉”有词本义,作动词,表示拘執于囹圄。(《合集》139 反)

409

、，奚：

《说文》:“奚,从大,𦃃省声。”

甲骨文中“奚”有词本义,作名词,表示罪隶(可用作人牲)。(《合集》19771)

410

，竝：

《说文》:“竝,併也。从二立。”

甲骨文中“竝”有词本义,作动词,表示并列、并置。(《合集》15790)

411

、、，水：

《说文》:“水,准也。北方之形。象众水并流。”

甲骨文中“水”有词本义,作名词,表示河流之水、即河流类通名。(《合集》3330)

412

、、、、、，河：

《说文》:“河,水。……从水,可声。”

甲骨文中“河”有词本义,作名词,表示黄河专名。(《合补》4 正)

413

、，湔：

《说文》:“湔,水。……从水,前声。一曰手浣之。”

甲骨文中“湔”有词本义,作动词,表示湔洗。(《合集》4822)

414

、，涂：

《说文》:“涂,水。……从水,余声。”

甲骨文中“涂”有词本义,作名词,表示水名,涂水。(《合集》28012)

415

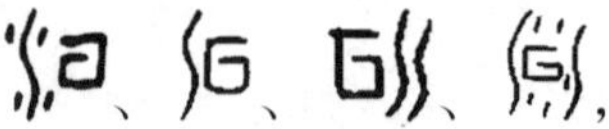

、、、，洹:

《说文》:“洹,水。……从水,亘声。”

甲骨文中“洹”有词本义,作名词,表示水名,洹水。(《合集》8315)

416

，濩:

《说文》:“濩,雨流霤下。从水,蒦声。”

甲骨文中“濩”有词本义,作祭祀动词,表示沈禽隹于水以祭。(《合集》23070)

417

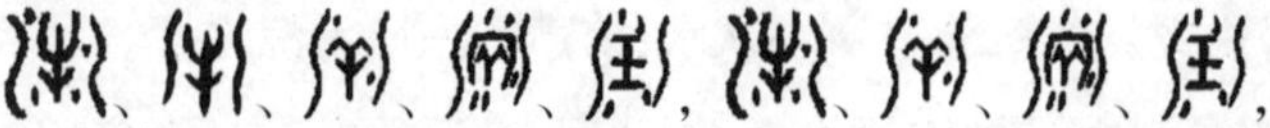

、、、、，、、、，沈:

《说文》:“沈,陵上滈水也。从水,冘声。”释形造意不确。《周礼·大宗伯》云:“以薶沈祭山林川泽。”甲骨文字形从水川、从牛或羊牢等祭牲。

甲骨文中“沈”有词本义,作动词,表示泛指沉牲以祭神祇。

(《合集》30436)

甲骨文动词“沈”表示沉牛、沉羊、沉玉等,分别用专字表示。

418

、、,溼:

《说文》:“溼,幽湿也。从水……㬎省声。”

甲骨文中“溼”有词本义,作名词,表示幽湿、低湿的土地。(《屯南》715)

419

,沑:

《说文》:“沑,水吏也。又温也,从水,丑声。”

甲骨文中“沑”疑为本义,作动词,疑为“温”,即使水温热之义。(《合集》23052)

420

、,沬:

《说文》:“沬,洒面也。从水,未声。”甲骨文字形会意人就皿盘洗面形。

甲骨文中“沬”有词本义,作动词,表示洗面。(《合集》31951)

421

、、，浴：

《说文》:"浴,洒身也。从水,谷声。"甲骨文字从人从水从皿,会意人在浴盘中洗身。

甲骨文中"浴"有词本义,作动词,表示洒身、洗浴。(《合集》28167)

422

、、、、，涉：

《说文》:"㴇( ),徒行厉水也。从沝,从步。涉,篆文从水。"

甲骨文中"涉"有词本义,作动词,表示涉水。(《合集》5227)

423

、、，川：

《说文》:"川,贯穿通流水也。"

甲骨文中"川"有词本义,作名词,表示河流。(《合集》28180)

424

、、，𡿧(災)：

《说文》："𢦏，害也。"

甲骨文中"𢦏"有词本义，作名词，表示灾害。（《合集》28434）

425

、、、，泉：

《说文》："泉，水原也。象水流出成川形。"

甲骨文中"泉"有词本义，作名词，表示水源。（《合集》34165）

426

，冬（终）：

《说文》："冬，四时尽也。从仌，从夂。"又，《说文》糸部有"终"："絿丝也。从糸，冬声。"甲骨文"冬"字似终结丝絿形，初义应为终结义。

甲骨文中"冬"有词本义，作动词，表示结束、完成。（《合集》14209 正）

427

、、、、，雨：

《说文》："雨，水从云下也。"

甲骨文中"雨"有词本义，作动词，表示降雨。（《合集》685、900、5658）

428

，雷：

《说文》："靁，阴阳薄动雷雨生物者也。从雨，畾象回转形。"

甲骨文中"雷"（靁）有词本义，作动词，表示打雷。（《合集》1086反、14127）

429

、，雪：

《说文》："䨮，凝雨说物者。从雨，彗声。"

甲骨文中"雪"（䨮）有词本义，作动词，表示降雪。（《合集》20914）

430

、，雹：

《说文》："雹，雨冰也。从雨，包声。"

甲骨文中"雹"有词本义，作动词，表示降雹、雨雹。（《合集》11423）

431

，霋：

《说文》："霋，霁谓之霋。从雨，妻声。"

甲骨文中“霎”有词本义，作动词，表示雨止。(《合集》38192)

432

、，霾：

《说文》：“霾，风雨土也。从雨，貍声。”

甲骨文中“霾”有词本义，作动词，表示风而雨土，天气阴晦。(《合集》13467)

433

、，雲(云)：

《说文》：“雲，山川气也。从雨，云象云回转形。”

甲骨文中“雲”有词本义，作动词，表示降云。(《合集》5600)

434

，魚：

《说文》：“魚，水虫也。象形。”

甲骨文中“魚”有词本义，作名词，表示水虫“鱼”。(《合集》20739)

435

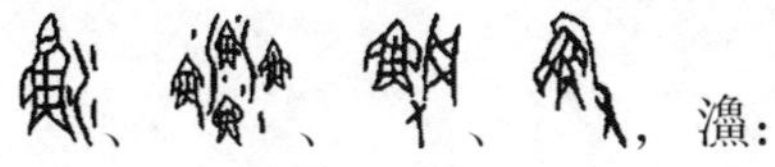，瀲：

《说文》:"瀔,捕鱼也。从鱼,从水。"

甲骨文中"瀔"有词本义,作动词,表示捕鱼。(《合集》10475)

436

,燕:

《说文》:"燕,玄鸟也。……象形。"

甲骨文中"燕"有词本义,作名词,表示燕子。(《合集》10500)

437

,龍:

《说文》:"龍,鳞虫之长。"

甲骨文中"龍"有词本义,作名词,表示神灵动物"龙"。(《合集》29990)

438

,乳:

《说文》:"乳,人及鸟生子曰乳。……从孚,从乙。"甲骨文字像母抱子哺乳形。

甲骨文中"乳"有词本义,作动词,表示哺乳。(《合集》22246)

439

， 至:

《说文》:“至,鸟飞从高下至地也。从一……象形。”

甲骨文中“至”有词本义,作动词,表示行至、到达。(《合集》29085)

440

、、、， 西:

《说文》:“西,鸟在巢上。象形。……棲,西,或从木妻。”

甲骨文中“西”有词本义,作方位名词,表示西方。(《合集》975 正)

441

， 卤:

《说文》:“卤,西方咸地也。从西省,象盐形。”

甲骨文中“卤”有词本义,作名词,表示盐卤。(《合集》1441)

442

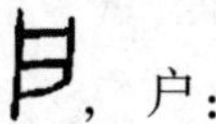， 户:

《说文》:“户,护也。……象形。”

甲骨文中“户”有词本义,作名词,表示双扇门形制中的一扇

形门户。(《合集》27555)

443

門:

《说文》:“門,闻也。从二户,象形。”

甲骨文中“門”有词本义,作名词,表示宗庙、宫室之门,双扇门形制之门。(《合集》34220)

444

耳:

《说文》:“耳,主听者也。象形。”

甲骨文中“耳”字,有词本义,作名词,表示主听器官。(《合集》13630)

445

聽:

《说文》:“聽,聆也。从耳悳,壬声。”甲骨文字形从耳从口,或从壬,像人耸耳听貌。

甲骨文中“听”字,有词本义,作动词,表示听闻。(《合集》19176)

446

，聞：

《说文》："聞，知闻也。从耳，门声。"甲骨文字形从人从耳，像人以手助耳听闻。

甲骨文中"聞"字，有词本义，作动词，表示知闻。（《合集》4493）

447

，將（㨾）：

《说文》："㨾，扶也。从手，爿声。""㨾"即"將"字。《说文》："將，帅也，从寸。""將"本义应是扶将之义。

甲骨文中"將"字，有词本义，作动词，表示双手扶持，在祭祀中将持祭品、器物祭神。（《合集》30763）

448

、、（甲骨文"女"与"母"部分同形字）女/母：

《说文》："女，妇人也。象形。"

甲骨文中"女"字，有词本义，作名词，表示女性、男女之女。（《合集》678）

又，甲骨文"女"与"母"字形同，有"母"的词本义，作名词，表示父母之"母"。卜辞如"子母其毓"。（《合集》14125）

449

，妻：

《说文》："妻，妇与夫齐者也。从女，从屮，从又。又，持事，妻职也。"

甲骨文中有"妻"字，词本义，作名词，表示女性配偶，特指祖神配偶。（《合集》331）

450

，妃：

《说文》："妃，匹也。从女，己声。"

甲骨文中有"妃"字，词本义，作名词，表示妃匹。（《合集》2867）

451

，娠：

《说文》："娠，女妊身动也。从女，辰声。《春秋传》曰：后緍方娠。一曰：官婢女隶谓之娠。"

甲骨文中有"娠"字，词本义，作动词，表示妊娠。（《合集》14070）

452

、，母：

《说文》:“母,牧也。从女,象褢子形。一曰象乳子也。”

甲骨文中“母”字,有词本义,作名词,表示生母。(《合集》14125)

甲骨文“母”又用作借表词,作否定副词,表示“毋”。(《合集》25064)

另,甲骨文中有双音词“东母”,表示一神祇名。(《合集》14761)

453

、，妣:

《说文》:“妣,殁母也。从女,比声。”

甲骨文中“妣”字,有词本义,作名词,表示先妣,即祖先配偶的尊称,卜辞如“妣甲”。(《合集》27505)

454

，婢/婢:

《说文》:“婢,女之卑者也。从女,从卑,卑亦声。”

甲骨文中“婢”字,有词本义,作名词,表示女性,奴隶,用为人牲。(《合集》35361)

455

、、，如:

《说文》:“如,从随也。从女,从口。”

甲骨文中“如”字,有词本义,作动词,表示从随。(《合集》19134)

456

，⿰妾卩(嬖):

《说文》:“嬖,便嬖、爱也。从女,辟声。”

甲骨文中“嬖”字,有词本义,作名词,表示便嬖,女性奴隶,用为人牲。(《合集》32162)

457

，妥:

《说文》失此字,段玉裁《说文解字注》:“妥,安也。从爪、女。妥与安同意。”

甲骨文中“妥”字,有词本义,作动词,表示绥安。(《合集》22147)

458

、，弋:

《说文》:“弋,橜也。象折木衺锐者形。”甲骨文字形像下端尖锐之橛,“弋”是橛杙之杙的本字。(据裘锡圭说,见《甲骨文字

典》）

甲骨文中"弋"字，用作借表词，有借表词的基本义，作动词"代"，表示替代。（《合集》6816）

459

、、，戈：

《说文》："戈，平头戟也。从弋，一横之，象形。"

甲骨文中有"戈"字，词本义，作名词，表示一种兵器。（《屯南》2194）

460

、、，肇（肈）：

《说文》："肇……擊也。从戈，肁聲。"许慎《说文》原书无"肇"篆体。后人补此篆。甲骨文字形从戈击破户，表示攻破、攻入。

甲骨文中"肇"字，有词本义，作动词，表示始击、攻入。（《合集》19139 乙）

461

、，戍：

《说文》："戍，守边也。从人持戈。"

甲骨文中"戍"字，有词本义，作动词，表示戍守。（《合集》

3227）

462

、、、、，𢦏(𢦔)：

《说文》："𢦏，伤也。从戈，才声。"

甲骨文中"𢦏"字，有词本义，作动词，表示兵灾伤损。（《合集》6057 正）

463

、、，戠：

《说文》："戠，阙。从戈，从音。"

甲骨文中"戠"字，用为借表词 1"膱"，有借表词的基本义，作名词，表示干肉。（《屯南》34）

用为借表词 2"埴"，有借表词的基本义，作形容词，表示颜色的一种，近似黄色。（《合集》30718）

464

、，戔：

《说文》："戔，贼也。从二戈。《周书》曰：戔戔巧言。"段注："此与残音义皆同。""戔"字的初义应表示残杀。

甲骨文中"戔"字，有词本义，作动词，表示践伐、残杀。（《合集》6335）

465

，戚：

《说文》："戚，戉也。从戉，尗声。"甲骨文字形像长柄大斧钺形。

甲骨文中"戚"字，有词本义，作名词，表示一种兵器"戉"，可用作祭祀、奏舞礼器。(《屯南》1501)

466

、，我：

《说文》："我，施身自谓也。"甲骨文字形像一种长柄武器。

甲骨文中有"我"字，用作借表词，借表词基本义，作第一人称代词，表示殷商王朝自称。(《合集》376 正)

467

，匄：

《说文》："匄，气也。逯安说，亡人为匄。"

甲骨文中"匄"字，用作借表词，有借表词的基本义，作名词"害"，表示祸害。(《合集》339)

468

、、，甾：

《说文》："甾，东楚名缶曰甾。象形。"

甲骨文中“甾”字，用作借表词，有借表词的基本义，作动词“载”，表示乘载车马（而行）。（《合集》10405 正）

469

、、，弓：

《说文》：“弓，以近穷远。象形。古者挥作弓。《周礼》六弓：王弓、弧弓以射甲革甚质；夹弓、庾弓以射干侯鸟兽；唐弓、大弓以授学射者。”又，《说文通训定声》曰：“弓，兵也，所以发矢。”甲骨文字像弓形。

甲骨文中有“弓”字，词本义，作名词，表示弓矢的“弓”。（《合集》9827）

470

、，引：

《说文》：“引，开弓也。从弓、丨。”

甲骨文中有“引”字，作形容词，表示长久、延引。（《合集》27767）

471

、，弘：

《说文》：“弘，弓声也。从弓，厶声，厶，古文肱字。”

甲骨文“弘”表示“洪”，作借表词，借表词基本义，形容词，表示弘大。卜辞如“帝其弘令雷”。(《合集》14128 正)

472

 𢆶(系)：

《说文》：“系，繫也。从糸，丿声……籒文系从爪丝。”

甲骨文中“系”字，有词本义，作动词，系属物品，表示在祀典中是系置祭品礼。(《合集》32384)

473

 聯：

《说文》：“聯，连也。从耳，耳连于颊也；从丝，丝连不绝也。”“聯”字在《说文》耳部。

甲骨文中“聯”字，作动词，有词本义，表示连及、连接，如卜辞“王其爯玉聯”。(《合集》32721)

474

 虹：

《说文》：“虹，螮蝀也。状似虫。从虫，工声。”甲骨文字像拱虹形，即神灵动物螮蝀。

甲骨文中“虹”字，有词本义，作名词，表示螮蝀。(《合集》

10405反）

475

蠱：

《说文》："蠱，腹中蟲也。《春秋传》曰：皿蟲为蠱，晦淫之所生也。……从蟲，从皿。"

甲骨文中"蠱"字，作动词，有词本义，表示患虫病。（《合集》13665正）

476

它（虫）：

《说文》："它，虫也。从虫而长，象冤曲垂尾形。"

甲骨文中"它"字，用作借表词，有借表词的基本义，作代词"它"，表示"它示"即旁系先王庙示。（《合集》14353）

477

壱：

《说文》无此字。

甲骨文中"壱"字，有词本义，作动词，表示降祸害。（《合集》10124正）

478

，龜：

《说文》:“龜,旧也。外骨内肉者也。从它,龜头与它头同。……龜鼈之类……象足甲尾之形。”

甲骨文中“龜”字,有词本义,作名词,表示乌龟。(《合集》9001)

479

，鼈：

《说文》:“鼈,甲蟲也。从黽,敝声。”

甲骨文中“鼈”字,有词本义,作名词,表示甲鱼、鼈类动物,即“鳖”。(《合集》896 正)

480

，二：

《说文》:“二,地之数也。从偶一。”

甲骨文中“二”字,有词本义,作数词,表示基数二。(《合集》2283)

481

、，凡：

《说文》:“凡,最括也。”甲骨文字形像盘器形。

甲骨文中“凡”字，有词本义，作名词，表示盘器，可盛水。(《合集》27740)

另，甲骨文中“凡”可用作借表词，借表词基本义，作动词“犯”，表示侵犯。(《合集》8662)

482

，土：

《说文》：“土，地之吐生万物者也。二，象地之下，地之中物出形也。”甲骨文、金文字形像地上土块之形。

甲骨文中有“土”字，词本义，作名词，表示泥土、田土。(《合集》33215)

483

田、田，田：

《说文》谓：“田，陈也。树谷曰田。象四囗十，阡陌之制也。”甲骨文“田”作动词，表示田猎，甲骨文学者释其形初本为田猎战阵之制。(见《甲骨文字典》)

甲骨文中有“田”字，作动词，词本义应表示田猎。(《合集》24502、28319)

484

𠷎，𠷎(畴)：

《说文》:"畴,耕治之田也。象耕屈之形。"

甲骨文中有"畴"字,词本义,作名词"畴",表示耕治之田。(《合集》9503 正)

用作借表词,借表词基本义,作动词"祷",表示祭祀祷告。(《合集》1654)

485

、,畜:

《说文》:"畜,田畜也。《淮南子》曰:玄田为畜。"

甲骨文中有"畜"字,词本义,作动词,表示田畜,豢养畜牲。(《合集》29415)

486

,畱:

甲骨文中有"甾""畄"字,即"畱",作名词,词本义是表示一种农作物名。(《合集》9946 正乙)(陈梦家释"穧")

487

、,黄:

《说文》:"黄,地之色也。从田,从炗,炗亦声。炗,古文光。"误。甲骨文"黄"字形像人佩玉之形,即"璜"之初文,假借为色彩"黄"。(释形参见《甲骨文字典》)

甲骨文中“黄”字,可用作借表词,作形容词,借表词基本义表示黄色。(《合集》14315 正)

488

、、, 劦(劦):

《说文》:“劦,同力也。从三力。《山海经》曰:惟号之山,其风若劦。”

甲骨文中“劦”字,有词本义,作动词,表示合力(耕作、垦地)。卜辞有“劦田”。(《合集》1、3)

489

, 鑄:

《说文》:“鑄(铸),销金也。从金,寿声。”

甲骨文中“鑄”字,有词本义,作动词,表示铸造(金属器物)。(《英》2567)

490

、, 斫:

《说文》:“斫,击也。从斤,石声。”

甲骨文中“斫”字,有词本义,作动词,表示砍击,在卜辞里是一种用牲法。(《前》8.6.1)

491

、，新：

《说文》:"新，取木也。从斤，亲声。"

甲骨文中"新"字，用作借表词，作形容词，借表词基本义是表示新旧之"新"。(《合集》30977)

492

、、，升：

《说文》:"升，十龠也。从斗，亦象形。"段注:"(升)十合也。十合各本作十龠，误，今正。……十合为升，十升为斗。"许慎据小篆释形不准确，甲骨文字形像升器形。

甲骨文中"升"字，有词本义，作名词，表示有柄升器。(《合集》30973)

(另，甲骨文字形、隶作"祓"，见前。)

493

、、、、，車：

《说文》:"車，舆轮之总名也。夏后时奚仲所造。象形。"

甲骨文中"車"字，有词本义，作名词，表示舆车。(《合集》10405 正)

494

，自(師)：

《说文》:“自,小𠂤也。象形。”又,《说文》帀部有“師”字:“二千五百人为師。从帀从𠂤,𠂤,四帀众意也。”

甲骨文中“𠂤”用作“師”,“師”有词本义,作名词,表示军事编制“师”、师众。(《合集》178)

495

，官：

《说文》:“官,史事君也。从宀,从𠂤。𠂤犹众也,此与师同意。”

甲骨文中“官”字,有词本义,作名词,表示馆次、行止之舍馆。(《合集》1916)

496

、、、，𠂤朿：

《说文》无此字。“𠂤朿”,后来古文献以“次”表示。

甲骨文中“𠂤朿”字,有词本义,作名词,表示师众驻地,止“次”之地。(《合集》36821)

497

、、，𨸏(阜)：

《说文》:"𨸏,大陆也。山无石者。象形。"

甲骨文中有"阜"字,词本义,作名词,表示丘阜。(《合集》24356)

498

、, 陮:

《说文》:"陮,陮隗,高也。从𨸏,隹声。"

甲骨文中"陮"字,有词本义,作名词,表示崔嵬凸起之地。(《合集》33149)

499

、、、, 降:

《说文》:"降,下也。从𨸏,夅声。"

甲骨文中有"降"字,词本义,作动词,表示从山阜等空间高处下来。(《合集》3471)

500

、, 隊:

《说文》:"隊,从高隊也。从𨸏,㒸声。"甲骨文字从𨸏从倒人,会意陨坠。

甲骨文中"隊"字,有词本义,作动词,表示坠落。(《合集》10405 正)

501

，四：

《说文》："四，阴数也。象四分之形。"小篆字形与甲骨文相异，甲骨文字形以四道横线表示数字四。

甲骨文中"四"字，有词本义，作数词，表示基数四。（《合集》201）

502

、，宁(貯)：

《说文》："宁，辨积物也。象形。"

甲骨文中"宁"字，有词本义，作动词，表示积存。（《合集》18341）

503

、、，亞：

《说文》："亞，丑也。象人局背之形。贾侍中说，以为次弟也。"释形误。甲骨文字形似为商代的亚形建筑或墓葬形制。

甲骨文中"亞"字，有词本义，作名词，表示上古建筑形式、礼制为亚。卜辞如"其作亞宗"。（《合集》30295）

504

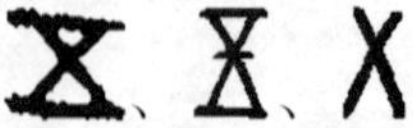

、、，五：

《说文》："五，五行也。从二，阴阳在天地间交午也。"

甲骨文中"五"字，为借表词，有借表词的基本义，作数词，表示基数五。(《合集》28324)

505

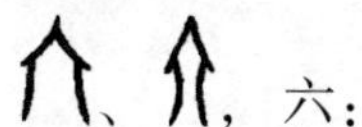，六：

《说文》："六，易之数。阴变于六，正于八，从入，从八。"释形不确。《说文》广部又有"廬"字。甲骨文字所像即古之所谓"廬"，假借为数字"六"。(释形见《甲骨文字典》)

甲骨文中"六"字，为借表词，有借表词的基本义，作数词，表示基数六。(《合集》258)

506

，七：

《说文》："七，阳之正也。从一，微阴从中衺出也。"《说文》释形错误。甲骨文"七"的字形，本像横中加竖，会意当中切断形，假借为数字"七"，后以"切"表示切断专字。(据丁山说)

甲骨文中有"七"字，作借表词，有借表词的基本义，作数词，表示基数七。(《合集》37480)

507

、、，九：

《说文》:"九,阳之变也。象其屈曲究尽之形。"许慎据小篆释形不确,甲骨文字形像臂肘形,或释像曲钩形,表示数字"九"是假借。

甲骨文中"九"字,作借表词,有借表词的基本义,作数词,表示基数九。(《合集》37416)

508

、、,萬:

《说文》:"萬,蟲也。从厹,象形。"甲骨文字像蝎形。

甲骨文中"萬"字,作借表词,有借表词的基本义,作数词,表示基数"万"。(《合集》21651)

509

、、、,獸(狩):

《说文》:"獸,守备者也。……从嘼,从犬。"又,《说文》有"狩"字,段玉裁《说文解字注》:"狩,火田也。从犬,守声。《易》曰:明夷于南狩。"火田、狩猎义最初用"獸"字表示,见于甲骨卜辞,此义商代以后又用"狩"字表示。

甲骨文中"獸"字,有词本义,作动词,表示狩猎。(《合集》10602)

510

，甲：

《说文》："甲，东方之孟，阳气萌动。""古文甲始于一，见于十，岁成于木之象。"许慎据小篆释形造意不确，其造字所像有多种说法。

甲骨文中"甲"字，用作借表词，有借表词的基本义，表示天干之一"甲"。（《合集》28021）

511

，乙：

《说文》："乙，象春艸木冤曲而出，阴气尚强，其出乙乙也。与丨同意。……"许慎据小篆释形造意不确，造字所像待考。

甲骨文中"乙"字，用作借表词，有借表词的基本义，表示天干之一"乙"。（《合集》542）

512

、、，丙：

《说文》："丙，位南方，万物成，炳然。阴气初起，阳气将亏。从一入冂，一者，阳也。……"据小篆释形不确。甲骨文、金文似容器底足形，待考。

甲骨文中"丙"字，用作借表词，有借表词的基本义，表示天干之一"丙"。（《合集》20470）

513

，丁：

《说文》："丁，夏时万物皆丁实。象形。"据小篆释形不准确。甲骨文、金文字形似为颠顶、屋顶窗孔形，或为定点之形。

甲骨文中"丁"字，用作借表词，有借表词的基本义，表示天干之一"丁"。（《合集》20965）

514

、、，戊：

《说文》："戊，中宫也。象六甲五龙相拘绞也。"许慎据小篆释形不准确。甲骨文、金文字形像一种类似钺的兵器。

甲骨文中"戊"字，用作借表词，有借表词的基本义，表示天干之一"戊"。（《合集》583反）

515

、，己：

《说文》："己，中宫也。象万物辟藏诎形也。己承戊，象人腹。"其释形不确。甲骨文学者有诸释，尚无定说。

甲骨文中"己"字，用作借表词，有借表词的基本义，表示天干之一"己"。（《合集》24735）

516

、、、，庚：

《说文》:“庚,位西方。象秋时万物庚庚有实也。”据小篆释形不确。甲骨文、金文字形似一种槌击的悬挂乐器,待考。

甲骨文中“庚”字,用作借表词,有借表词的基本义,表示天干之一“庚”。(《合集》20912)

517

、、，庸(镛):

《说文》:“庸,用也。从用,从庚。庚,更事也。《易》曰:先庚三日。”许慎释形不确,甲骨文、金文字形像乐器“镛”,“庸”应是“镛”的初文。

《说文》:“镛,大钟谓之镛。从金,庸声。”

甲骨文中“庸”字,有词本义,作名词,表示一种乐器“镛”。(《合集》27310)

518

、，辛:

《说文》:“辛,秋时万物成而孰,金刚味辛,辛痛即泣出。从一从辛,辛,辠也。辛承庚,象人股。”许慎释形不确。甲骨文字形似一种刑具。(详见《甲骨文字典》)

甲骨文中“辛”字，用作借表词，有借表词的基本义，表示天干之一“辛”。(《合集》12919)

519

，壬：

《说文》：“壬，位北方也。阴极阳生，故《易》曰：龙战于野。战者，接也。象人褢妊之形。承亥壬以子生之叙也。与巫同意。壬承辛，象人胫。胫，任体也。”释形不确，字形待考。

甲骨文中“壬”字，用作借表词，有借表词的基本义，表示天干之一“壬”。(《合集》12932)

520

、，癸：

《说文》：“癸，冬时水土平，可揆度也。象水从四方流入地中之形。癸承壬，象人足。”据小篆释形不确，字形造意待考。

甲骨文中“癸”字，用作借表词，有借表词的基本义，表示天干之一“癸”。(《合集》137 正)

521

、、、，子：

《说文》：“子，十一月，阳气动，万物滋，人以为偁。象形。”甲骨文字形像童孩形，上像童孩头发。本义是孩子。

甲骨文中“子”字,用作借表词,有借表词的基本义,表示地支之一“子”。(《合集》137 反)

522

冥(挽/娩):

《说文》:“挽,生子免身也。从子,从免。”甲骨文中以“冥”字表示“挽”,“冥”应为“挽”的初文,后来用“冥”字表示窈冥之义。

又,《说文》:“冥,窈也。从日、从六、从冖。日数十。十六日而月始亏,冥也。冖亦声。”据小篆释形不确。

甲骨文中“冥”字,有词本义,作动词,表示分娩生子。(《合集》13945)

523

育(毓):

《说文》:“育,养子使作善也。从𠫓,肉声。《虞书》曰:教育子。育或从每。”甲骨文字形从母从子,会意生育。

甲骨文中“育”字,有词本义,作动词,表示生育。卜辞如“子母其育(毓)”。(《合集》14125)

524

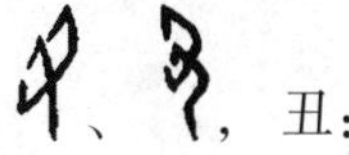丑:

《说文》:“丑,纽也。十二月万物动,用事。象手之形。时加丑,亦举手时也。”

甲骨文中“丑”字,用作借表词,有借表词的基本义,表示地支之一“丑”。(《合集》137 正)

525

 羞:

《说文》:“羞,进献也。从羊,羊所进也。从丑,丑亦声。”

甲骨文中“羞”字,有词本义,作动词,表示进献美食以祭祀。(《合集》30768)

甲骨文中“羞”字又用作借表词,作地域方名,表示四封方之一。(《合集》111 正)

526

寅:

《说文》:“寅,髌也。”许慎据小篆释字形造意不确,甲骨文、金文字形与“矢”有关,又有字形或像“以双手捧矢形”。(据郭沫若说,见《甲骨文字典》)

甲骨文中“寅”字,用作借表词,有借表词的基本义,表示地支之一“寅”。(《合集》12438 反)

527

卯：

《说文》："卯，冒也。二月万物冒地而出。象开门之形，故二月为天门。"据小篆释形不确。甲骨文等古文字形像铆(劉)割、剖分之形，卜辞中有剖分动物、祭牲的用法，为语证。

甲骨文中"卯"字，有词本义，作动词，表示劉、分剖牲体。(《合集》349)

又，甲骨文中"卯"字用作借表词，有借表词基本义，表示地支之一"卯"。(《合集》902 正)

528

辰：

《说文》："辰，震也。三月阳气动，雷电振，民农时也，物皆生。从乙匕，匕象芒达，厂声也。辰，房星，天时也。从二，二，古文上字。"据小篆释形不确，甲骨文字形像"缚蚌镰于指之形"(见《甲骨文字典》)。

甲骨文中"辰"字，用作借表词，有借表词的基本义，表示地支之一"辰"。(《合集》94 正)

529

巳：

《说文》："巳，巳也。四月昜气巳出，阴气巳藏，万物见，成文章,故巳为蛇,象形。"许慎据小篆释形不确,甲骨文字形像童子、孩儿形,造字取义与"子"同。

甲骨文中"巳"字,亦即"子"字,有词本义,作名词,表示孩子。如"妇好㞢(有)子"(《合集》94 正、《合集》2783)等。

又,甲骨文中"巳"字作借表词,有借表词的基本义,表示地支之一"巳"。(《合集》12907)

530

,午:

《说文》:"午,啎也。五月阴气啎逆阳,冒地而出也。象形。"据小篆释形不确,甲骨文、金文字形像束丝交午字形。(据《甲骨文字典》)

甲骨文中"午"字,用作借表词,有借表词的基本义,表示地支之一"午"。(《合集》1075 正)

531

,未:

《说文》:"未,味也。六月滋味也。五行,木老于未。象木重枝叶也。"

甲骨文中"未"字,用作借表词,有借表词的基本义,表示地支之一"未"。(《合集》584 甲正)

532

[illegible]、[illegible]、[illegible]，申：

《说文》："申，神也。七月阴气成，体自申束。从臼，自持也。吏以餔时听事，申旦政也。"甲骨文、金文字造意像雷电形，大盖远古先民以雷电为神所显。

甲骨文中"申"字，用作借表词，有借表词的基本义，表示地支之一"申"。(《合集》12909)

533

[illegible]、[illegible]、[illegible]、[illegible]，酉：

《说文》："酉，就也。八月黍成，可为酎酒。象古文酉之形。"甲骨文、金文像酒尊形。

甲骨文中"酉"字，用作借表词，有借表词的基本义，表示地支之一"酉"。(《合集》542)

534

[illegible]、[illegible]、[illegible]，尊：

《说文》："尊，酒器也。从酋，廾以奉之。《周礼》六尊：牺尊、象尊、箸尊、壶尊、太尊、山尊，以待祭祀宾客之礼。尊或从寸。"

甲骨文中"尊"字，有词本义，作祭祀动词，表示奉上酒尊祭器以祭祀。(《合集》32235)

535

戌：

《说文》："戌，灭也。九月阳气微，万物毕成，阳下入地也。五行，土生于戊，盛于戌。从戊一，一亦声。"许慎释形造意不准确，甲骨文、金文字形与"戉"近，所像为长柄斧钺兵器。

甲骨文中"戌"字，用作借表词，有借表词的基本义，表示地支之一"戌"。(《合集》15020 反)

536

亥：

《说文》："亥，荄也。十月微阳起，接盛阴。从二，二，古文上字。……象裹子咳咳之形。《春秋传》曰：亥有二首六身。"此《说文》据小篆释形不确，但《说文》又谓："古文亥为豕，与豕同。"甲骨文、金文字形皆与"豕"字相近，有些学者认为"亥"字形原始造意应与"豕"形义相关。古"亥""豕"一字。

甲骨文中"亥"字，用作借表词，有借表词的基本义，表示地支之一"亥"。(《合集》249 正)

第二章　甲骨文借表词的义位系统性

一、引言

（一）“甲骨文借表词义位系统性”的提出

关于借表词现象，前人论述较多。而甲骨文中借表词的义位系统问题尚未有专题论述。对此，我们从语义系统性的角度，探讨如何辨识甲骨文借表词的基本义，揭示甲骨文借表词基本义与引申义关系系统在语义认知方面的规则和特性。

如前章所述，甲骨文表词形式，有本表词形式和借表词形式，可分别简称为“本表词”和“借表词”。前者是用本字表示的词，后者是用假借字表示的词。此“本字”，正如裘锡圭先生所说，是“用来表示它的本义或引申义的字”①，是与“假借字”相对的一个名称。

借表词有两种情况：一是“本无其字”的借表，这是借用已造出字表示同音词，借表后又“久借不还”的一种情况，属于用字表

① 裘锡圭：《文字学概要》，北京：商务印书馆，1988 年，第 180~181 页。

词方式,可以看作是狭义的假借表词。《说文解字·叙》所谓"假借者,本无其字,依声托事",就是这类情况。二是通假字借表词,是已造出本字,有表本方式,有时又借用音同或音近的字代替本字表词的一种用字表词方式。

如果从甲骨文表词表义看字、词、义位的对应关系,考察文字与词的本义(或基本义)的对应关系,那么除了考察"本字"表示的词本义(或基本义)外,还需要考察假借字表词的基本义,即"本无其字"的借表词的基本义,这是相对于其后来引申义的起点义。在上古汉语中,假借表词的基本义通常就是其借表词的义位系统中的本义。对于已有本字的通假字借表词来说,它的本义可识别、还原为本字所表词的本义。所以,说到"借表词本义"时,通常指的是假借表词的基本义。

就本表词来看,甲骨文造字字形显示的形象义直接标记、反映词义,反映字本义。字本义或者对应于造字所表词的基本义位,或者对应于基本义位的引申义位,因而与造字所表词的本义存在一致和不一致两种情况。借助原字的字本义、同源孳乳字的字本义与所表源词及其义位的对应关系,可以判别哪些甲骨文字本义是造字所表词的本义,哪些是词的引申义。

而就假借表词来看,甲骨文字形显示的形象义与所表词义毫无关联;或者说,字形的造意或造字本义与所表词的词义不存在语义上的联系。但是在语音方面,字音就是所表词的语音,由此可推断为假借表词。

(二)义位系统性是探究甲骨文借表词义的重点

词义属于语言范畴,是语言结构单位——词的语义层面。词的本义义位是根据词位义系统中义位的性质、地位和来源关系确定的一种义位类型,而本表词、借表词是文字表词范畴里的现象。为什么要从甲骨文“借表词”角度去考察其本义(基本义)呢？这主要是因为,在上古汉字发展过程中,甲骨文字虽然仍处于汉字的造字阶段,但已经发展成为一种较为成熟、系统的古汉字符号体系。甲骨刻辞是以甲骨文字契写记录的卜辞语句,考察甲骨刻辞的词汇语义,首先面对的是甲骨文字形式与其所记录语言语义的关系。甲骨文字不仅以造字表词表义方式记录了上古汉语早期词义,还以假借、通假的用字表词表义方式记录词和词义。因此,研究甲骨文的词本义系统,需要直接面对甲骨文字如何表词表义这一突出问题,不仅词的本表形式数量大,通假字使用也极其频繁,而且无本字的借表形式非常之多,特别值得进行系统的研究。

有本字的假借,在当时是通假字,所借表的词本义(基本义)可还原到本字所表词中去考察。

有些词表示它的本字和通假字使用都很频繁。例如,甲骨文“录”([illegible]、[illegible]、[illegible]等形)借表“山麓”之“麓”(《合集》10970正),但是甲骨文里有本字“麓”(异体字“禁”)的本表用法,如“叀行南麓,擒隹(唯)狐”(《甲》703)和“王田于演禁”(《合集》29409)等例。“录”借表“麓”这一词的本义,可依据本字表义情况来确定。

有些词有本字,却习惯用假借字表示。例如,表示贞卜动词的本字“貞”(鼑)，大概是甲骨文里的后起本字，基本义是“卜问”；但在绝大多数卜辞中用“鼎”(鼎、鼎等形)字表示，“鼎”本表示鼎器类名。在这种用法上是假借，可结合本字辨别其本义。

而同源字之间的通假表词，则可以找出原字与派生字，以识别其本表词的本义；或者根据这些字表示的同源词的语义源流关系，推求其词本义。

无本字的假借，所表词及其本义(基本义)只有借表形式，无本表形式，只能从借表的义位系统本身辨识词本义(基本义)，因此，与本表词一同作为考查义位系统、义位类型的重点。还有殷商时代以后出现后起本字的情况，对于殷商甲骨文来说，仍然是“无本字”的假借，则可结合后起本字表示的义位来求证其义位系统。所以，甲骨文中借表词本义的情况是需要在“本无其字”的借表词范围里进行专门探讨的。

在甲骨文中，借表词本义是只用假借字表示某词(无本字或未见用本字表示的词)所对应的词的基本义，而不一定是词产生时的初义。

例如，甲骨文“𠀁”(方)的造意本是一种农具①，借表方位、方向名词“四方”之“方”，又有四方之祭和方国类名等义位。从语义认知和词义关系系列可以推知，义位“方位、方向”在当时是基本义，也是其借表引申义的起点。这种情况，不仅词的基本义用借字“方”表示，引申义也习惯地用同一借字表示，是一个借表的

---

① 按：甲骨文“方”字造意，详第一章“附：甲骨文中主要词本义举列”中“方”字。

多义词,借表的基本义称为借表词"方"的本义。而甲骨文里有些借表词却不同,借表的基本义未能引申出新义位。或者就现已出土的甲骨刻辞来看,借表的义位未见有引申义——但仍然是基本义。如甲骨文"[illegible]"(易)借表动词"暘"表天气现象,构成词组"易(暘/赐)日"(《合集》25、11483反);"[illegible]"(余)借表代词,表示第一人称(《合集》20328)等。我们将这类借表的义位也视为借表词本义。

甲骨文借表词既有单义词,也有多义词。借表词的本义,或者是一个借表多义词词义系统的基本义,即相对于其借表引申义而言的起点义,或者是一个借表单义词的基本义。借表单义词的基本义,有的仅存在于甲骨刻辞,有的则保留在后世文献语言中。下面具体阐论借表词的义位系统性问题。

二、甲骨文借表单义词的基本义

(一)古汉语借表多义词在甲骨文中仅见基本义

上古汉语中有许多借表多义词,借表的最古的词义可以在甲骨刻辞中找到。但是,由于受甲骨文出土和发现情况所限,在甲骨卜辞里仅见有一个基本义位的借表单义词,这种情况可视为甲骨文的借表单义词。

例如,"喪",本义是采桑,借表动词"丧亡"之"丧"。甲骨文中有"桑"字,像桑树形。"喪"与"桑"二字原是同一字所分化,"桑"像桑树形,"喪"从桑从口,口像采桑所用之器,字形结构标记的应是动词义。在传世文献语言中,未见“喪”表示动词义“采桑”的用法。但“桑”有这种用法,如《穆天子传》卷五:“甲寅,天子作居范宫,以观桑者。”郭璞注:“桑,采桑也。”是动词义,可旁证“喪”的本义是采桑。“喪”在甲骨刻辞及后来汉语中借表“丧亡”之“丧”。《说文·哭部》:“丧,亡也。”指逃亡、亡失,是动词义,是借表丧亡的基本义。

在卜辞中可以看到这一用法,如“丧众”(《合集》32002)、“丧众人”(《合集》50 正)、“丧人”(《合集》1080 正、1085、32286)等辞,表示逃亡、亡失,是借表词“丧”的基本义。

古代文献记录“丧”的义位有:A.“逃亡”;B.“失去”;C.“死亡”;D.“丧事”;等等。

A.“逃亡”,如《礼记·檀弓下》“丧人无宝”,这里的“丧人”指失位逃亡在外的人,“丧”为动词,作定语。

B.“失去”,如《孟子·梁惠王上》“西丧地于秦七百里”,也是动词,带宾语。

C.“死亡”,如《书·金縢》“武王既丧”伪孔传:“武王死。”是一价动词,不带宾语。

D.“丧事”,如《论语·八佾》:“临丧不哀。”《左传·僖公二十七年》“不废丧纪”孔颖达疏:“丧纪者,丧事之总名。”为名词义。

朱骏声《说文通训定声》引《白虎通》说:“人死谓之丧何,言其丧亡不可复得见也;不直言死称丧者何,为孝子之心不忍言也。”由“亡失”义引申为人生命的失去。在认知、语义的逻辑顺序上,义位演变、引申关系是:亡失(逃亡)→失去→死之(失去生命)→丧事。

从年代先后来看,“亡失(逃亡)义早于其他义位。这一义位不仅在语义逻辑的推演关系上是其他义位的起点义,在年代先后方面也证明为最早的义位,因而是借表词“丧”的基本义。

“我”,借表第一人称代词。甲骨文“我”字像兵器形,与金文《毓且丁卣》《我鼎》《散盘》等铭中“我”字构形相同。在有些金文中发生笔势和部件位置的变异,其中《叔我鼎》铭(《集成》1930)作“𢦐”形,与《说文》所收古文“我”构形相同,有些与小篆构形很接近(如《毛公鼎》铭),与甲骨文相对照,字形已发生讹变。《说文》将“我”别居于“戈”部,谓“从戈”,显然许慎辨识“我”字为兵器类型,但说形为“从戈从手”是错误的,“我”字,甲骨文是独体象形字。

《说文》戈部:“我,施身自谓也。”周伯琦《六书正伪·哿韵》:“𢦐,我,戈名,象形。借声为吾我字,自谓也。”“我”字自上古汉语至现代汉语一直借表第一人称代词,用以自称,这是大家都非常熟知的,应为基本义用法。卜辞里常见这种基本义用例:

(1)贞:我受黍年。(合集 376 正)

(2)贞:我受年。(合集 9686)

(3)贞:帝不我其受祐。(合集 14190)

(4)贞:祖辛不我壱。(合集 95)

(5)壬辰卜,争贞:我伐羌。(合集 6620)

(6)丁未卜,㱿贞:我作邑。(合集 13494)

(7)贞:方其𢦏我史。(合集 6771 正)

(8)丙申卜,㱿贞:我其逐麋隻(獲)。(合集 10346 正)

上例中“我”是第一人称代词,是商王、商朝自称。甲骨卜辞中的借表代词“我”是只有本义义位的借表单义词,但是在先秦两汉汉语中已是一个借表多义词,不仅是第一人称代词,还指自己所在的一方,这与卜辞中商时王自称和商王指代商朝自称是有区别的,如《左传·庄公十年》:“十年春,齐师伐我。”这里的“我”不同于卜辞里商王指称商朝或时王自称(因为在王卜辞中,即使是贞人问卜,也是贞人代商王口气而贞卜的),而是《左传》的作者(一般认为是左丘明)所指代的鲁国一方,并不是鲁庄公自称或他所自称的鲁国。“我”由自称代词又引申为动词义“固执于己见”等义位,多见于先秦典籍语言。

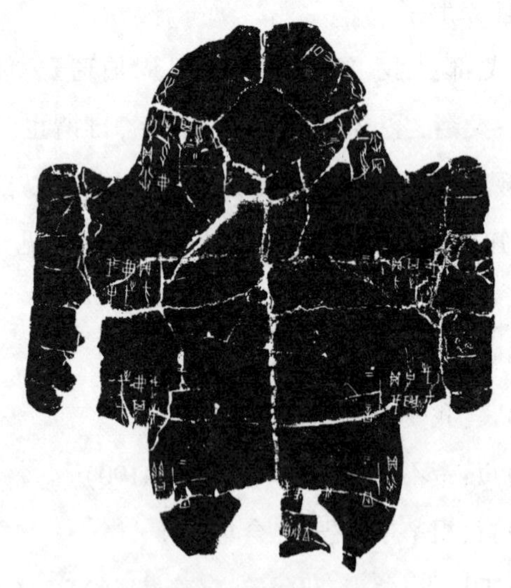

图3 《合集》6771正

“舊”,借表形容词“新旧”的“旧”。甲骨文从雈从凵(臼/坎),《说文》雈部:“舊,雖舊,舊留也。”徐锴《系传》:“舊,即怪鸱也。"本为一种飞禽名。在上古传世文献语言里借表形容词"旧"，是一个多义词，有基本义新旧之"旧"，引申为名词义"故交"，即交友时间较长者，如《左传·文公六年》："立爱则孝，结旧则安。"该借表词的基本义也见于卜辞中：

(1)叀旧豊用。(合集32536)

(2)……祖甲旧宗。(合集30328)

(3)丙辰卜：叀旧庸用，王受祐。(合集30694)

(4)□子卜：叀旧册用。(合集32076)

(5)奠，其奏庸，叀旧庸大京武丁……(屯南4343)

借表词"旧"的引申义未见于甲骨卜辞，故算作甲骨文借表单义词。

"弘"，上古音与"洪"或"宏"音同，借表形容词，表示"洪大"或"宏大"。"弘"字，甲骨文写作、形。甲骨文另有字，旧时罗振玉、王国维等释"弘"，学者多从其说。后来有的学者将改读"引"。而、释读"弘"不误。"弘"字本义是《说文·弓部》所释的"弓声"，段玉裁注："经传多假此篆为宏字。"朱骏声《说文通训定声》亦谓弘假借为宏。"弘"在上古传世文献语言中是借表多义词，表示：A.形容词义，宏大(或洪大)；B.动词义，光大，弘扬。《尚书·顾命》："越玉五重，陈宝、赤刀、大训、弘璧、琬琰，在西序。"其中，"弘璧"，孔颖达疏："弘，训大也。"《顾命》篇又有一句"弘济于艰难"，"弘"也是"大"义。动词义"光大、弘扬"，如《论语·卫灵公》："人能弘道，非道弘人。"邢昺疏："弘，大也。"从《说文》和训诂资料看，"弘"本义为弓声，"弘"训大义是假借表义。

"宏""洪"义通，且字音同，故表示的是同源词。古籍中"弘"字常通借二字用法。甲骨文"弘"字也借为"宏大""洪大"之义。

例如，卜辞中"弘"有借表"宏/洪"的基本义：

(1)癸未卜，争贞：生一月帝其弘令雷。(合集 14128 正)

(2)□戌卜，亘贞：余弘(求)……(合集 4997)

(3)在宊遘……弘易反……乙丑寝……(合集 35673)

上例中"弘"非表示弓声，而是表示"大"的意思，是"弘"借表"洪"或"宏"的用法。卜辞中仅见其借表此义，是借表单义词。

又如前面举过的"新"，借表形容词"新旧"的"新"(《合集》30977)。"新"在甲骨卜辞中是借表的单义词，但是后世有了引申义。这类情况还有不少。

(二)甲骨文所见的古汉语借表单义词

有些借表词，在古代典籍语言里只见它是单义词，在甲骨卜辞里可以看到该借表单义词的这一义位。

例如，"余"借表第一人称代词，在典籍书面语里只见这一个义位，在卜辞中也只有这一个义位，常见"余一人"(《合集》20328)，"余"指代商王自己。

又如"丝"(兹)，借表指示代词，在甲骨刻辞和上古文献语言里都是单义词，表示近指，传世文献语言写作"兹"，《集韵·亡韵》："兹……古作丝"。有甲骨文为证，卜辞也用"丝"借表指示代词"兹"，是基本义位：

(1)其用丝(兹)卜，受祐。(屯南 1042)

(2)叀丝(兹)戈用。(屯南 2194)

(3)甲子贞:今日侑丬岁于大甲牛一,丝(兹)用。(屯南 1111)

(4)弜用丝(兹)豊。(合集 30725)

又如"弗"是借表单义词,"弗"借表否定副词,与"不"同义,典籍书面语中"不"是多义词。甲骨卜辞"弗"借表否定副词,只有一个义位,如:

(1)贞:弗其获。(英 793)

(2)丁丑卜,贞:王其射获,禦。贞:弗擒。(合集 29084)

"弗"在上古传世文献语言里也是单义词。

又如"气",本表示"云气"的"气",甲骨文里借表"乞求"的"乞",作动词,是借表单义词:

(1)乙亥,气(乞)自雩五屯。(合集 14471 臼)

(2)己未卜,王贞:气(乞)侑桒于祖乙。王吉兹卜。(合集 22913)

(3)癸亥……甲子气(乞)酌、翌,自上甲衣至于多毓,亡囚。(合集 22655)

《说文·亡部》段注:"气者,云气也。用其声假借为气求、气与字。"《玉篇·气部》:"气……求也。"又《广韵·未韵》:"气……今作乞。"大约在汉魏以前,并无"乞"字形,而是用"气"字表示"乞求"义。字书、韵书多训"气"为"乞",保留了上古故训。后来"气"隶楷省作"乞",二字相别,"乞"也算是后起本字,用来本表"乞求"。与甲骨刻辞一样,上古文献中"气"借表"乞求"是单义词。

(三)甲骨文中所见后世为通假字借表的词

有些借表词在殷商甲骨刻辞里是无本字的借表,但是商代以后又造出本字,所以其在传世文献中是有本字的通假借表词。

例如,“鼎”本表示“钟鼎”之“鼎”,借表副词“當”(正当)。卜辞有:

贞:祇以之,疾齿鼎羸。(合集 6482 正)

甲骨文里无“當”字。商代以后有本字“當”造出,但仍常用“鼎”借表“當”,如《汉书 · 匡衡传》有“匡鼎来”一句,颜师古注引服虔曰:“鼎,犹言當也。”朱骏声《说文通训定声》:“假借为當。”这是通假用法。

又如,“疾”(疒)是表示“疾病”的本字,借表形容词“急”。甲骨文里尚未见“急”字,都是用“疾”字表示急速义:

(1)贞:今……雨疾。(合集 12668)

(2)贞:今夕其雨疾。(合集 12670、12671 正)

商代以后造出“急”字后仍常用“疾”字表示“急”,如《左传 · 襄公五年》:“楚人讨贰而立子囊,必改行而疾讨陈。”杜预注:“疾,急也。”这种用法一直沿用到现在,在现代汉语里还有双音词“急速”,也作“疾速”,等等。

再如“妹”借作“昧”,表示时间名词,天尚未亮时,如“妹雨”“妹霎”,见《合集》38137、38197 等辞。

甲骨文字“湄”也可借作“昧”,如“……日戊旦湄至昏不雨”,见《合集》29803 辞。“妹”与“湄”都借作“昧”,属于通假字。

(四)仅见于甲骨文中的借表单义词

许多借表的单义词,其借表的义位只见于殷商甲骨刻辞,而不见于后世文献语言。例如:

“卣”(𠧪)借表形容词“修”,修饰“雨”,有绵长之义。[1] 见《合集》33292 等辞。

“𡕥”借表形容词“骤”,修饰“风”,卜辞有“大𡕥风”。见《合集》13359 等辞,即“大暴风”的意思。[2]

“侌”借表动词“陰”,天气现象,表示“阴天”。[3] 见《合集》21013 辞。

“易”借表动词“晹”,天气现象,卜辞常有词组“易(晹/赐)日”,见《合集》25、11483 正、655 正甲等辞,是说阴云遮日又时而见日的天气,与《说文·日部》所说的“晹,日覆云暂见也”相当。

“旦”借表建筑名词“坦”(壇),卜辞有“于南门旦(坦)”。[4] 见《合集》34071 等辞。

“取”借作“棷”,祭祀动词,表示“棷祭”,见《合集》19890 等辞。

---

① 唐兰:《天壤阁甲骨文存考释》,北京:北平辅仁大学,1939 年,第 19 页;于省吾:《甲骨文字诂林》,北京:中华书局,1996 年,第 1845 页。

② 于省吾:《甲骨文字释林》,北京:中华书局,1979 年,第 12~13 页;于省吾:《甲骨文字诂林》,北京:中华书局,1996 年,第 656 页。

③ 于省吾:《甲骨文字释林》,北京:中华书局,1979 年,第 112 页;于省吾:《甲骨文字诂林》,北京:中华书局,1996 年,第 1700 页。

④ 陈梦家:《殷虚卜辞综述》,北京:科学出版社,1956 年,第 472 页。

这些例子是学者们比较熟悉的。还有不少这类情况,不再一一列举。

以上所述是甲骨刻辞借表单义词的基本义,下面再看借表多义词的本义与引申义关系系统的特性。

三、甲骨文借表多义词的本义与引申义系统性

无本字的假借可以是借表多义词,即所借表的词有基本义和引申义,形成借表词义位系统。对于甲骨刻辞里借表多义词来说,确定其本义义位的方法,通常是通过整理这类词的词义引申系列找到它的基本义,即借表多义词的本义。蒋绍愚先生《古汉语词汇纲要》一书,在阐述如何确定古汉语借表词的本义问题时曾谈到这一方法。[①] 实质上是依据语言实际,佐以字书、文献释义,从某词义位之间的语义推演关系拟测出基本义。

(一)传世文献语例、训诂与甲骨文借表词义位系统性

在古代传世文献语言中,借表多义词的各义位可以通过辨析语句用法进行区分。借助古训诂材料对借表词义的解释,同样可以辨别其基本义与引申义关系,以及义位关联的系统性。有些见于传世文献的借表多义词,其借表的基本义和引申义也出现在甲骨卜辞中。

---

① 蒋绍愚:《古汉语词汇纲要》,北京:北京大学出版社,1989 年,第 69 页。

前述“方”字较为典型。甲骨文“方”字假借为方位词“方”，有方位(或方向)、受祭四方神、方土、方国等多个义位。这些义位常见于传世古文献语言和训诂中。上古典籍最常见的义位是：A. 东西、南北之“方”，义位。B. 受祭祀的四方之神，如《诗·小雅·大田》：“来方禋祀。”郑玄笺：“成王之来，则又禋祀四方之神。”引申为动词义位。C. 方祭。又有义位 D. 方土、方国，如《尚书·汤诰》“诞告万方”，是指众邦国。

上古造字时代，“方”已专用作借表方位词。至商周时，“方”的这些借表词义用法，显然已十分成熟、普遍，形成了系统的借表词义位系统。从甲骨卜辞中，即可看到这一借表词义位的系统性。例如：

(1)贞：于南方将河宗。(合集13532)

(2)[于]东方，西鄉(嚮)。(合集28190)

(3)辛卯卜：𠨘彡、酢，其又(侑)于四方。(合集30394)

(4)其桒年于方，受年。(合集28244)

(5)□□卜，争贞：翌辛巳呼畢酢尞(燎)于方，不……(合集4058)

(6)戊申卜，㱿贞：方帝，尞(燎)于土，[illegible]……卯上甲。(合集1140正)

(7)丁亥贞：王令畢众[illegible]伐召方，受又(佑)。(合集31974)

(8)甲子卜，㱿贞：乎(呼)伐𢀛方。(合集542)

例(1)(2)“方”指方位、方向，是借表词“方”的基本义位。(3)(4)(5)中的“方”为受祭祀的四方(神)，有方位、方向义，引申为方神。例(6)“方”是动词,是由受祭四方再引申为进行方祭。例(7)(8)“某方”之“方”统指方国。

其他情况,如方向、方位名词“南”“东”“北”“西”也属于借表多义词,甲骨卜辞中既有借表的基本义,也有引申义。

“气”借作“乞”,见于古籍文献和训诂。朱骏声《说文通训定声》引《仓颉篇》:“乞谓行匄也。”并谓:“假借为匄。”古“乞”“匄”通。另据《广雅·释诂》谓:“气……求也。”《广韵》:“气……今作乞。”“气”字借作“乞”又有另一义,《广雅·释诂》:“气……予也。”与乞同。又《广韵》:“气,与人物也。”

“气”借表动词“乞”,有乞求义,又有给予义,是该借表词的两个义位。从上古文献用法看,“乞”(匄)表示乞求义更为基本、常用,应是基本义。这两个义位在甲骨卜辞中均可见到:

(1)王固曰:吉,气(乞)钔(禦),一羌……(合集709反)

(2)己丑,气(乞)自缶五屯。(合集9408)

(3)自古气(乞)五百。(合集18899)

(4)甲午卜,穷贞:令周气(乞)牛多……(合集4884)

例(1),从《合集》709反一组卜辞关系分析,“气”表示乞求。例(2)(3),从动词“乞自”的方向看,借表词“乞”也表示乞求义。例(4),通过语法关系可知,(商王)“令周”的语义与动词“乞”组合,“乞”只能是给予的意思。求、予的关系正相反,但其语义关联动作对象的角色转换,形成了两极语义的义位关系,亦即借表词“气”(乞)由两个紧密、语义对立的义位形成了紧凑的小系统。

“戠”借作“埴”,见于古文献。《尚书·禹贡》:“厥土赤埴坟。”孔传:“土黏曰埴。”又,陆德明《经典释文》曰:“埴……郑作戠。”孔颖达疏：“戠，埴音义同……是埴谓黏土，故土黏曰埴。”又《释名·释地》：“土黄而细密曰埴。”黏土因黄色而引申有土黄色之义，形成借表多义词两个义位。甲骨卜辞有：

(1)辛酉贞：弜(勿)埶(藝)戠禾。(合集 34399)

(2)我勿以戠牛。(合集 8969 正)

(3)戠牛用。(合集 41419)

例(1)“埶(藝)戠禾”即指种于植黏土的禾谷。(2)(3)指土黄色的牛。上古华夏先民在农耕生产方面发展较早，所以对黄色黏土以及土黄色的深切认知是由来已久的。在悠远的生活、生产的历史背景下，语义由黄色黏土引申为土黄色是语义认知的必然——这是语义认知体系的一种具体表现，即表现出借表词“戠”(埴)义位关系的系统性。

借表多义词，在传世文献语言中也有多个义位，《说文》等字书、故训可以提供本义、引申义关系的依据，据此可比照、推勘该词在卜辞里的大致用法。但是，针对卜辞语句中某词的具体词义，其义位的区分(划分)仍需依据卜辞词义分布、词义类聚情况来确定。

例如，“甾”字，甲骨文写作、、，字形与“”(缶)、“”(由)是有关的，与金文、小篆“甾”字形也相近。于省吾先生释读为《说文》中的“甾”字①，是正确的。《说文·甾部》云：“甾，东楚名缶曰甾。象形。”“甾”本义是一种“缶”器，作名词。在甲骨卜辞里，“甾”借表动词“载”(从于省吾说)。考察卜辞中的借表动

① 于省吾：《甲骨文字释林》，北京：中华书局，1979 年，第 69~70 页。

词“甾”,观察、分析个体词义用法,可以看出其所带宾语以及与其他词语组合搭配关系,如:

(1)甲午王往逐兕,小臣甾(载)车马,硪[illegible]王车,子央亦墜。(合集10405正)

(2)……余其甾(载)征……(合集36515)

(3)贞,雀甾(载)王事。(合集10125)

(4)癸酉卜,古贞:师般甾(载)王事。(合集5468正)

(5)甲戌卜:王余令角妇甾(载)朕事。(合集5495)

(6)丙寅卜,大贞:叀甾(载)右保自右尹。(合集23683)

(7)……王其令宦,不悔。克甾(载)王令。(合集36909)

“甾”(载)的宾语有“车”“事”“令”或职官,“甾”(载)还与动词“征”组合。依据这些词语搭配、组合关系,从其共性与差异中,可将“甾”借表动词“载”区分为三类词义:表示“乘车”或“载于车上”,表示“行”(事),表示“任”(某职官或职事)。

在传世文献语言中,动词“载”是多义词。有义位“乘车”,字书和典籍训“乘”,《说文·车部》:“载,乘也。”又《史记·陈丞相世家》卷五六:“(汉王)未知其(陈平)高下,而即与同载,反使监护军长者。”其中,“同载”指同乘(车)。又,嵇康《赠秀才入军五首》:“载我轻车。”这个“载”也是“乘坐(车)”的意思,都属本义义位。动词“载”又有其他义位,其中有表示“行事”和“任职官、职事”的用法,如《大戴礼记·四代》:“善哉!载事何以?”孔广森补注:“载,行也。”《荀子·荣辱》:“故先王案为之制礼义以分之……皆使人载其事而各得其宜。”杨倞注:“载,行也，任之也。”郝懿行补注：“载，如‘大车以载’之‘载’，载，犹任也。”

从语义范畴看，行事即做某（类）事，一方面侧重做的具体行为和活动，另一方面“行事”又可用来概括较广泛的事和职。统言之，行事也包括任事。而任某职官、职务与之相比是较为静态的，“任”是侧重行为的性质。因此，“任事”的语义范围小于“行事”，两者有区别，专讲“任某职官”时可与“行事”区分开。

“载”表示“乘车”与“行、任事”，哪个是本义？仅从词义出现于传世文献的早晚，难以确辨，而《说文》“载”训“乘”，显然为“载”的造字本义提供了依据。比勘传世文献语句，可以辨析确证卜辞词义。

以上卜辞例中“载”（甾）在词义组合分布上，可以明确区分为三个语义聚合类别，归纳为三个义位：A. 乘（车）；B. 行事；C. 任事。其词义分布和词义结构可分析如下：

<table>
<tr><th colspan="2">借表词“甾”义位</th><th>甲骨刻辞句子表层结构</th><th>词义结构分析</th></tr>
<tr><td>借表词本义</td><td>A. 乘（车）</td><td>甾+车马
甾（+车马）+征</td><td rowspan="2">“载”：
［乘］+（受事）［车骑］+（目的）［征［行］］
“载”：
［行］→［任］+（受事）［政事］/［军事］</td></tr>
<tr><td>借表词引申义</td><td>B. 行事
C. 任事</td><td>甾+王事/朕事/王令/…
甾+某职官、某职事</td></tr>
</table>

表 2　甲骨文借表词“甾”的义位语义结构分析

“甾”借作“载”，表示“乘车”是本义，在文献语言和故训中都能找到佐证。换言之，甲骨刻辞中“载”这个词，用“甾”字借表，其基本义位和引申义位均传至后世文献语言之中。

(二)语义认知、逻辑演化与借表词义位系统性

某一借表多义词的本义是相对于该借表词其他义位的基本义,这同样适用于确定甲骨文借表多义词的本义。但是,由于借表多义词各义位见于文献的时间都很早,且《说文》等字书和故训对其词义释说笼统,故而哪是其基本义,哪是引申义,较难区分。在这种情况下,借助语义认知、逻辑演化关系来分辨词义源流关系,是一种有效的方法。

例如,“九”是借表数词。丁山谓“九”本为“肘”字,像臂节形,李孝定《集释》进一步阐说:“契文大抵作□,间亦作□,前半与又同,延长中画象臂形而屈曲之以示肘之所在。”①甲骨卜辞中“□”(左右无别)表示臂肘的“肘”,如:

(1)贞:疾□(肘)。(合集13676正)

(2)贞:疾□(肘)羸。(合集13677正)

这是“□”字的本义用法,又借表数词“九”。用作借表时,字形与本字大多有细微差别,写作“□”(也偶有与本字相同者),表明“九”已开始专用于借表数字“九”。甲骨卜辞里的借表词“九”是一个多义词,有两个义位:数词,表示基数;数词,表示序数:

数词,表示基数,数量“九”:

---

① 李孝定:《甲骨文字集释》,台北:“中研院”专刊影印本,1965年,第4189页。

(1)贞:沈九牛。(合集16188)

(2)沈九牛于河。(英2475)

(3)……其桒雨于夒,燎九宰。(合集33001)

(4)□□卜,出贞:……侑于洹九犬、九豕。(合集24413)

(5)甲寅卜:其帝方一羌、一牛、九犬。(合集32112)

(6)辛酉卜:宁风巫九豕。(合集34138)

(7)壬戌王卜,贞:……祝往来亡災,获鹿九、狐一……(合集37416)

数词,表示序数,"第九",如"九月":

(8)癸丑[卜],贞:益豭三十。九月。(合集11241)

(9)……在九月。(合集23144)

(10)贞:于宗彭三十小宰。九月。(合集13549)

根据数词"九"在辞例语句上的分布特征及其在词语组合的结构位置(包括语义结构位置和语法结构位置),显然可以把借表数词"九"区分为两个义位。

"九"表数字,这两个义位在后世汉语中一直存在,并且引申出许多义位,如古文献语言中"九"表示数量之多,还表示"阳"数之极含义,以及至尊之义等。不管怎样,自古至今,数词"九"表示基数九和序数九,一直是"九"的两个最主要的义位。而且这两个义位出现时间都很早,单纯考察词义在传世文献、甲骨文金文等早期语料中出现的时间分布,是难以判别两个义位谁先谁后的。那么,数词基数九和序数九究竟哪个是基本义呢?在这种情况下,通过辨析词义的语义认知和逻辑演化关系,可以推测出基本义与引申义。从现有古文献和甲骨文、金文观测,值得注意的是华夏先民对于数的认知和语义的表达，重要现象有三点：一是华夏先民计数，制数造字，自一至四，以横线多少表示数，而“五”“六”“七”“八”“九”“十”则改换成另外的记号方式；二是自“十”始加“又”（有）字表示十的余数，用于整数与零数之间，“又”（有）的语义表达在于多出和增加的含义；三是计数至“二十”合并用“廿”表示，至百数换用“百”字表示，千数换用“千”字，至万数换用“万”字，这种记数方式在认知上显然不是以数的序列、排次为主，而是侧重计数量、累计之用。“十又……”“百又……”的表示方法是计算多出义或累计义，而非排次义。

华夏先民在数字的语义认知上，是以数量的计算、累计为基本的，次序概念虽然形成，但不如计数量更为原始。以这种较原始的语义认知来看，数词的基数词义应是基本义。同时也可以看到，处于早期古汉语数词语义认知框架下，先民使用数词，如借表数词“九”，其基数与序数的语义关系具有特定时代语义认知的系统性。

除数词“九”外，还有”五”“六”“七”“八”等数词也是借表多义词，在甲骨刻辞里也都含有基数和序数两个义位。这些数词的义位关系同样具有语义认知的系统性。

又如，甲骨文“来”所表词中有一个借表多义词，有如下几个义位：

A. 人行而来，返还：

(1)戊午卜，贞：王其田，往来亡災。（合集 27459）

(2)乙亥卜，永贞：令戉来归。（合集 4268）

(3)辛巳卜，内贞：般往来亡祸。（合集 152 正）

(4)己巳贞:王来逆,有若。(合集 32185)

(5)贞:生十三月妇好不其来。(合集 2653)

B.(事物或天象等现象的)出现,到来:

(6)[王固]曰:有祟其来……(合集 16959 反)

(7)王固曰:其来嬉(艰)。(合集 11460 反)

(8)……来艰。(合集 24211)

(9)……来雨自西。(合集 12872)

(10)贞:亡来风。(合集 775 正)

(11)戊寅卜,殻贞:雷风其来。(合集 3945 正)

C.(时间)将至:

(12)于来日庚彭,王受祐。(合集 30435)

(13)贞:于来日。(合集 29737、29738)

(14)贞:来甲辰立中。(合集 7692)

(15)于来己巳彭。(合集 15718)

(16)自今辛至于来辛有大雨。(合集 30048)

D.(人或方国)前来贡纳:

(17)a. 贞:禽来舟。

b. 禽不其来舟。(合集 11462 正)

(18)甲辰卜,殻贞:奚来白马。王固曰:吉,其来。(合集 9177 正)

(19)古不其来马。(英 353)

以上四个义位语义联系比较紧密,在卜辞里经常出现,是同一借表多义词的四个义位。根据这四个义位在各期卜辞的分布情况,再结合后世文献语言来看,我们并不能够判定它们实际产生的先后顺序。但是通过认知语义关系，语义在认知逻辑上的推演顺序可以测定其借表的基本义位。通过比较这些义位，得到它们的义位结构式子，如下：

<table>
<tr><th colspan="4">借表词“来”各义位的语义成分和义素构成</th></tr>
<tr><td>A</td><td colspan="2">(行动)[行来]</td><td>〈(方向)[接近](空间终点)[某处]+(施事)[人]+(方式)[步行/乘车马舟行]〉</td></tr>
<tr><td>B</td><td colspan="2">(行动)[降至]</td><td>〈(方向)[接近](目标)[人或事物]+(施事)[祸患/自然天象]〉</td></tr>
<tr><td>C</td><td colspan="2">(限定)[将来]</td><td>〈(方向)[接近](时间终点)[某时]+(施事)[时间]〉</td></tr>
<tr><td>D</td><td colspan="2">(行动)[来纳]</td><td>〈(方向)[接近](与事)[商朝/商王]+(施事)[方国/方国人]+(受事)[贡品]〉</td></tr>
<tr><td rowspan="2">义位语义构成</td><td>语义成分</td><td>指称义素</td><td>系统义素及其在语义结构上充当的成分</td></tr>
<tr><td colspan="2">指称义</td><td>系统义</td></tr>
</table>

表3　甲骨文借表词“来”的义位的语义构成分析

从义位结构式子的比较可以看出，四个义位有共同的义素[接近]，不管“来”的施事是人、事物(祸患或天气现象)还是时间。“来”的动作方向在各义位里都隐含着[接近]某一方向点，这实际上是卜辞记述者作为“话语”使用者，在卜辞语句上为“来”的动作预设了一个动作方向所[接近]的语义参照终点，这个语义参照点是相对于卜辞话语表达者来说的。确定了“来”的动作方向参照点，也就确定了四个义位的共同义素［接近］。但是动作“来”的施事类别各不相同，动作方式和语义结构也不同，根据这些差异划分为四个义位，哪个是本义呢？

这需要从语义认知的推演关系上进行分析。一般来说，在认知上，远古和上古汉民族先民常常把语义内容从空间概念引申到时间概念，从具体经验的直觉概念引申到抽象的概念。这种语义认知的推演过程是成系统的，从绝大多数本义到引申义的语义转变情况来看，都有这种规律，这里暂且不做专门论述。依据这样的认知语义推演规律，可以测定借表词“来”的基本义是义位 A。义位 A“行来”的动作，在空间距离上［接近］卜辞语用层预设的“说话者”，即代表商王的贞人所在的空间参照点。“来”行动的方向与甲骨刻辞中的“復”“歸”“还”“逆”“各”“入”相同，词义相近，可以构成一个底层同义语义场，而与“征”“往”“去”“出”方向相反，语义相反，可以构成一个底层的反义语义场。借表词“来”的另外三个义位都是由义位 A 引申或转变而来的，是语义结构、语义内容在认知逻辑上推演的结果，是概念映射的结果。由“人行而来”，即人的“行来”动作扩展、引申为事物、事情（災祸）或自然天象的“降至”，形成义位 B。由空间距离的［接近］映射、推演到义位 C，是时间距离的“将至”，义素仍为［接近］。“人行而来”，在语义结构上是无受事的动作，扩展为有受事的语义结构，“来纳”的动作有受事（贡品），也有与事，形成义位 D。

从这样的分析可以看出，即使我们尚无语料确定借表多义词各义位产生的先后顺序，但可以依据义位之间在认知语义上的推演关系来拟测其本义（基本义）。当然，这种推演关系不能在词义关联问题上做完全类推,因为语言现象经常会出现一些例外;如果有语言方面的证据,就应以语言证据事实为准。

像借表词“来”这种情况,虽然不能证明各个义位产生时间的先后顺序,但是古代字书、韵书在解释“来”的借表用法时,将“行来、至”(行至)这一义项列为第一义项,如《尔雅·释诂》:“来……至也。”邢昺疏:“来者,自彼至我也。”又《玉篇·来部》:“来……行来也;归也。”把“行来”列为第一义项(此义项前是“来”的本表词本义项“瑞麦”)。又如《广韵·咍韵》:“来,至也;及也;还也。”又,《集韵·之韵》:“来……至也。”这些义项解释的都是借表多义词“来”的一个最常用的基本义位,可以作为佐证。

(三)仅见于甲骨文的借表多义词及其义位

有许多字的假借用法仅见于甲骨文(或西周金文)中,而不见于传世文献。那么,其借表多义词的各义位亦仅见于甲骨文。

甲骨文“才”字,借表存在、处在的“在”,见于甲骨文。后来这种用法专造从才从土的“在”字表示,传世文献则以通用“在”字,不再借“才”字表示。甲骨文“才”字借表动词“在”,例如:

(1)王才(在)兹,大示ナ(佐)。(合集816反)

(2)庚辰卜,贞:才(在)官。(合集1916)

此“才”(在)非介词,而是动词,表示处于或居于某处,这是基本义。“才”借表“在”,又引申为虚词义,即介词“在”,有引介地点和引介时间两个义位:

(3)贞:其风,十月,才(在)甫(圃)鱼(渔)。(合集7894)

(4)己未卜,贞:其入山,才(在)十月。(合集20644)

例(3)(4)"才"(在)是介词,即两个介词义位。

又如,甲骨文"凡"字,借作动词"犯"。其借表词的基本义是侵犯,引申为犯病、发生疾病。用于"侵犯",如:

(1)戊戌卜:方其凡(犯)。(合集8662)

(2)辛丑卜,争贞:曰:𢀛方凡𢀛于土……其䧹𢀛,允其䧹。(合集6354正)

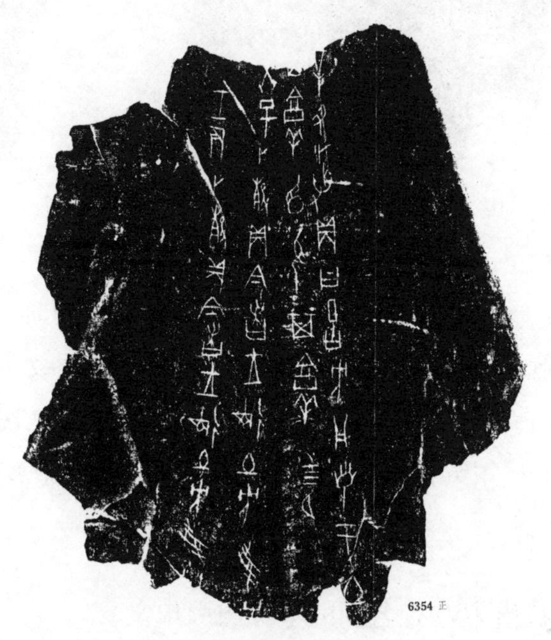

图4　《合集》6354正

甲骨文"凡"字还经常表示疾病犯入身体,例如:

(3)贞:帚(妇)好其凡(犯)㞢(有)疒(疾)。(合集702反)

(4)丙申卜,㝉贞:𦥑(䑣)其凡(犯)。(合集4961)

以上例(1)(2)中"凡"(犯)表示某族或方国侵犯国土、方域;例

(3)(4)是引申义,指犯某疾病,疾,是病犯入身体。

图5 《合集》4961(左),《合集》4961局部(右)

再如,“气”字借作“迄”,见甲骨文,基本义是动词义行至,引申义为时间迄止。“戠”字借作“膱”,基本义是名词义干肉,引申义为置干肉以祭祀。“𠃌”(柲)借作动词“毖”,表示恭敬谨慎,用于祭祀礼仪,引申为警戒。如此等等。这些字所借表多义词仅见于甲骨卜辞。

(四)借表专有名词的本义与引申义

甲骨文中的人名、神名、地名、族氏、国名等专有名词,有很多是假借表词。这些借表的专有名词,表示单个人、神、地方、国族或事物的专有名称。从其义位性质来看,处理为一类特殊的借表词的本义(基本义)更合适些。

例如,甲骨文“口”借表人名(《合集》21727),“登”借表人名

(《合集》7384),“追”借表人名(《合集》9550),“行”借表二期贞人名(《合集》22631),“屰”借表一期贞人名(《合集》3934)等。又如,“元”借表地名(《英》2562 正),“春”借表地名(《合集》8181),“屰”借表地名(《合集》10961),“門”借表地名(《合集》152 正),“归”借表方国名(《合集》34121),“行”借表方国名(《合集》4276),“目”借表族氏或方国名(《合集》6946 正、28010),“缶”借表方国名(《合集》20527),“亘”借表族氏或方国名(《合集》20393),“爻”借表国族名(《合集》8818),“召”字(即召方)借表召方国名(《合集》33120)。如此等等。这是以假借方式表示的专有名词,其借表的专名义位是基本义。

有些借表专有名词义位又有了引申义,如:

“爻”又表示爻国族人,卜辞有“取爻眔十人”(《合集》339)、“勿呼以爻”(《合集》17665 正)等例。

“缶”又表示缶方人,如“庚申卜,王贞:雀弗〔其〕隻(獲)缶”(《合集》6834 正)、“弗 缶”(《合集》20529、39935)等。

“亘”又表示亘族(或方国)人,如“辛亥卜,争贞: 亘”(《合集》6904)、“贞:犬追亘,屮(有)及”(《合集》6946)等。

“目”又表示目族(方国或地名)之人,如卜辞有“取目于戠,呼望舌”(《合集》6188)等辞。

“召”又表示召方国人,如卜辞有“弗 召”(《合集》33031)等辞。

甲骨卜辞中多数借表专有名词未见其有引申义,如人名“口”“中”“登”“追”“行”“屰”“余”“止”“历”“登”“得”“異”等,地名“元”“春”“屰”“門”“斲”“屯”“八”“犅”“名”“呈”“吝”“吅”

“龠”等,方国名(或族氏名)“莫”“中”“归”“行”“目”“吹”“步”“徙”“通”“啚”“弄”等,属于这种情况。

甲骨卜辞中的借表专有名词数量极其庞大,以上所举是已识字的借表专有名词,其字的构形明确,借表专有名词亦可明辨。但是,甲骨文字中大多数表示专有名词的字尚未辨识,不过借助其语法位置和用法可以断定为专有名词。另外,有些国族与地名的区分是容易分辨的,而多数国族名亦可用作地名,且多数国族也是其族长、族氏宗族人群或国伯的人之称名。

四、甲骨文借表词义位辨析与义位关系的特点

甲骨文借表词的义位系统性是甲骨文词义研究的重要内容,对其探讨、分析,可以揭示甲骨文借表词义位系统的特色和规律,便于深入认识甲骨卜辞中词义出现和分布的特有现象。同时,在研究方法、方面可以发现:与研究后世的或传世文献借表词义位系统相比较,研究甲骨文借表词义位系统的方法确有独特之处。

辨识、判断借表词的基本义,与探究上古时代假借字用字表词表义问题是分不开的。而辨析借表词基本义与引申义的关系,与解析、认识上古华夏先民的语义认知框架和文化观念相关联,因而必须采用有针对性的、合乎当时实际情况的分析和研究方法。这使得探讨甲骨文借表词义位系统性的方法具有一定的特色。

例如,甲骨文借表词的本义是通过假借表词方式记录的当时

词的基本义，这样的基本义不一定是词产生时的初义，却是某字以假借方式表示某词词义系统的起点义。因此，需要辨识甲骨文字的造字取义，弄清字的本表与借表，是探讨借表词义的关键——这是字的形、义、音研究与字的表词表义形式研究的结合，贯通古文字学与词汇语义学，又是传统方法与现代语义学的结合。同时，造字取义和假借表词表义，涉及对当时的语义认知和文化观念研究，因而具有一定的学科交叉性。

甲骨文借表词的义位系统性研究的特色还在于：殷商甲骨文中出现了已知最早的借表词汇系统和借表词义系统。甲骨文借表单义词的本义是借表词本义的一类特殊情况，这是由于甲骨卜辞的内容和出土情况等局限性造成的。但是，从整个汉语借表词义系统发展整体性考虑，甲骨文里的借表单义词的一个义位若是基本义位的话，那么，无论这一义位在后代有引申义还是“零引申”，都应看作具有“起点义”性质的义位。因此，在整个汉语借表词义发展史中，甲骨文借表词义位系统占有不可取代的历史地位，是考察和研究后世汉语借表词义发展的起点。

此外，针对甲骨文借表多义词的基本义与引申义关系问题，其辨析方法和认知理路具有一定的特色，具体表现在三个方面：

一是义位之间的本义与引申义的关系，常常是从语义认知推演和逻辑关系上确定的，而不是从造字表词表义方面确定的。造字字形只是分辨本表、借表词的线索，不具有推求所借表词义关系的引导作用。

二是在各义位共存于同期卜辞的情况下，通过义位出现的时间先后来确定哪是本义、哪是引申义的方法是无效的。也需要借助语义认知的推演关系来确定本义及其引申义。

三是对借表词、本表词的辨别受限于对字形造意的认识。如果对某一甲骨文字的造意不明,它所表的词是本表还是借表也就难以确定,也就很难说明这一甲骨文字所表的多义词是一个借表多义词。

总之,甲骨文借表词及其义位系统性的研究是汉语词义史研究的重要环节,这一研究有待于进一步拓展和深化。

第三章　甲骨文单字、形位、字位与义位

一、甲骨文“单字”问题与形位、字位

(一)甲骨文“单字”概念问题

甲骨文“单字”是甲骨文研究中的常用术语,相对于已出土甲骨文的总字数而言,“单字”是指其中出现字的单位字。由于甲骨文属于出土散式文献,不同于专书或典籍文献,其出现字的总字数会随着新的发掘、发现而增多,所以今后可能还有变化。迄今为止,已发现甲骨文总字数约有100多万,比姚孝遂先生1990年估计的总数①应多出几千字。西周甲骨文除周公庙甲骨文尚未全面著录公布之外,总数约1100多字。目前发现的甲骨文中以商代甲骨文字最多,占商周甲骨文字总数的99%。

现有甲骨文总字数,如果排除残缺不清字、伪刻字等,是可以精确统计的。但是,学者们在甲骨文的单字统计上并不都是一致

① 姚孝遂:《甲骨学的开拓与应用》,《甲骨语言研讨会论文集》,武汉:华中师范大学出版社,1993年,第3页。

的。1965 年出版的《甲骨文编》①,收录正编 1723 字,附录 2949 字,除合文外,收录计 4672 字。1978 年于省吾先生在《甲骨文字释林》中估算已发现甲骨文字不重复者总数约 4500 个,大概参考了 1965 年出版的《甲骨文编》。1999 年重印增订本《甲骨学通论》第十七章“甲骨学研究一百年”中,王宇信先生把截至 20 世纪 90 年代末已发现的全部甲骨文单字估计为约 5000 个。而 2001 年沈建华、曹锦炎编辑出版的《新编甲骨文字形总表》②收录单字 3986 个。

在实际操作中,各家对甲骨文单字统计结果并不完全一致,很难得到一个精确、一致的单字数目。除去随新出土甲骨文而字数增加以及重复著录或漏著等原因外③,还有一个重要原因——进行统计的各家,在哪些字形属同一单字以及字形的异体别构方面理解不同,标准不一。这一点,李学勤先生在《甲骨学的七个课题》一文中曾指出过。④

其实,当代古文字研究中所谓“单字”概念并不严谨。一直以来,学术界关于甲骨文的“单字”术语概念较为笼统,单字

① 中国科学院考古研究所:《甲骨文编》,北京:中华书局,1965 年(此书是孙海波《甲骨文编》1934 年版的修订版)。

② 沈建华、曹锦炎:《新编甲骨文字形总表》,香港:香港中文大学出版社,2001 年。

③ 在单字统计方面,《甲骨文字集释》《甲骨文字诂林》以及“综类”“综览”等工具书收录单字是有所选择的,其字数并不是对所有已见单字总数的统计。

④ 李学勤:《甲骨学的七个课题》,《历史研究》,1999 年第 5 期,第 57~58 页。

统计方面存在着一定的问题。客观上，已出土甲骨文字数是有定数的，从理论上讲，其中不重复的甲骨文单字也应该是有定数的。只是“单字”概念指什么应该弄清楚，还需要有个确定的标准。

所谓“单字”之“单”，是指字的单位性质，“单字”就是一种字的单位，但就甲骨文字而言，应该区分开“形位”和“字位”两个层面——“形位”单字和“字位”单字。“形位”是着眼于字形方面来考虑的文字单位层面，属于文字符号系统的能指单位层面，即字的形体单位层面。“字位”是从字的形、音、义的相关方面来考虑的文字单位层面，属于文字符号系统的能指与所指结合体层面，即字的形音义结合体单位层面。

之所以区分开甲骨文“形位”单字和“字位”单字，主要是因为在现已发现的甲骨文中，文字的辨识较为复杂——包含着文字可辨识的明确性程度和辨识有限性等问题，因而辨别和划分“单字”也并非简单事情。总体上看，甲骨文字的辨识程度大致有四种情况：一是形音义可辨的已识读字虽然不足2000个，却是甲骨文研究的基础，占有极其重要的地位；二是字形可辨识（或可隶定）且其字义用法大致可知而音读未知，这类字形在甲骨文研究中也十分重要；三是字形可辨识而其字义用法及音读未知，此类数量较多；四是甲骨文未辨识字形仍占多数。这些情况给划分甲骨文“单字”、确定其总数带来了一定的困难。

也就是说，若按笼统的“单字”概念来划分所有甲骨文的字形单位，则会陷入困局，并且难以精确其“单字”数目。为了走出困局，有必要区分开“形位”和“字位”两个层面。一般来说，形、音、义可辨的已识读字的“字位”和“形位”均可确定;字形可辨识却未知其音读者,其“字位”不易确定,但大多可以划分其“形位”;至于未辨识的字形,不仅难以确定“字位”,而且划分“形位”的依据也不充分,因此这类字形的单字数量实际上是难以精确统计的。可见,甲骨文字辨识的明确性程度存在一定的层级,可释读、辨识字是有限的。如果不区分“形位”单字和“字位”单字,所谓“甲骨文单字总数”这一概念必定是含混、不确切的。

此外,还有一个重要原因是:甲骨文字契写不规范,字形多异写,富于变化,字的偏旁、构件及其笔画的更换、增减、繁简等变异现象极其普遍,这种情况增加了辨别、统计单字的难度。特别是对于字形可辨识而未知其音义以及未辨识的字形来说,单字辨别更加困难。

基于以上原因,有必要认清甲骨文字形及其单字辨识的确定性程度和有效范围的限度,由此而区分“形位”单字和“字位”单字两个层面,这样会有利于科学、有效地划分和统计甲骨文的单字。

(二)甲骨文字“形位”

甲骨文字的“形位”是字形层面的文字单位。仅从字形关系层面看,甲骨文字形有相同字形和相异字形,由于甲骨文字契写不规范,字形异写、笔画变化和一字异体是极其普遍的现象,所以相异的字形极多。从这些相同和相异的字形中可以辨别、提取字形之间的“形位”关系。

这里所谓甲骨文字的“形位”,是指甲骨文中相同的字形和使用了相同偏旁、构件或相同构字符（意符、音符）而有异写现象的字形单位。其中，使用了相同偏旁、构件或构字符（意符、音符）而有异写现象的字形，常见如下几种情况①：

（1）音义相同的字，其整字反写、倒写或侧写等情况。整字反写，这种现象在卜辞中常见，如：“”“”反写，左右无别，是一个形位，可隶定为形位“户”；“”或作“”，亦为反写，左右无别，是一个形位（此形位是甲骨文“中”字的异体字）；“”“”整字反写，是一个形位“祭”；“”“”反写，是一个形位“女”。

整字倒写②，如：“”“”倒写，属同一个形位“屯”；“”“”倒写，为一个形位“侯”；“”“”倒写，属同一个形位“典”；“”为形位“小”的通常写法，偶倒写作“”。

整字侧写，如：“”（受）侧写作“”；“”（臣）字偶侧写作“”（此字形与“目”字“”形有别）；“”（韋）字偶侧写作“”。

（2）在合体字中，音义相同的字，其音义相同的偏旁出现反写、倒写、侧写以及移易换位等变异，这种情况在甲骨文中最常见。例如：

“”（追）写作“”，“”（正）写作“”，“”（農）写作“”，

---

① 这里举例甲骨文字形，采用中国科学院考古研究所编辑《甲骨文编》和刘钊等编纂《新甲骨文编》所录字形。

② 整字倒写现象并不都是一个字的异写，如甲骨文“上”“下”字形是倒写关系，作“”“”，不仅是两个形位，而且是两个字位。

“□”(鼓)写作“□”,“□”(彭)写作“□”,“□”(芻)写作“□”等,属于偏旁反写现象,十分常见。

又如:

“□”“□”“□”“□”偏旁位置移易、颠倒,仍是一个形位“牝”。

“□”“□”“□”“□”“□”“□”偏旁“舟”移易、侧横写、反写,仍是一个形位“般”。

“□”“□”“□”偏旁“止”反写、侧竖写,为形位“奊”。

“□”“□”“□”“□”偏旁“力”移易、反写,偏旁“田”倾侧,仍是一个形位“男”。

“□”“□”“□”偏旁“口”位置移易、侧写,偏旁“欠”反写,为一个形位“吹”。

“□”“□”“□”“□”偏旁“彳”“止”反写,为一个形位“逆”。

(3)音义相同的独体字,其整字笔画或局部笔画(或构件)有繁简或增减等变异。例如:“□”“□”“□”(虫),“□”“□”“□”“□”“□”“□”(龜),“□”“□”“□”(馬),“□”“□”“□”“□”“□”“□”“□”(貝),“□”“□”“□”“□”“□”(爵)等。又如“鳳”写作独体象形字时,构件及笔画多有变异,“□”与“□”有构件上的繁简变化,“□”“□”“□”局部笔画有增减、繁简变异,“□”上部简化,但均为同一形位。

(4)音义相同的合体字,其音义相同的偏旁(或构件)出现繁简、增减等变异,如:

“天”从“大”从“”亦声(顶音),写作“”“”“”“”“”等形,“大”上所从之“”(颠顶)也作“”“”或“”“”。[1]

“射”写作“”“”“”“”等形,偏旁“矢”和“弓”各有繁简及笔画方面的变异。

“福”写作“”“”“”“”“”“”“”“”“”“”等形,偏旁“示”和“畐”有繁简和笔画变异。

(5)音义相同的字,其偏旁或构字符是同一的,而在笔画书写时出现长短、偏斜、曲直、变向等变异,或者出现笔画的增减或繁简变化。

前一种情况如:“入”写作“”“”“”等形;“丙”写作“”“”“”“”“”等形。

后一种情况如:“庚”写作“”“”“”“”“”“”“”等形,有局部的笔画增减,仍是一个形位;“戊”写作“”“”“”“”“”“”“”“”“”“”等形,局部笔画有增减变化;有些字形既有笔画的增减又有繁简变化,如“族”写作“”“”“”“”“”“”“”等形。这类情况往往还伴随出现笔画的曲直、长短等变化,此三例就是。

这种笔画书写长短、偏斜、曲直等不规范变异,以及局部笔画的增减变化,是甲骨文字形变异中极其常见的现象。

以上几种情况属于同一字(字位)的同形位异写现象。在甲

---

① 甲骨文“天”字有从“大”从“一”之形,“一”增笔作“二”,“二”或作“二”形,两横笔或等长,或上横笔短,或下横笔略短,但均作平直形,与甲骨文“”(上)字写法有别,是颠顶字“”的一种简写异写形式。

骨文中,这种异写现象极其普遍,且经常是上述多种异写的综合,许多字形的变异同时包含着以上各种情况,比较复杂,不能简单地用一种情况来说明。

另一方面,辨别甲骨文形位会遇到许多问题。例如,许多字形的笔画有增益变化——究竟是同形位的“饰笔”的变异,还是不同的“形位”,不好确定。这主要是由于,甲骨文形位的辨别,其实是以字形的考释、认读、辨别程度以及字形在卜辞中的用法、意义是否明确为考察基础或确认依据的,如果字形尚未辨识,其用法和意义尚不明确,则其字形之间的笔画增益变化就很难判别是否是同一字的字形变异。

在辨别形位时应注意,同一形位的字形可以是同一个字(字位),也可以是不同的字(字位)——即同形字,如“山”与“火”有时均写作“[illegible]”,“内”与“丙”有时均写作“[illegible]”,“工”有时写作“[illegible]”与“壬”同形,这些各自构成了同形字关系。此外还应注意,对于不同形位关系的字形来说,它们有的是不同的字(字位),有的是同一字(字位)的异体字关系,或初文与后起字的关系。

(三)甲骨文“字位”

这里所谓甲骨文“字位”,是指从甲骨文字形与音、义关系的同一性来确定的同形位或不同形位之间的文字单位。换句话说,甲骨文“字位”是字形所表示的词在文字符号层面上的单位。从字形关系看,甲骨文“字位”包括相同的字形、同形位的异写字形和不同形位的异体字等字形,有以下几种情况:

(1)相同的字形,如果其音义相同则为一个字位。(举例省略)

(2)对于同形位的异写字形(见前述)来说,如果其音义相同则为一个字位。例如,“□”“□”既是一个形位又是一个字位“户”,“□”“□”“□”“□”是一个形位也是一个字位“逆”,“□”“□”“□”“□”是同一形位表示的一个字位“射”,“□”“□”“□”是同一形位表示的字位“韋”。

(3)甲骨文字中一字异体现象实际上是一个字位的不同形位。例如:

“□”“□”“□”三个异体字,在共时层面上是三个不同形位,却表示同一个字位“中”。

在多数情况下,表示同一字位的各字形既有同形位的异写关系,亦有异体字形关系。例如:

“中”写作 a 组同形位异写字形“□”“□”“□”“□”,b 组同形位异写字形“□”“□”“□”,偶作“□”形①,为 c 组。a、b、c 三组之间是异体字形关系。

“福”,其字形既有同形位的异写关系,亦有异体字形关系:a 组同形位异写字形“□”“□”“□”“□”“□”“□”“□”“□”“□”“□”“□”,b 组同形位异写字形“□”“□”“□”“□”,c 组同形位异写字形“□”“□”“□”。a、b、c 三组之间是异体字形关系。

“鳳”,写作 a 组独体象形字“□”“□”“□”“□”“□”“□”等形,也写作 b 组形声字“□”“□”“□”“□”“□”,此组增加了声符“□”

---

① 见《合集》35347、《合集》13357。

(凡)。a、b 两组是异体字形关系。

“族”,写作 a 组同形位异写字形“”“”“”“”“”“”“”等形,又写作 b 组同形位异写字形“”“”,偶尔作 c 形“”。a、b、c 三组之间是异体字形关系。

同一字(字位)在构形上增加(或减少)偏旁之后,往往成为不同的“形位”,从而构成了异体字关系。就形位与字位关系来看,甲骨文中的异体字是以音义相同的、不同形位的字形表示的同一个字位。

确定字位,需要把一字异体现象与区别字、同源字等区分开。区别字与本原字、同源孳乳字与原字不构成同字位关系。同时,还应注意把同形位的同一字位关系与同形位的不同字位关系——“同形字”区分开。

“字位”和“形位”是从甲骨文字符号的不同层面区分的,尽管同一形位的字也是形、音、义的统一体,却是从文字符号的能指即字形这个层面确定的。而字位则是从字与词的关系这个层面确定的,是根据甲骨文各字形在表示词及词义上是否具有同一性,来确定字形之间是否具有同字位的关系。

由于甲骨文的字位是以字形之间在表词表义上是否具有同一性关系为依据确定的,因此,对于音、义尚未释读的甲骨文字形来说,因不知其所表之词,未有辨别、确定字位的依据,也就无法确切统计其字位数。

(四)甲骨文单字统计与字位、形位

甲骨文单字的统计与字位、形位的辨识程度和范围,有不可分

割的关系。甲骨文单字辨别与统计的精密程度与甲骨文字位、形位的辨识是直接相关联的，单字包含着“字位”单字和“形位”单字两个层面，统计单字时也应区分为两个层面，其间既有区别又有关联。

首先，在甲骨文的字位与形位关系上，已辨识字位的确定中也涵盖了对其形位的辨识，而形位的确定中则未必完全能够辨识、确定其字位。其次，只有音、义明确的字形或形位才可确定其字位，至于未知其音而字的构形明确、表义明确，或大体可推知卜辞中用法、语义范围者，大多可以辨识其形位关系，由此而确定其形位单字。除此之外，甲骨文仍有大量音、义、形不明的字，其单字辨识与统计是困难的。

通过上述分析，可将甲骨文单字（统计）与字位、形位辨识程度和范围的关系列如下表：

序号	字的形音义辨识范围和程度分布示意			字位或形位的单字辨识、统计分布示意	
	字音	字义	字形	可辨别单字	可统计单字
1				字位单字可辨识 形位单字可辨识	字位单字可统计 形位单字可统计
2				大部分形位单字可辨识	大部分形位单字可统计
3					
4				部分同形字的形位单字可辨	部分同形字的形位单字可统计
5				尚未可辨	难以确切统计

表4　甲骨文单字与字位、形位的辨识范围和程度

此表中，在标有“字音”“字义”“字形”的大单元格中，阴影部分表示已辨识的甲骨文字音、义、形的范围分布，空白部分则表示其未可辨识的范围分布。从表中阴影部分示意可以看出：已释读、辨识的甲骨文字不仅是有限的，而且其音、义、形辨识的范围或明确性程度呈现梯级分布。

全面测查《甲骨文合集》《小屯南地甲骨》《怀特氏等收藏甲骨文集》《英国所藏甲骨集》《甲骨文合集补编》《殷墟花园庄东地甲骨》《北京大学珍藏甲骨文字》《上海博物馆藏甲骨文字》《旅顺博物馆所藏甲骨》等著录中甲骨文的出现字，对其中不重复的字形做了初步统计。如按“形位”标准，到1999年，甲骨文“形位”单字约有5000个；截至目前，全部甲骨文“形位”单字有5200多个。其中，商代甲骨文“形位”单字4900多个，小屯南地甲骨所见“形位”单字约100个，花园庄东地H3甲骨所见“形位”单字约70个。[①] 济南大辛庄殷商甲骨文可辨别的共计40字（一字残缺），与殷墟甲骨文不同的新见“形位”单字有2个。2014年出版的《旅顺博物馆所藏甲骨》有新见字形30多个。[②]

对商代甲骨文字进行研究，是以已释读的或可辨识的“形位”单字为基础的。在已发现的全部甲骨文“形位”单字中，已能辨识（指字的形、义或字的用法可辨识）“形位”单字有1900多个。已释读（指字的形、音、义已确定）“形位”单字有1200多个，若将甲

① 参考魏慈德：《殷墟花园庄东地甲骨卜辞研究》，台北：台湾古籍出版有限公司，2006年，第20~22页。

② 见宋镇豪、郭富纯：《旅顺博物馆所藏甲骨》，上海：上海古籍出版社，2014年。

骨文的异体字计算进去,大约有 1500 多个已释读“形位”单字,与当前甲骨学者所统计数目大致相近(例如,王蕴智先生《商代可释字形表》所列 1490 个字头[①]),但是在一些字的隶定和词的确定上有所不同。由于西周甲骨文大多数与殷商甲骨文字形重出或相因,不见于殷商甲骨文的可释读“形位”单字仅有 100 多个,所以已释读的甲骨文“形位”单字数约有 1400～1500 个。如果按“字位”计算,由于许多甲骨文字形的音义尚未可知,所以到目前为止,其字位总数还不能确定,而只能确定已释读字形的“字位”单字为 1200 多个。

二、已释甲骨文字基础上的义位研究

(一)已释甲骨文字是辨析甲骨文词义的基础

就目前研究成果来看,在已发现的 5200 多个甲骨文单字(甲骨文形位单字约 4900 多个)中,已辨识的形位单字有 1900 多个。其中,已释读字形——即音义明确、已辨识其所表词的字形,如果将异体字、同形字计算在内,有 1500 多个;若不考虑异体字等形位,则其字位有 1200 多个。考察和研究甲骨刻辞中的词和义位正是在已释甲骨文字基础上进行的。

甲骨文字考释以甲骨文造字表词、用字表词原理为理论根

---

① 参见王蕴智《殷商甲骨文研究》中“商代可释字形的初步整理”和“商代可释字形表”(北京:科学出版社,2010 年)。此字形表除甲骨文外,还包括一部分商代金文字形。

据——对字的释读最终要从它的表词情况去说明。对于文字表词情况的说明,除了这一根据之外,还必须有文字和文献方面的资料来提供佐证。如果某个字与所表词的关系没有搞清,那么,即使考释出了字的意义,对于这个字的形、音、义的关系仍然没有一个全面而透彻的认识。也就是说,有许多甲骨文字,尽管依据字形和文献释义推求出其表义的大致情况,但尚未考察出它所表的是哪个词或哪些词。这样的文字释读是不完善的,有待进一步考察。

在已释甲骨文字中,存在许多认读不够彻底的字,例如,“宰”所表的词是哪一个,目前并未搞清。卜辞中,“宰”“牢”“騂”用字区分严格,各有专指,分别表示圈于洞穴或圈内的经过专门饲养而用作祭牲的羊类、牛类、马类。(另有“寫”字,在现有卜辞中只表示“马厩”)

从文献来看,商代以后,“牢”逐渐用以泛指,《周礼·天官·宰夫》“以牢礼之法”郑注:“三牲牛羊豕具为一牢。”“騂”是形声字,从馬从牢,牢亦声,这个意义后来用“牢”表示,《说文》:“牢,闲养于牛马圈也。”“牢”和“騂”所表示的词应为同源词。至于“宰”,学术界颇有争议,由于文字和文献方面的证据不足,尽管字义是明确的,但其读音,正如李孝定《甲骨文字集释》所言,是尚未可知的。[①] 因此,还不能确定“宰”字所表的词是哪一个。目前,我们还没有充分的理由断定“宰”“牢”所表的词是同一个词还是同

① 李孝定:《甲骨文字集释》,台北:“中研院”专刊影印本,1965 年,第 0315 页。

源的词,或者两者都不是。

又例如,甲骨文𡆥、𡇁一般被隶定为“陷”,凵被隶定为“臽”,而把𠙹、𡆫、㘝、𡇃隶定为“薶”(俗作“埋”)的初文。《周礼·大宗伯》:“以薶沈祭山林川泽。”卜辞有表示薶牲之祭。然而这只是根据字形造意和文献推求出𠙹类字所表的意义,只是考证出具有“薶”的意义,并非一定读“薶”音,所以不能证明它们是“薶”的原字,也就是说,不能证明这些字与“薶”字所表的是同一个词或同源的词。于省吾释读这些从“凵”从各种兽形的甲骨文为“坎臽(陷)”之词,本字为“凵”,典籍写作“坎”。[①]“凵”“坎”“坑”“臽”“陷”“欿”音近义通而通用。杨树达认为:“凵象坎陷之形,乃坎之初文。”裘锡圭在杨说基础上也提出𠙹、𡆫、㘝、𡇃、𡆥、𡇁应读为“坎”。[②]

以上三家说释是可取的,卜辞有凵(臽)读如“陷”,用为祭名:用人牲法,陷人以祭。《说文·凵部》:“凵,张口也,象形。”“凵”,溪纽凡韵,与“坎”溪纽谈韵音近,“凵”,[khom ʔ]与“坎”[khoom ʔ]、“坑”[khraaŋ]、“臽”[khloom ʔ]/[grooms]、“陷”[grooms]、“焰”[gloom][③]形音义三者都有内在联系,这些字所表的词是同源词。[④]

---

① 于省吾:《甲骨文字释林》,北京:中华书局,1979年,第270~274页。

② 裘锡圭:《甲骨文字考释》,《古文字研究》第四辑,北京:中华书局,1980年,第162~163页。

③ 据郑张尚芳的上古音系拟音。郑张尚芳:《上古音系》,上海:上海教育出版社,2003年。

④ 参见王力:《同源字典》,北京:中华书局,1991年,第280页。

按以上三家说释和卜辞用例来看,𡆧、𡆥、㘝、圂、𡇐、𡈂、𠙴语音相同,应读为《说文》中的"凵",均用作动词。这些字位所表的是同一个词位,即以"凵臽(受事是特指的祭牲或猎物类别)"为核心概念而命名的词,虽然表示掘坎薶陷之意,但并非"薶"这个词,也并非合文,而是与"坎""坑""臽""陷"同源的词。这些字位是同一原字的派生字,在卜辞中用来区分开同一个词的不同义位或不同的固定用法——或指别"凵(坎)牛、羊、犬、豕各类祭牲以祭祀",或指别"掘凵(坎)陷鹿、麇等兽类以猎获",或专指"凵(坎)人牲类以祭祀":

图6 《合集》16197(左),《合集》10363(右)

(1)㘝三犬,燎五犬、五豕,卯三牛。(合集 16197)

(2)贞:帝于东,圂𡇐豕,燎三窜,卯黄牛。(合集 14313 正)

(3)……𡆧于……四牛俎……三豕。(合集 16198)

(4)……𡆧……河三牛。(英 2448)

(5)羌其𡈂麇于斿。(合集 5579 正)

(6)……子其𡈂麇。(合集 10363)

(7)□巳卜,古贞:王鬮……网鹿。(合集10666)

(8)……戌……𠙹……擒。(合集10662正)

(9)甲辰至戊凶人。(合集1079)

(10)贞:其作豊[于]伊,凶。(粹540)

“𠙹”在目前已出土刻辞中用例极少,多以“𠙹”字表示“凵(坎)牛类祭牲”和“凵(坎)羊类祭牲”两个义位合并后的义位:

(11)燎于河一窜,𠙹二窜。(合集14559)

(12)燎窜,𠙹二窜。(合集15601)

(13)戊午卜:王燎于滝三窜,𠙹二窜。(合集14362)

例(1)~(10)中的𠙹、𠙹、𠙹、𠙹、𠙹、𠙹、凶可以看作是甲骨文中的专指功能性文字,每个字位指别一个义位或一种固定的用法。

这些字义既具有一定概括性,又具有足够的区分性,语义结构中有共同的指称义素,用以表征“掘坎以陷”的行为动作,实际上所反映的是同一个核心概念。对这一核心概念的命名形成了“凵(坎)”这个词。每个字位记录的是由反映这一核心概念的基本义所分类派生的义位,这种现象可以看作是语义派生而源词尚未完全分化出新词的过渡状态。从先秦两汉文献中,我们看到,一方面这些义位合并为“掘坎以陷(受事是泛指的)”一个义位,用坎臽(或作陷)字表示;另一方面,源词已分化出“臽”“陷”“坎”“坑”等词。

“窜”“牢”二字所表的词,命名之初的核心概念是否相同,有待进一步考察。在已出土卜辞辞例中,“窜”“牢”均为单义字,分别指称圈养于洞穴或圈内的经过专门饲养而用作祭牲的羊类和牛类,也属于专指功能性文字。在晚于甲骨文的文献中,只见

“牢”字,“宰”字则废弃不用。学者多根据《仪礼·少牢馈食礼》“羊、豕曰少牢”和《春秋公羊传》何休《解诂》“牛、羊、豕,凡三牲曰大牢……羊、豕,凡二牲曰少牢”等材料推断“宰”即“少牢”,这只是找到了在字义方面义界为训的证据。依据这些材料,仍然无法判定“宰”在命名之初的核心概念是什么,也就无法判定它所表的词是什么,况且卜辞里“宰”的语义范围是否相当于典籍中的“少牢”,也是有争议的问题。

(二)甲骨文字表词表义与甲骨文义位研究

甲骨文词义辨析以甲骨文字的可识认、可考证性为前提条件,义位的划分和辨释则以考察已释读字的表词和表义情况为基础。义位是最小词义单位,考释、识读甲骨文字其实是确定其字、词、义位的对应关系,而确定字义与词义的对应关系,也就是确定字所表示的义位是哪个词的义位。所以,确定甲骨刻辞义位与辨认甲骨文造字表词情况是分不开的。确定义位与辨认甲骨文用字表词情况也是分不开的。例如:

甲骨文“𦎫”,从亯从羊,字形造意据徐中舒《甲骨文字典》“象以羊置于穴居之前以会飨祀之义”隶定为“𦎫”。《说文》有“𦎫”字,训“孰”,谓:“从亯从羊,读若纯。一曰鬻也。”但卜辞中并无这类用法,而有“𦎫+某方”或“𦎫+某地”的用例:

(1)丁卯卜,争贞:翌辛未其𦎫𠳋方,受有祐。(合集6337正)

(2)庚申卜:于丁卯𦎫召方,受祐。(合集33029)

(3)丁卯卜,㱿贞:王𦎫缶于蜀。(合集6860、6801、6862、

6863)

(4)癸丑卜:王𦎫西,今日戈。(合集 7083)

(5)乙酉……王𦎫缶,受祐。(合集 20527)

(6)贞:其𦎫邑。七月。(合集 7070)

(7)辛卯卜,大贞:洹弘,弗𦎫邑。七月。(合集 73717)

(8)……令雀𦎫亘。(合集 6958)

(9)a. 辛巳卜,𣪘贞:呼雀𦎫桑。(合集 6959)

b. 辛巳卜,𣪘贞:呼雀𦎫鼓。(合集 6959)

(10)……方𦎫周。(合集 6782)

(11)贞:𢀛方弗收人𦎫沚,呼伐……(合集 6178)

(12)王族其𦎫尸方邑……(屯南 2064)

王国维据金文《宗周钟》铭“王𦎫伐其至”和《寡子卣》铭“以𦎫不淑”等,认为𦎫是“敦”的异文。并据典籍释读“𦎫”为敦伐之“敦”,训“迫”,训“伐”。卜辞中“𦎫+某方”“𦎫+某地”“某方𦎫+某方邑/郭/周/商”等格式中,“𦎫”表示的正是敦伐之义。自王国维释读“𦎫”为“敦伐”以来,学者都从其说。在用字上,“𦎫”借表“敦伐”的“敦”这一词,可归纳为一个义位。

“𦎫”在卜辞中又表示地名,也是借表词:

(13)在𦎫卜。(屯南 2305)

(14)贞:至于𦎫,勿侑。(合集 783 正)

(15)乙亥卜,争贞:王往于𦎫。(合集 6647 正)

“𦎫”可以归纳为一个借表地名的义位。此“𦎫”与借表敦伐之“敦”是两个不同的词,各有一个义位。

由此看出,释读甲骨文字与确定甲骨文所表词,探究义位问题是分不开的。

(三)文字释读正确与否直接影响义位研究

对某一个字形(形位)的释读不同,可能导致义位的归纳和归属不同。例如,“□”(或作“□”,左右无别,是一个形位),最初罗振玉依据旧说释读为“㫃”,即《说文》所说的“旌旗之游,㫃蹇之貌”的“㫃”,而非“□”(中)。罗氏又据吴大澂“□,正也。两旗之中,立必正也”读“□”(字形又作□、□、□,左右无别)为“中”,卜辞可借“□”字表示“中丁”“伯中”之“中”。[①] 如果按罗氏的释读,则“□”“中”二字在卜辞中表示两个来源不同的词,由此归纳的义位是两个不同的词的义位。

但是,后来唐兰诸家作进一步考释,认为“□”读如“中”,是“□”和“中”的初文,字的造意像建中旗形。卜辞有“立中”即“建中旗帜”,表示“有大事立中可以聚众,又可借以观测风向”[②]之意,字本义是“建中旗帜”。这种解释是合理的。卜辞“□”“□”二字形通用,并且在字形上演变分化出“中”字。根据这种解释,“中”字是因同一个词的词义派生而产生的分化字。“□”字在卜辞中常用以表示空间方位的“中”,如“□(中)室”(《合集》27884),“□(中)宗”(《合集》26933),“□(中)麓”(《合集》13375正),“左右□(中)”(《合集》5825),“作三师右□(中)左”(《合

① 唐兰:《殷虚文字记》,北京:中华书局,1981年,第37页。

② 徐中舒主编:《甲骨文字典》,成都:四川辞书出版社,1998年,第40页。

集》33006)，“□(中)日”(《合集》28548)，“日□(中)”(《合集》29789)等，与例(9)(10)的“□”表示的都是义位 B。“□”(中)字在卜辞里还通常表示祭祀祖先庙示的位次，如“中丁”“中示”(《合集》9968 臼)，读若“伯仲”的“仲”，可归纳为义位 C。先秦古文字(例如，战国印“待时”已有“仲”字)另造“仲”字表示这个义位。至今尚未发现甲骨文有“仲”字，徐中舒主编的《甲骨文字典》有“仲”字条，所据唯一条辞例是《乙》5405 辞，其“仲”字实为是摹写错误而误识。[①] 卜辞“□”(中)字有时也表示义位 B，用法同“□”字，如“中麓”(《合集》28124)，“中日”(《合集》13216 反)等。

弄清“□”是“□”“□”的初文，三个形位(在共时层面上也可看作是三个异体字)所表示的本是同一个词，这样归纳出的三个义位构成一个多义词的义位系统。

这是不同的字(形位)表示同一个词的情况。再看不同的字形(形位)表示不同的词的情况。

甲骨文有“□”“□”“□”三个字(形位)，于省吾先生区分“□”所表的词与“□”“□”所表的词不同。“□”隶定为祟，是祓的初文，所表词为“祓除”之“祓”(《甲骨文字释林·释祟》)。“□”“□”(学术界已隶定为“叙”)所表词为“馭”，在卜辞中表示报祠祖先、神祇，以赐福祐，读如《说文》中的“寴，塞也。从宀，馭声”的“塞”(《甲骨文字释林·释叙》)。温少峰、袁庭栋认为“□”字当为甲骨文“□”字之异体，即“馭”字初文。释义因循罗振玉、王襄的路子，

① 可对照《合集》22099 辞拓片。

以《说文》“𣪠,楚人谓卜问吉凶曰𣪠”和《书·大禹谟》所说的“枚卜功臣”等文献材料为证据,释“𣪠”为用枚(抽签)卜问凶吉之义。这里暂且不论“𣪠”在祀典中表示的是报塞之祭还是以枚卜问凶吉——这是一个有争义的问题,仅就“[illegible]”与“[illegible]”“[illegible]”表示的是否是同一个词来看,于省吾先生的区分是正确的。“[illegible]”与“[illegible]”并非一字异体,“[illegible]”(𥛚)从示𣎆声,“𣎆”即古“拔”字,像两手拔木之形,并以《古文四声韵》入黠引《古老子》“拔”字写作“[illegible]”为证。释义见于《说文》:“祓,除恶祭也,从示犮声。”又,《周礼·春官·女巫》“女巫掌岁时祓除、衅浴”郑玄注“岁时祓除,如今三月上巳如水上之类”等材料为证。(《甲骨文字释林·释𥛚》)卜辞中“𥛚”为祭名,作动词:

(1)……卜:何……王其宾𥛚。(合集 30537)

又有词组“𥛚月”:

(2)己卯卜:于𥛚月有事。(合集 21661)

例(2)“𥛚月有事”,于氏谓:“祓祭之月有事,犹他辞言:‘今秉月有事’矣。此乃后世三月上巳祓祭之起源。”①以上辞例中“𥛚”是祭祀动词,表示𥛚祭。在词组“𥛚月”中,“𥛚”是动词,作定语,修饰“月”,可归纳为一个义位,表示祓除以祭祀。

如果依据于省吾先生的观点,则“[illegible]”“[illegible]”表示的是另一个词,“𣪠祭”之“𣪠”:

(1)□丑卜,行贞:岁𣪠。(合集 25171)

① 于省吾:《甲骨文字释林》,北京:中华书局,1979 年,第 26 页。

(2)癸亥卜,尹贞:王宾歲、叙,亡尤。(合集25092)

(3)辛亥卜,喜贞:母辛歲,其叙。(合集23422)

(4)己巳卜,行贞:王宾母己歲一牛,叙。(合集23406)

(5)壬申卜:其[illegible]子癸,叀犬。(合集27640)

(6)贞:叀叙。五月。(合集25375)

(7)贞:弜率叙。(合集25172)

“[illegible]”“[illegible]”二字表示的同一个词的一个义位,指报塞祖先神祇,以祭祀。

如果按温、袁二氏的观点,则“[illegible]”“[illegible]”“[illegible]”一字异体,与“叙”表示的是同一个词“㪅”,“[illegible]月”为“㪅祭”之月,三个字形表示一个词的一个义位。对于这三个字表词、表义的情况,我们认为于省吾先生的区分更有道理。

辨析字形演化,考察字形与所表词的音、义关系,进而准确释读文字,这是甲骨学的一项基本工作。自甲骨文发现至今的120多年里,从最初零散地考释甲骨文,到系统地整理、研究字形沿革,以及系统地考察形、音、义的对应关系和辞例文法上的用字规律,其间解决了大量文字认读问题。这些已认读的甲骨文字是甲骨文词汇和义位研究的基础。

第四章　语言文字符号关系原理与甲骨文字释读

一、语言文字符号科学理论及其先进性

（一）古代学者对语言与文字关系的认识

古代中国的语言文字研究，在“小学”类中逐渐形成并完善了文字学、训诂学、音韵学三个方面，其中文字学作为一项专门之学，自东汉以降一直处于举足轻重的地位。而在古代西方，语言研究主要是语音学、词汇学、语法学三分，由于只用为数不多的字母记录其语言，无需像中国那样建立专门的文字学。① 尽管古代中、西方在语言文字研究的部门分类上有明显不同，但是，对于文字、语言的功能和性质以及两者关系的认识，有些是非常接近的。

---

① 参见郑振铎：《中国语言学史》（修订版），北京：商务印书馆，2017年，第4页。

唐代孔颖达《尚书正义·尚书序》曰:“言者意之声,书者言之记。”①意思是说,言语以声音表达意义,文字是记录言语的书写形式。对此,当代学者姚锡远分析得比较准确:“这句话很能说明有声言语和文字记录之间的关系。”并说这是“文字功能本质的核心”。②

清代乾嘉时期是中国古代语言文字研究的一个高峰时期。乾嘉学者对于文字与语言的关系已有科学的见解,他们在研究文字和训诂中能够清晰地认识到文字的功能和性质。如王念孙《广雅疏证·序》说:“训诂之旨,本于声音。故有声同字异,声近义同,虽或类聚群分,实亦同条共贯。……今则就古音以求古义,引伸触类,不限形体。”③这里的“形体”即指字形。文字的形、音、义三者,在王氏看来,音、义最重要,而训诂本于声音,文字表音义可以不限于形体,此“音义”虽然是文字的音、义,实质指的是语言(词语)的音、义。段玉裁将语言的语义置于首位,他所谓“音生于义,义著于形”,在于强调“义”在语言中的根本地位,又说:“圣人之造字,有义以有音,有音以有形。”④显然,他认为语言义音产生在先,文字产生在后。清代“说文四家”的学术思路有着相似之

① 孔安国传,孔颖达疏:《尚书正义》,阮元校刻本《十三经注疏》,北京:中华书局,1980年,第113页。

② 姚锡远:《文字本质论》,《河北大学学报》(哲学社会科学版),1990年第3期。

③ 王念孙:《广雅疏证·序》,上海:上海古籍出版社,2016年。

④ 段玉裁:《说文解字注·叙》,上海:上海古籍出版社,1988年,第764页。

处,关于文字的形、音、义关系,王筠与段玉裁的观点大致相同。王氏说:“古人之造字也,正名百物,以义为本,而音从之,于是乎有形……”他继承前人《说文》研究,注重结合金文等古文字材料,既强调“文字之奥无过形音义三端”[①],又主张“夫声之来也,与天地同始。未有文字以前,先有是声,依声以造字,而声即寓文字之内。……先有上下之词,因造上下之文”。[②] 这虽然是解释形声字,但可以看出,对于文字的性质及其与语言的关系,王筠已有十分深刻的见解。

在欧洲的古希腊,亚里士多德已经使用“符号”一词称谓语言和文字了,他在《解释篇》开篇讲道:“口语是心灵的经验的符号,而文字则是口语的符号。”[③]这句话中汉译“符号”一词,亚氏《解释篇》的古希腊文写作“παθ ή μα τατηξ ψυΧηξ”。远在古希腊时代,“符号”这一术语已经出现了。

亚里士多德将口语(即言语)视为表达心灵经验(即思想意识)的符号,将文字视为用作表示口语(即言语)的符号。这与孔颖达的正义所言“言者意之声,书者言之记”的含义非常接近。实质上,两者对于文字与语言的功能性质及其关系的认识是一致的,他们都指出了言语是通过语音表达经验或意义,并且都将文字视为表示、记录言语的形式。

---

① 王筠:《说文释例·序》,北京:中华书局,1987年,第1页。

② 王筠:《说文释例》卷三,北京:中华书局,1987年,第50页。

③ 亚里士多德:《范畴篇　解释篇》,北京:商务印书馆,1986年,第55页。另参看苗力田:《亚里士多德全集》第1卷,北京:中国人民大学出版社,2003年,第49页。

亚里士多德已认识到文字与言语是两种不同层次符号，但是，这种认识处于对符号现象、规律认识的萌芽阶段，尚未形成系统的符号学理论。

（二）现代符号学理论及其科学进步性

19 世纪末 20 世纪初，美国哲学家皮尔士和瑞士语言学家索绪尔分别提出了自己的符号学理论，符号学由此诞生。符号学理论将人类创造的丰富多样的文化内容和形式的表征方式看作是各种类型的符号系统；或者说，符号系统的理念也就是把人类社会群体共享的意义的方式和表现形式视为具有可经验、可感知的物理性中介的表征体系。这就使现代人文社会科学研究像自然科学那样找到了可经验、可重复验证的物理性的表征依据，为探究文化"意义"、语言意义提供了坚实的、可实证的路径和中介物。现代科学符号学原理是人类学术的重要"发现"，是人文社会科学领域在研究和认知上的一次突破——它为研究社会人文、思想观念、文化以及语言文字等现象，提供了科学的、系统的、可分析、可验证的实证条件和客观研究理路。因此，现代符号学的产生是人文社会科学发展的一次突进，使人文社会科学向着更加科学、系统的空间拓展，这是现代人文社会科学发展的重要里程碑。

索绪尔的结构主义语言学亦即其符号学理论，他的《普通语言学教程》首次系统地提出、论证了语言和文字的符号理论，认为"语言学的问题首先是符号学的问题"。他还指出："语言和文字是两种不同的符号系统，后者唯一的存在理由是在于表现前者。语言学的对象不是书写的词和口说的词的结合,而是由后者单独构成的。"[1]诚然,《普通语言学教程》论述的核心是语言符号,但是索氏将语言和文字都置于符号系统框架下进行论述,因此其语言符号学理论不仅包括语言符号,实际上还包括文字符号的性质及其与语言的关系问题。这对后来语言文字符号学产生了重大影响。索氏将语言和文字看作是两个不同层面的符号,而且把符号分析为能指与所指的构成关系;重要的是,他还提出了语言符号的组合与聚合的组织关系系统性和规则。这种关于语言文字的符号系统理论,把语言文字研究推向了更加科学的研究方向,从而使人们对于语言、文字的符号特性、符号构成关系,有了更为科学、系统的深层认识。

那么是什么符号？若要详细回答这一问题,需大量篇幅进行阐述。这里由于主题所限,仅作简括,将"符号"概括为四个主要方面:

一是从属性看,符号是人类社会群体有意识地创造的精神思想和意义的表征中介物,即群体人为生成的或创造的意义表征(象征物),它具有社会性、制度性(约定性)、文化性、实践创造性(人为性)等特性,符号是人类区别于动物的重要标志之一。

(按:举例说明哪些不是符号。如果是自然印记,而非社会性人为创造的表征形式,那么这种印记肯定就不是符号,如鸟禽、走兽、虫爬啄蚀的印记,流水、风蚀的印记,植物枝叶遗迹、嵌

① 索绪尔:《普通语言学教程》,北京:商务印书馆,1980年,第47~48页。

蚀的印记,等等,都只是自然印记,而非符号或记号。如果是某人无意中留下的印记,如某人无意中在岩壁上留下的手印或脚趾印等,而非社会性、群体性的、有意识的标记,当然也不是符号。)

二是从类型看,符号体系包括语言符号体系和文字符号体系。符号体系还包括语言、文字符号以外的符号表征体系,主要有文学作品①、绘画(或图画)、雕塑、建筑、工艺品、音乐、舞蹈、戏剧、影视等作品,有标识(或标记)、象征性符号,还有饮食、服饰、家居符号体系,等等。这些都涉及社群文化和艺术的视觉、听觉、触觉、味觉、运动,以及社会行为、事件、文化习俗、制度的各种活动和表征方式等,都是可感知、可经验、以物理性为中介的意义体系,都是非语言、文字的符号体系。

三是从功能看,符号是人类社会群体表达、交流思想的中介,是表征、承载和传递(传播)文化内容与意义的具有人类可感知的物理性质的介质形式。符号是文化象征体,是人类各个民族、群体共享意义和价值的媒介或载体。

四是从构成看,符号是由能指和所指构成的有机结合体。能指是具有一定物理性质的、能被人的认知经验所感知的、社会(社群)约定的介质。所指是人类社会群体、族群所共享的意义、概念或思想意识内容。能指与所指的结合关系,在整体上是约定俗成的。符号由其内部要素构成,同一种符号系列有其层级结构单位,符号单位具有结构系统性和组织系统性的特征。

---

① 按:文学作品属于语言和文字符号系统的艺术形态。

(三)语言与文字的符号关系

紧接的问题是:何为语言、文字符号?

概括地讲,语言符号和文字符号都属于人类创造的符号体系,但是语言符号与文字符号是不同层面的符号系统,两者在能指与所指的内容、能指与所指结合体构成层次上并不相同。语言符号的能指是语音,所指是概念、语义或语言表达的内容,能指与所指的结合体为语言各级结构单位,如语素(词素)、词、语句、语段等。文字符号的能指是字形层面,所指则是某级语言符号结构单位(某语音与语义有机结合体单位)。在人类发展过程中,各种民族、族群都有语言,但不一定有文字。语言是各种民族、族群思维观念方式的表现,是其文化和共享意义的表征。人类学对部落、族群、民族、国家的考察、研究成果,已经确认了这一点。语言以言说表达、交流思想和意义,可以没有文字记录和表示,但是文字单位及其组织都记录和表示语言的读音,文字单位的字形不仅要表示词音,还要表示词义或语素义。

对"文字"的概念进行科学界定,是现代符号学在语言文字关系问题上的重要理论成果。将文字符号定义为记录和表示语言符号系统的符号系统,不仅具有重要的学术意义,还解决了对语言文字关系的判断标准,对文字的性质和功能的解释更加科学。在人类原始社会和进入文明的早期阶段,原始图画、刻画记号、早期文字之间,实际上通常呈现出连续、交杂混合的状态。近代以来,人们在甄别和认识原始图画、刻画记号与早期文字问题上存在较大争议,许多认识往往是混乱、不清晰的。而科学的文字符号研究和理论,就是要对原始刻画和早期符号现象进行剖析、判别,划分出“质”的截面,从而在理论上确立判断文字符号标准,并科学地界定其概念。

将文字符号定义为记录和表示语言符号系统的符号系统,意味着文字既不是孤立字符,也不是以单个刻画、涂写形体表示单个词或意义的记号,而是系统性地记录和表示语言组织的符号系列。也就是说,文字符号具有系统地记录和表示语言结构单位及其语法组织系统的功能,只有具备这类功能的刻画、涂写或标记符号体系才是文字。这一点至关重要。

因此,由原始的刻画、标记符号发展到文字符号系统,需要具备两个条件才算是真正的文字符号。条件一,具有记录、表示语言单位的能指与所指构成的功能;条件二,呈现规则的组织系统,具有记录、表示语言组织、语法关系的功能。只有具备了这两个条件,刻画、记写符号才具有文字的功能。反之,如果不具备这样的功能,那么,或者是图画、图像符号,或者是前文字状态的刻画、标记符号。这两个条件亦即判断是否为文字符号的标准。

识别原始时代物体上遗留的形迹是否为符号,进而判断其是否为文字符号。这种判断在程序上不仅要探究个体形体的形成方式和呈现的样式,还要勘测其符号形体之间的关系——是否具有同质的特性和样式,以及其形体呈现方式的变化、差异和互补关系等。也就是说,不能孤立地看待原始的个体形迹,而是要放到形迹的系列、系统、分布环境、考古学文化和时代背景中去观察、探测,由此判断这些原始形迹是否属于人为有意识的、社会群体性的记号。如果已判识为符号系列,那么若要进一步测查其是否属于文字符号,则不仅要观测其形体的单位切分样式、单位的关系,是否具有重复性的、固定的、规则的标记功能,还要观测其形体单位之间是否具有组织规则性和组织结构性。在此基础上,再进一步详细甄别形体符号是否具有标记语词、记录语句语法规则的功能。如果仅仅是零星的记号,以单独形态分布于原始遗留物或遗器之上,而无法证明其是否有表示和记录语言组织结构的功能,那么这种记号尚无法判断为文字,只待进一步发现。

因此,甄别图形符号、记号是否为文字,既要重视个体符号"形"的样式,也不能忽略符号"形"之间的组织形态。原始符号的形体是客观存在的,研究者应查看其是否显示出语法功能的特性,判断其在空间时间上分布的关系、出现的环境中是否具有系统性,而不是将其视为孤立的、零星的"形"的个体。符号"形"的单位样式与"形"的组织形式,两者均为判断的客观依据,缺一不可。针对原始刻画符号是否为文字的问题,许多学者各持己见,纷讼不休。就判断文字的标准来看,以往确实存在某些不足之处——仅就符号的形体样式、呈现方式和遗迹分布环境、条件方面进行判别,而其根本问题在于,忽略了符号形体的群体是否具有组织规则和表示语法结构系统的特性。这里着重提出这一点,目的在于明确原始记号、刻画符号与文字符号性质的区别,同时使甄别文字符号的方法更加科学、严谨。判断原始记号、刻画符号是否为文字符号,是一项严谨的工作,宁严勿宽,尽可能避免主观臆断,排除感情偏见。

二、汉语与汉字的符号关系

(一)“字”与“词”的区别

现代的语言文字符号理论认为,语言与文字是不同层次的符号系统,两者既有区别又有联系。文字符号是记录和表示语言符号的符号系统。

语言是人类用语音表达意义的符号体系,是人类社会群体表达思想、沟通交流的基本方式。符号都由能指和所指构成,语言符号的能指是语音,所指是概念、语义。语言符号的结构单位是语音与语义的有机结合单位。而文字的能指是文字的形体,以及其书写、刻写、印刷等外显形式,通常是文字表现而能被视觉感知的各种形式;文字的所指则是语言,具体说,文字符号所指就是某一层级的语言结构单位,即语音与语义有机结合体的某级语言单位。文字的能指层面因其视觉形体的特殊性而有相对独立的发展空间和规律,然而,文字系统在本质上还是受到其表示语言的功能性质所制约。

在中国古代,虽然有诸如唐代孔颖达和乾嘉时期的部分重要学者,已指出汉字与汉语的性质区别和相互关系,但是大多数古代学者对于汉字与汉语“词”的认识较为笼统,甚至混淆不清,没有区分“字”与“词”的意识。对于汉语言文字的“字”“词”关系的认识,即使是清末开中国语法学先河的《马氏文通》(马建忠著,商务印书馆 1898 年版),也是混乱不堪的。而紧随其后的一些汉语语法论著,虽然讲到“字”“词”关系,但认识比较混乱。20 世纪初至 30 年代以前,在国内语言学论著中,这种情况一直较常见。

20 世纪 30—40 年代,中国语言学界的一些学者在汉语语法理论研究中,注意将汉字与汉语的性质、作用区分开,这集中体现在对“字”与“词”两种不同符号的性质加以区分以及对两者关系的阐论。如 40 年代出版的吕淑湘《中国文法要略》,王力《中国现代语法》,高名凯《汉语语法论》等著作,都设有专门的篇章进行论述。这一时期,中国语言学者探讨汉语语法理论问题,无疑参照了现代西方语言学理论框架,并受其符号学思想的影响。50—60 年代,又受到苏联语言学和文字学理论影响。之后,中国学者结合汉字、汉语的特点,形成了自己的语言文字符号理论,而对“字”“词”的区分和两者关系的阐述,更是汉语语法、词汇论著和教科书中不可或缺的内容。高名凯、石安石的著名教材《语言学概论》,专设一章阐述文字(包括汉字)的性质、作用,以及文字与语言的区别和联系。该书说:“文字是记录语言的书写符号的系统,是最重要的辅助与扩大语言的交际作用的工具。汉字就是记录汉语的书写符号的系统……”又说:“文字是在语言的基础上产生的。……任何一种文字,都必须适应自己所记录的语言的结构特点和语音特点。”①在中国语言文字学界,这种关于文字与语言符号性质的区别和两者关系的认识,基本趋向一致,遂成主流观点。

---

① 高名凯、石安石主编:《语言学概论》,北京:中华书局,1963 年,第 186~187 页。

(二)汉语与汉字的符号构成关系

上古汉字符号体系原本是由于记录和表示早期古汉语而产生的,但是汉字构形的意象性突出,字形不仅表音,更具有凸出的表意功能,因而形成了汉字字形、结体方面相对独立和独特的发展规律。早期古汉字的创制以形取象,造字处于原始状态,所谓“近取诸身,远取诸物”,以象形字、指事字和会意字为主,而后形声字大量增多。《说文解字·叙》曰:“盖依类象形,故谓之文;其后形声相益,即谓之字。”[①]古汉字以形取象、取义,形声兼具,虽然有独特的以构形表意特点,但是每个汉字都必有读音,说明其记录、表示语音和表示语义都是基本的、必不可少的功能。

近、现代汉语词汇以复音词、合成词的数量较多,单音节语素是汉语构词的基本单位,也是汉语结构单位构成中的最小音义结合体。汉字的所指通常是汉语语素(即语音与语义有机结合的最小结构单位),汉字通常表示的是语素这一级别的汉语结构单位。汉字的能指则是汉字的字形层面。

古汉语特别是上古早期汉语,单音节词在词汇中占绝大多数,殷商至西周时期的古汉语以单音节词为主,甲骨文、金文通常一字(单字)表示或对应的汉语结构单位是词。但是,通观汉语与汉字历史发展过程,在整体上,汉字是一种表示汉语的语素—音节文字。这一点,裘锡圭先生已指出。[②]

---

① 段玉裁:《说文解字注》,上海:上海古籍出版社,1988 年,第 754 页。

② 裘锡圭:《文字学概要》,北京:商务印书馆,2004 年,第 16~18 页。

汉字符号以单音节字符为一个汉字符号单位,即单字,单字通常具有形、音、义三个方面。字形是汉字的能指层面,丰富的字形及其自身发展特点是汉字能指形式的特色,具有独特的构形和表现规律。汉字的音和义,实际上就是汉字所指的汉语结构单位——语素(或词)的音和义,是语素(或词)的音义结合体,而语素或词作为汉语结构单位与字形不在同一符号构成的结构层次上。汉语符号结构单位是由能指(语音)与所指(语义)构成的有机结合体,而汉字符号单位是由能指(字形)与所指(语素或词)构成的有机结合体。汉语的能指、所指与汉字的能指、所指处于不同层次,它们之间的关系也就是汉语与汉字在符号构成上的对应关系。

将汉语符号结构单位语素或词的能指、所指与汉字符号单位的能指、所指相比较,它们的区别和联系层次可列表如下:

<table>
<tr><th rowspan="2">汉字符号
(单字)</th><th colspan="2">所　指</th><th>能　指</th></tr>
<tr><td colspan="2">字　音 + 字　义</td><td>字　形</td></tr>
<tr><td rowspan="4">单字与词、语素:
A. 单字对应于词
单音节词
B. 多字组合对应词
多音节词
(多字对应多语素)
(多字对应单语素)</td><td>语素音节/词音</td><td>语素义/词义</td><td rowspan="4">字形与表词:
A. 本字表词
(本表词)
B. 借字表词
(借表词)</td></tr>
<tr><td>能　指</td><td>所　指</td></tr>
<tr><td colspan="2">语素/词</td></tr>
<tr><td colspan="2">汉语符号
(汉语基本单位)</td></tr>
</table>

表 5　汉字与汉语的符号构成对应层次关系

(三)汉字符号构成形态的历史延续性

汉字,从上古早期造字时代到后来发展、演化,一直保持形、音、义一体的特征。早期古汉字中有大量独体字形可同时用作构字偏旁，经过长期发展，其中许多独体字形仅作为偏旁形式存在，而不能独立成为单字。偏旁是形、音、义一体的构字基本单位，这是汉字形体构成单位的一大特色。从汉字符号形体构成层次看，偏旁其实是单字降级为构字单位。早期古汉字的独体字形与其用作偏旁的形体，通常是相同或很相近的，但是演变至今文字的今隶和楷体，独体字形与其用作偏旁形体已经有较大差异，多数偏旁丧失了原来作为独体字形的构形面貌，甚至简化为笔画或记号式构字部件。

在汉字体系的共时断代平面上，判断构字的形体、笔画或部件是否为偏旁，辨别诸多偏旁是否具有同一性（同一偏旁），这两方面都以具有造字形义理据的构字形体与其所表示音义的关系为依据。

所谓"具有形义理据的构字形体"，是指形体的象形（像物）、象意方式直接联系着语义或义类。如"休"字构形中的"亻"形直接联系着语义"人"，这是"亻"作为汉字偏旁的形义理据，其形义结合关系具有所像的必然性；"木"形直接联系语义"木"，这是偏旁"木"的形义理据。同样，"内"字构形中"入"形所像直接联系着由外入内的意义。比较"亻""入"二形，两者所表示的音义不同，则为不同的偏旁。而汉字的笔画，不是从形体的造字形义理据所联系的形义音关系划分的，如"一"（横）、"丿"（撇）等，只是构字（或书写）的最小连笔单位，虽然也具备"形音义"，却不是形体的造字形义理据所关联的"形音义"。因此，作为汉字构字单位，笔画与偏旁的性质和单位层次不同。

就汉字形体与构形来看,从汉字的单字到构字偏旁,具有形音义一体的同构特点,这是汉字符号的构形特色。纵观汉字符号的发展,值得注意的是,在古汉字阶段,汉字符号与其构形单位之间已具有同构性层叠、相套的特色,这反映出从上古早期古汉字造字到文字不断孳乳、叠加式衍生的历史延续性。其突出特点是:

一是汉字自上古早期产生,发展至两汉时代,其造字方式和构形形态已然定型。汉字符号以同性质的构形叠加方式衍生和扩展,将社会发展、语言发展所出现的词汇的新义、新音与旧音义,通过原有的汉字能指和所指结合模式去表征,统合、叠加为汉字符号结构的层级单位,以这种方式增造新字。统合即达到层级构成的统一性,叠加即以统一性为基础的层级构造,这就是将异质因素统合进同质的文字符号构形的过程。二是汉字的单字形体与构字单位形体的符号性质具有同化趋向;单字与构字形体,在能指、所指的结合、构成方式上也具有同化的趋向。

三、甲骨文字与商代古汉语的符号构成关系

(一)古汉字符号与表词表义方式

殷商时期的古汉语,词汇以单音词占绝大多数,古汉字造字以单字表示词这一级语言符号单位。这一时期,古汉字与词的对应关系及其表现形式,在直观层面上,可以理解为古汉字的表词表义方式。按此,上古时期古汉字的表词方式,可分为造字表词

和用字表词两种方式。[①]

所谓“造字表词”,是指古汉字通过造字形式表示词,包括词音和词义。而字形造意反映出造字所表示的词义信息,或者是字形结构所反映、联系的词义内容。例如,在甲骨文中,(山)、(禾)、(鬲)、(齒)、(虎)、(鹿)、(牢)、(星)、(室)、(涂)、(洹)等字形,以象形、象物联系、反映名词义;(屰)、(省)、(取)、(卸/御)、(受)、(遘)、(征)等字表示与身体部位、肢体等动作、行为有关的动词义;(小)、(大)、(高)、(吉)、(多)等字形与形态、性质、特点联系,表示形容词义;(一)、(二)、(廿)等字表示数词义;等等。造字表词所表示的词义通常是词在当时的常用义[②],而且主要是常用基本义。[③] 如果该词在当时是多义词,则其造字字形所表示的词是一个多义词,有基本义(本义)和引申义。

所谓“用字表词”,相对“造字表词”而言,指古汉字的表词方式不是直接通过字形造意或造字字形与所表词义相关联的,而是以同音、近音的字借表某词,字与词的直接联系是语音。“用字表词”主要有两种情况:一是“本无其字”的假借字表词方式,如甲骨文字(我)造字本表示一种兵器,假借为第一人称代词;(自)

---

① 王晓鹏:《甲骨刻辞义位归纳研究》,北京:商务印书馆,2018 年,第 133~138 页。

② 裘锡圭:《文字学概要》,北京:商务印书馆,2004 年,第 142 页。

③ 王晓鹏:《殷墟甲骨刻辞义位类型初探》,《语言科学》,2009 年第 2 期。

造字本表示“鼻”,假借为同音的介词;☒(其)造字本表“箕”(簸箕),假借为同音的副词;☒(隹)造字本表词为短尾鸟禽类,假借为语气助词“唯”;如此等等,都是学术界所熟知的。另一种情况是,用通假字表示音同或音近的词的表词方式。如甲骨文中“湄”“眉”“妹”表示“昧”(昧日),“麓”“录”“禁”表示“麓”(山麓),“正”字表示“征”,“冓”(☒)字表示“遘”,等等,均属于这类情况。借表词现象已详论于第二章,不再赘述。

(二)关于“六书”

古汉字的“造字表词”和“用字表词”两类方式的问题,必然涉及《说文解字》所说的“六书”。辨析“六书”问题,便于理解古汉字的“造字表词”和“用字表词”。

1. 东汉许慎的《说文解字》旨在解释小篆字形和字的本义,并系统地阐述了古汉字“六书”理论。汉代至清季,《说文》“六书”一直被称为“造字”或“制字”之体、之本,其中的“造”和“制”有“始”义,是文字初始创制、产生的意思。《说文》立足于文字的形义关系的系统性,解释了字形与本义的关系。可以说,《说文》“六书”是从字形与字本义关系类型的意义上讲解古汉字“制字”的分类。而字本义是古汉字形体直接显示的词在当时的基本义信息。因此,我们对于《说文》所释“六书”,应当区分不同的层次:一是《说文》所谓造字之初的字形具有的表义功能和方式,或者说,字形与字的本义是否有直接显示或表示关系,即是否以字的构形或“造意”直接表示词义;二是《说文》从字音关系和字义关系两方面分别看待文字之间的关系。

对于“六书”的性质，清代大儒戴东原指出：指事、象形、形声、会意四者，“字之体也”；转注、假借二者，“字之用也”。[①] 他认为，指事、象形、形声、会意四者为造字形体（即属于汉字构形层面），而转注和假借为用字方式，此即所谓“四体二用”。段玉裁则谓：“指事、象形、形声、会意四者，形也；转注、假借二者，驭形者也，音与义也。”[②]意思是说前四书为形，就是形体；后二书“驭形”，其实就是在音或义方面对文字形体的使用、驾驭。王筠也认为转注、假借二者是“用字之法”。[③] 这些与戴氏观点大体一致。至 20 世纪以来，唐兰等一些学者对清儒之说有所继承，并提出“三书”等理论，发展为系统的古汉字形体结构类型说。显然，在此问题上，清代乾嘉学者已注意区分我们上面提到的这两个层次，因而才有“四体二用”之说。他们认识到了文字表示语言的功能性质，从文字与语言关系出发看待字的形、音、义，这是对文字与语言关系认知的重大进步，在当时具有相当的科学性和先进性。

2.“六书”的前四书（或四体），讲的是汉字形体构成类型，假借为用字方式也是毫无疑问的，但是“转注”究竟为何？释作用字方式是否合宜？《说文解字·叙》曰：“转注者，建类一首，同意相受，考老是也。”其意为后世所困惑，解释“转注”众说纷纭，莫衷一是。对于历代至今的多种解说，已有不少当代学者作

① 戴震：《戴震集》，上海：上海古籍出版社，2009 年，第 75 页。

② 段玉裁：《广雅疏证序》，见王念孙：《广雅疏证》，上海：上海古籍出版社，2016 年。

③ 王筠：《说文释例》，北京：中华书局，1987 年，第 6 页。

出归类、综述。[①]

“转注”的性质，许慎将其解释为“建类一首，同意相受”，遵其原意进行阐释的是南唐徐锴，他的《说文解字系传》主张“转注”是部首建类，是同受意于部首的字。[②] 清代江声也持类似说法。戴东原、段玉裁等另辟一说，主张“转注”为互训。朱骏声主张“依形作字，睹其体而申其义者”[③]为“转注”，即已有字体基础上因引申义而成的字。章太炎认为“转注”是由于词义引申或分化而造的字，实际上就是分化字。诸说虽有差别，仍有共同点，但毕竟《说文解字·叙》原文的解释是不容忽视的。

细读《说文》“六书”内容，对照、比较其例，可以看出，《说文》解释的“转注”实际上讲的是建立某一部首的义类互训的字际关系，即同一部首的义类相同的分化字。如果按古汉字造字单字的表词表义方式看，“转注”之例字也可以包括在前四书中。如《说文》所举“转注”之例“考”和“老”，甲骨文中原本为一字，写作[④]，上从毛、下从人，以手拄杖之形，是会意字，下部形或作，

---

① 参见孙中运：《论六书之转注》部分章节，上海：学林出版社，1999年。另参见刘庆俄：《也说转注》，《首都师范大学学报》（社会科学版），2004年第5期；张其昀：《“六书”转注新解》，《扬州大学学报》（人文社会科学版），2006年第1期；黎千驹：《历代转注研究述评》，《湖南城市学院学报》，2008年第4期。

② 徐锴：《说文解字系传》卷一，北京：中华书局，1987年，第1页。

③ 朱骏声：《说文通训定声》，北京：中华书局，1984年，第11~12页。又朱骏声谓“通训”：“其一字而数训者，有所以通之也，通其所可通，则为转注。”见《说文通训定声》，第8页。

④ 见《合集》23715，出组。

字又偶作[illegible][1]，下部[illegible]为[illegible]，此即“老”字。西周金文已明确区分为“老”“考”二字，字形表词表义已经分化，但其主要形旁和义类相同。据《说文》释义，“老”从毛从人，是会意字；“考”“从老省，丂声”，为形声字。因此，从单字造字构形角度将“老”归为会意字，“考”归为形声字，亦为不可。可见“转注”只是换成了一个文字归类的角度，与前“四书”的形声、会意等类型有交集。客观地、历史地看，“考、老”起初一字，后同源分化，这是古汉字产生、发展和分化的历史现象。许慎所见古文、小篆为战国至秦时期文字，其中“考、老”早已分作两字，而许氏不知其原本一字。许氏从小篆形旁共时层面归类文字、建立部首，在《说文》中将“考”置于“老”部之下，其实质就是同一部首中的同义类相受之字。“考”“老”有相同形旁，音义皆近，是同源分化字关系，存在因词义分化而造分化字的性质，《说文》的原意是将其看作同部首的分化字关系。

戴东原等将“转注”解作建首互训字也不无一定道理[2]，从这个角度称为“用字”一类也未必不可。但是，这对于分析汉字构形以及古汉字表词表义方式，其实意义不大。裘锡圭先生曾说：“在今天研究汉字，根本不用去管转注这个术语。不讲转注，完全能够把汉字的构造讲清楚。”[3]现在来看此说是可取的。

由于“转注”指的是建首同部的互训文字关系，与“前四书”

---

① 见《合集》21482，师组。

② 按：戴震认为“转注”为互训，见《戴震集》，上海：上海古籍出版社，2009年，第74、77页。

③ 裘锡圭：《文字学概要》，北京：商务印书馆，2004年，第102页。

有重复、交叉之处,故而可以将所谓“转注”字放到单字造字表词方式中,而不必看作是用字表词方式。因此,我们所说的古汉字“用字表词”方式主要是指假借和通假一类。

3. 再看《说文》,不仅解释了指事、象形、形声、会意四种单字造字的形体类型,还释说了转注字,看作“建类一首,同意相受”的同部首互训的字际关系,而且对假借用字也作出说明——显然,《说文》体现出对古汉字的造字表词和用字表词两种方式的基本认识。正如清代学者王念孙所言:“《说文》之训,首列制字之本意,而亦不废假借。”①

另一方面,本字表示的词,与假借、通假字表示的词相对而言。若从古汉字的“本字”“借字”表词角度看,则有“本表词”和“借表词”之分。造字所表之词理所当然是本表词,从文字表词方式则称“本表”,而用假借、通假方式表示的词,从文字表词方式则称“借表”。关于这一点,前文已作详论。

(三)甲骨文字表词表义与字的形音义

甲骨文字是殷商时代的客观、真实的文字体系,每个字在形、音、义三方面应当有明确的对应关系,所以对于一个字作完整释读,形、音、义当然缺一不可。如果三个方面有任何一方拿不准,则应列阙疑。

于省吾先生谈到释读古文字时说:“古文字是客观存在的,有

---

① 王念孙:《说文解字注序》,见段玉裁:《说文解字注》,上海:上海古籍出版社,1988 年。

形可识,有音可读,有义可寻。其形、音、义之间是相互联系的。"① 作为考察古文字的重要客观依据,字形虽然在偏旁、构形及其演化、变异上有其特殊性,但是,它与音义的对应关系,是以文字如何表词来定位的。以唐兰、于省吾等为代表的古文字学家主张考释甲骨文时,从纵(历史发展)、横(同一时代)两个方向对文字进行比较、推勘,强调分析字形偏旁,以字形贯通字音字义,辅以文献和历史考证,以求对每个甲骨文字都有一个比较完全的认识。这种方法实质上是以字形系列、文献辞例为佐证,根据造字表词和用字表词原理有系统地考释甲骨文字的方法。对于词汇和词义研究来说,考释字和考释词、辨析词义是分不开的,认识甲骨文字必须认识它所记录的词。②

对甲骨文字进行释读,不仅要把字形、文献释义和辞例作为考证的依据,更重要的是应以甲骨文造字表词、用字表词原理为考释文字的理论根据,这是一项首要的原则。如果从符号构成关系看,甲骨文字表词表义的方式,实质上就是文字与语言之间的符号层次对应关系。

语言和文字是不同层次的符号。汉字符号的性质决定了考察甲骨文字必须立足于有声语言,在此基础上探索汉字特有的规律,也就是通过分析汉字与汉语言符号的关系去定位汉字现象。

① 于省吾:《甲骨文字释林》,北京:中华书局,1979 年,第 2 页。

② 参见黄建中:《试论甲骨刻辞的词汇研究》,胡厚宣、黄建中主编:《甲骨语言研讨会论文集》,武汉:华中师范大学出版社,1993 年,第 40 ~ 45 页。

所以,甲骨文字研究,一方面联系着考释文字、辨析字形演变和字的表词、表义情况,一方面联系着考察字所表词的语音变化和语义分布情况以及词的语法性质等。这两方面以甲骨文造字表词和用字表词为中心,用以说明字的形、音、义的关系。

但是,以往在分析甲骨文字表义情况时,有的学者把文字与语言截然分开,有的在考释文字时标准不够明确。这样一来,既造成了文字释读不够彻底,也使字义分析不能精准到位。许多似乎是已认读的字,其形、音、义关系实际上并不明确,有的放在文字系统中验证,则字的形、音、义之间龃龉不合。如"凷"类字读如"薶",而"圞"类字却读如"陷",释读龃龉、不一致,就属于这类情况。① 对于其形、音、义关系的考察未能贯彻到底,因而造成似是而非的结论。这种弊端是甲骨文字考释和甲骨刻辞词义研究中都应当克服的。对于文字表义情况的考察,既是文字识读工作的一部分,也是辨识文字与词的符号层次对应关系的基本步骤。所以,如果文字的表词情况没有弄清,那么其表义情况也是不会彻底搞清楚的。

(四)甲骨文字与"词"的符号构成关系

若从古汉字与汉语单位的符号构成层次关系看,则古汉字的表词表义方式,即为字形能指与其所指表示词位、词音和词义(义位)的层次对应关系。

---

① 按:前文已述,"凷"类字与"圞"类字是表示同一词的不同专用字,都应释读为"陷"。

甲骨文字的"造字表词"方式,即以造字字形表示词,为本表词,字的所指是当时古汉语词的音义结合体,字的能指是甲骨文字的字形层面。在文字能指层面,甲骨文的字形构成所形成的字形义,直观地显示出词义信息。例如,(鹿)字的能指是像鹿形的独体象形构形,所指是词位"鹿"的词音(上古音拟音[lɔk])与表示鹿类概念的词义的结合体。"鹿"的能指像鹿形,显示出词义鹿类概念的直观意义信息,而其整个字形记录词音。又如,(牢)字,能指是从宀、从牛的会意构形,所指是词位"牢"的词音(上古音拟音[lu])与所圈养牛牲概念的词义的结合体。又如,(涂)字,能指是从水、余声的形声构形,所指是词位"涂"的词音(上古音拟音[dɑ])与表示涂水之名的词义结合体。

字形义(或字形造意)与词义虽然都是意义,但并不是同一个层次上的意义。汉字能指有其独特的象形、象意特点,字形显示的直观形象意义就是字形义。从文字的符号构成看,字形结构形式所形成的形象意义,是直观的、具象的形意,属于汉字的能指层面。而词义是以概念为核心的语义,附含有语言的色彩义、社会义等附加语义内容,是具有一定概括性的、抽象性的语义。字形义属于文字能指层面的意义,词义属于语言的语义层面,两种意义性质不同,表示意义的层次不同,并不对等。但是另一方面,字形义与词义,两者有意义层次之间或内容上的关联和反映关系——不可否认,在一定程度上,字形结构(或字形义)可以反映、联系该字形所表示的词义信息。而上古早期古汉语的词汇语义系统,特别是词的常用基本义系统,则为古汉字造字构形的形义理据，提供了必要的语义框架依据和语言信息基础。

甲骨文中的“用字表词”是以假借字、通假字表示的词，即为借表词，字的所指是该字借表的词（词音与词义的结合体），字的能指则是字形。甲骨文中借字的字形也有字形义，但是，其字形义与所表词的词义之间，没有直观的意义关联和反映关系，甲骨文字形仅用于记录、表示词音。如前文所举的甲骨文（我）、（自）、（其）等借表词。

甲骨文字与殷商语言基本单位“词”的符号构成层次关系，如下表所示：

<table>
<tr><td colspan="3">甲骨文字符号单位
单字</td></tr>
<tr><td>能　指</td><td>+</td><td>所　指</td></tr>
<tr><td>字形</td><td>+</td><td>字音　+　字义</td></tr>
<tr><td colspan="2" rowspan="3">字形与词义的关系
即字形的表词方式：
本字字形表词
（本表词）
借字字形表词
（借表词）</td><td>词音　+　词义</td></tr>
<tr><td>能指　+　所指</td></tr>
<tr><td>词
殷商古汉语符号基本单位</td></tr>
</table>

表6　甲骨文字与“词”的符号构成层次关系

无论是“造字表词”还是“用字表词”，甲骨文单字与其所表示的词，在符号构成上都具有能指与所指结合的层次对应关系，两类符号也呈现出关联层次的系统性。主要表现有：

(1)字形能指与所指构成文字的表层层面,能指层面的字形结构和契写形态处于甲骨语言文字符号的最表层。

(2)甲骨文字所指的词音与词义结合体是古汉语符号结构单位“词”,处于文字层面的深层:一方面支撑、决定着文字的所指,另一方面以词义或词音系联着文字的能指(字形)。字形与词义之间存在直接联系或反映关系、非直接联系或反映关系,前者为本表方式,后者若字形仅表词音则为借表方式。

(3)在甲骨文语言和文字的符号构成关系上,能指与所指结合不仅有层次对应关系,其结合体作为符号结构单位还具有组织性和系统性,亦即组合关系与聚合关系形成的系统性。在文字层面,能指与所指结合体是单字,单字与单字的组织关系记录、表示的是文字符号深层的汉语组织关系——词组、句子、语段等语言符号组织。而在语言层面,“词”这一基本单位的符号深层结构则是语言的语法组织系统、词汇及其语义、语音的类聚系统,以及各级结构单位类聚、层级系统。

(4)在语言符号的深层结构中,殷商古汉语符号的系统性不仅支持、制约着词汇层面上的词汇构成以及词与词的组织、类聚关系,还制约着“词”的能指和所指构成。在文字符号的深层结构中,殷商古汉语及其词汇组织、类聚系统性制约着甲骨文字符号的所指(词语),同时对甲骨文字的能指(字形)形态(或形式)也具有控制和影响作用。(按:某种文字的表音表义性质,文字间的关系,其实是与其记录、表示某种语言形态的系统性、组织、类聚关系是密切相关的;某种语言的形态系统性、组织类聚系统,影响着表示它的字形、构形单位的特性。)

甲骨文字与殷商古汉语的符号关系的特点,既有文字与语言关系的普遍特点,又有其独特性。就其独特性来看,首先,在字与词的关系方面有几种情况较为突出:

A. 两个或多个同源字表示同一词和词义的情况非常多。

B. 原字与其派生字表词、词义时,常常交替使用,并未完全固定。

C. 同一字的异体字非常多,某字的各异体字表词关系并不同一,某字的异体字经常可以表示不同的词;同一字的异写字形极多。

D. 假借表词极其普遍,同音字通假方式表示某词现象极其普遍。

E. 不同的词用同一字形表示,即同形字现象有不少。

其次,甲骨文字形存在专义专形的现象,某个词的一个义位只用专门的字形表示。如前章所举𡆥、𡇒、因、图、𢉖、𡈽、𠙴、窐、牢、騂、𡨡等字形就是,甲骨卜辞中这类情况还有很多。甲骨文字形在表示词义单位(义位)方面,具有功能性的专职现象,即存在字形单位与词义单位的专一对应关系。有时同一词的不同义位分别用不同的专用字形表示。

再次,甲骨文字形对卜辞的占卜功能性有补充和辅助标指作用。常见情况如:

A. 字形或契写形式经常与卜辞行文方向联系在一起。文字组织的走向、行文方式经常与占卜活动、记录卜辞的要求相联系。

B. 甲骨文字形的偏旁结构及其形象意与卜辞句子格式经常联系在一起。

C. 甲骨文字的异写形体非常多,异写形态往往与记录占卜事宜的卜辞行文相配合。从符号层面看,字形书写虽多变化,但也有一定规则,通常规则是由甲骨文字与当时汉族语言的符号关系的时代特性所决定的。而当时的文化制度、文字使用习俗、风格等也制约或影响着甲骨文字的形态特色;同时不可忽视的是,有些字形需要从卜辞的功能和语用活动方面去解释。除外,贞人书写个性与契刻风格也使甲骨文字形体呈现丰富多样性。

四、何为甲骨文字"释读"

(一)辨识字形与释读文字

甲骨文字考释研究通常有三个方面:分析、考证、综理甲骨文字的字形和形体结构;识读字的音、义;考察、解释某字表词表义情况以及在具体语句中的用法。而这三方面其实是连续的研究过程。"甲骨文字考释"是一个综合性术语。在总体上,对整个甲骨文字考辨、识读、释解的研究可称为"考释",对字的具体环节或某个方面的考证、释解也可称为"考释"。在"考释"这一综合性研究中,有多个具体研究步骤和研究层面,每个层面都有其具体的考释内容。"甲骨文字释读"就是其中有所侧重的一个层面。

从历来学者使用术语情况看,古文字研究中所谓字的"释读",有广义和狭义之分,也有笼统和精确之分。广义的"古文字释读"含义与古文字考释大致相当;笼统的"古文字释读"概念对"释"与"读"不做明确、精致的区分,或将古文字的字形辨识、楷化隶定出来即可,或仅将某字形的表义情况释出。而狭义的"古文字释读”概念是指对文字的字形、字义、字音三个方面进行辨识、辨释和解读,这是精确的释读——识认、辨释字形、字义与明辨其读音缺一不可。就甲骨文字释读来说,它是古文字考释研究的一部分,所以,“释读”概念同样有广义与狭义、笼统与精确之分。而这里所谓的“甲骨文字释读”,是一种狭义、精确的概念,即甲骨文字释读不仅将字形辨识、隶定出来,而且是严格地将字的形、音、义三者辨释、读解出来。可以说,甲骨文字的释读是整个甲骨文字考释工作的核心部分。

在严格意义上,古文字释读包括四个层面的工作:

(1)识认字形,辨明其偏旁和构形,隶定字形,辨识字形造意(造字的形义理据)。

(2)考辨、释证字义,辨明字所表示的词、词义以及词义单位(义位)。

(3)读解字音,确定字所表词的语音。①

(4)周遍考察、辨释、分析某字或文字系列在辞例语句中的词义内容和用法。

以上四个层面同样适用于甲骨文字释读。

通观以往古文字考释,许多学者对古文字进行严格释读,详

① 按:由于文献资料所限,殷商时代的甲骨文和金文文字,通常是辨明字所表示的不同的词汇单位,也就意味着辨明了字所表示词音,而难以更精确地辨别其字形所表词音变化的具体而复杂的情况;而对于周秦古文字来说,有很多字在传世文献或字书资料中可见记录或显示其所表示的词音变化。这样,就可以辨明字所表词音的具体情况——如同形字表示不同词的词音,又如同一字有时表示不同的词音和变化,等等,都需要更严格地加以辨明。

彻考证、读解字的形、音、义,取得了卓越的成果。特别是 20 世纪以来,唐兰等前辈学者从理论上系统论述古文字考释问题,为古文字学科建设打下了坚实的理论基础。在文字考释的实践基础上,唐兰、于省吾、杨树达、徐中舒、容庚、裘锡圭、高明等老一代学者,对古文字考释方法和理论系统归纳。此后,又有许多学者进行了不同程度的概括、总结和补充,裨益后学。近些年,李守奎先生提出“系统释字法”,其中所谓“完全释字”的观点不落窠臼,切入古文字符号的深层,是值得注意的。他说:“文字考释包括三方面的内容:表层结构、所记录语言的音义和深层构字理据,只有把这三方面都考释清楚,才算得完全释字。”①这种“完全释字”,实际上与我们上述严谨释读古文字的过程大体一致。从文字与语言的符号关系看,即为辨识甲骨文字符号的能指字形形式,识读、释证字形所指——所表词的语音和词义,辨明字形与词位及其义位的对应关系,辨析文字所表词在语句中的词义和分布情况等。

辨明字形、释其造意,读解字音,解释字义用法、辨明字对应的词位、义位,这三个层面是密不可分的连续过程,实质上都涉及文字与语言的符号对应关系。而释读某字、考辨其词必须有语言方面的依据。也就是说,三个层面的考释工作都与考察文字的语言用例紧密结合,做到精审核对,确凿实证。

例如,“何”字,甲骨文作,字形从人以手持担肩负,西周金文作,像人肩负担之形,而“何”字具体用法必须结合考察文献

① 李守奎:《系统释字法与古文字考释——以“厂”、“石”构形功能的分析为例》,《吉林大学社会科学学报》,2015 年第 4 期。

语言用例。先秦文献中“何”有荷担和负荷的动词义用法,见于《诗经》《易》等,如《诗·曹风·候人》有“何戈与祋”,即指人肩荷担。先秦文献语言中又以“荷”字表示荷担义,“荷”通“何”,是借字。将甲骨文、金文“何”的字形与先秦文献语言中“何”作荷担、负荷动词用法相结合,“何”的字形释为人荷担之形,其造意至为明确。因此,“何”字表示荷担的动词义,是“何”字造字所表词的本义义位,有语言用例为证据。而较抽象的“负荷”和“承受、蒙受”则是“荷担”的两个引申义位,语例见《易》《左传》等文献。在先秦文献中,“何”通常的用法是表示疑问代词,且有多个义位;有时用作副词。“何”在甲骨文中多用作何组卜辞的一贞人名,还表示方族名,在金文辞例中则多用作人名、族氏名等专名。显然“何”作动词与疑问代词、副词、人名、族氏名是不同的词位(词音也有区别)。就义位看,这一时期动词“何”有“荷担”“负荷”和“承受、蒙受”等义位,作疑问代词和副词都各有多个义位,人名和族氏名亦为不同的义位。这些词位、义位都是依据语言用例分辨出来的。

举“何”字之例,即涵盖了前述古文字释读的三个层面:释读古文字“何”不仅要辨识其字形,辨释造意,还要将“何”字的语义用法考辨解释清楚,而且需要在此基础上把先秦时期“何”字表示的不同词位及其义位关系释读、分辨明确,从而做到辨明“何”字与表示词位及其义位的对应关系。三个层面不仅是连续、贯通的一个整体过程,而且整个过程都紧密结合语言用例。

针对甲骨文字形层面,比照、考辨、释证,其目的在于识别和分析字形。就未识字来说,在狭义上是“字形辨识”工作,属于甲骨文字释读研究的一个层面。“字形辨识”就是比照和辨识字形的构成、偏旁或字符单位以及字形的造意。其中,字形的比照,一是比照同类型字——即甲骨文字中的已识形体,二是比照不同类型古文字中的已识字形。而考辨和分析字形之间的偏旁或字符单位关系(即“偏旁分析”),对字形之间的偏旁如何构成整字进行比较、分析,这包括“横”“纵”两个方面:“横”向,即同类型文字之间,如殷商甲骨文字之间的偏旁关系比较分析;“纵”向,即不同类型文字之间,如殷商甲骨文字、金文与两周金文字、简帛文字、古籀、小篆以及其他类型文字之间的偏旁关系分析和考证。

针对字音层面,通过辨明字形以审确字的读音,这是甲骨文字释读研究的另一个层面——“字音的识读”。但是,商代古文字的音读不能精确复现,特别是甲骨文某字实际读什么音是难以具体复现的。即便是先秦两汉传世文献、字书、训诂材料,其中有大量“直音”式的文字注音,或显示用韵规则,或有谐声偏旁可据,但古文字的具体读音难以精确重现,古音学者的成就也只是做到了大致可以拟构、系联、辨其韵部、声纽和调类,或作拟音而已。不过这只是对上古词音的拟测。因此,我们所谓的甲骨文字的“字音识读”,实际上是指辨识、确证某字形表示的是哪个词汇单位(词位),知其所表词位,也就意味着在逻辑上知其词音,知其字的音读。先不管甲骨文字(也包括其他先秦古文字)所表词的精确音读是否可以重现,就仅知字所表之词而言,能知其词也就在逻辑和词汇关系上可以区分词音,这样就足以区分开不同的词位——由此也足以辨识、释读未识文字,区分开不同的字。

针对字义层面,辨明字形并释证其字义。甲骨文字义的释证过程,一方面必须对某甲骨文字形在卜辞语句中的用法进行周遍式考察和分析,即在该字形出现的所有辞例语句中对字的用法进行比对、归纳,将相同用法——语法和语义都相同的用法确认为该字的同一义。从文字与语言的符号关系看,众多甲骨卜辞语句中出现的某字的同一义,实际就是该字所表示词位的同一个义位,或者说是该字所表词的同一词义。另一方面,甲骨文字义释证,亦即字所表词义的释证,还需查征《说文》等字书、韵书、古文献语言用例和训诂材料的释义,以求书证、旁证。这是由于不仅古汉字有发展延续性和历史沿革关系,而且古汉语的发展也有历史延续性,殷商时代的词汇和词义大量遗存、沿用于后世,在传世文献中有保留和体现。汉字构形形式的发展根本上是受汉语这种孤立语特性制约的,古汉语词汇的音义结合形式制约着古汉字的表词表义方式,其发展也保持着这种方式的延续性。因此,将传世文献中字的用法——所表词、词义内容作为考释甲骨文字字义的参证依据是必要的。这种参证关系,实际上体现出古汉字与古汉语之间符号关系的历史延续性。

(二)甲骨文字的释读状况

甲骨文字释读,在严格意义上是对某甲骨文字的形、音、义的辨释和确定,而其实质就是在已识甲骨文字形基础上,对字形所表示词位的语音识读,对词义释证,以确定某字形与词、词义的对应关系。换言之,就是辨释、确定某字的能指(字形)与所指(词)的关系。

从已释甲骨文字情况来看,甲骨文的字形和表词、表义明确的字大致包括两类：一类是字形结构或偏旁虽然明确，但其尚未造意明确的字；另一类是构形和造意都明确的字。前一类，例如“亥”字，《说文》于小篆说形有误，各家对甲骨文字形聚讼纷纭，莫衷一是，“亥”字形造意尚未明确，未有定说，但在卜辞中表示地支“亥”和殷先公专名“亥”（王亥），表词表义是明确的。后一类如“泉”，甲骨文像泉水自穴罅中流出之形。[①]《说文·泉部》谓：“泉，水原也。象水流出成川形。”这与甲骨文字形所像之意切合，“泉”字形造意是明确的，在卜辞中“泉”是本表词，其词义是“水源”，即其词的本义。

除此两类外，还有一类是字形结构明确，造意也大体可以推知，在卜辞里所表词义明确，但词的语音尚未可知。也就是说，字的形、音、义三者，只能辨形、解义，不能释读、确定其音。这种情况在已释甲骨文字中大量存在，大多是不能与《说文》小篆、古文和其他字书、韵书等材料相印证的字。例如“虣”，从幸从虎，像以刑械捕执虎形，为《说文》及其他文献所无字，在卜辞中表示动词义“执捕虎兽”，表义明确，字形造意也可以推知，不过这个字形所表词的读音无从查证。从严格意义上讲，对这类字表词情况释读和认识并不完全明确。由于这类字形所表示词义大多是专指类别，能够同其他的词、词义区分开。

不仅如此，还有大量甲骨文字在字形造意和所表词的读音方面都不能确定，仅在字形偏旁和卜辞用例表义类型方面是明

---

① 见徐中舒主编：《甲骨文字典》，成都：四川辞书出版社，1998 年，第 1231 页。

确或大致明确的。如“𢿌”字，从攴从声从方，为《说文》及其他文献所无字，字形偏旁明确，可以隶定，在卜辞中用字表义为地名，但是字的造意和所表词的读音不知，尚不能完全辨释该字所表之词。又如“𦣝”字，从二臣上下相叠，是《说文》所无字，在卜辞中表示方国专名，表义类型明确，但字形造意和所表词的读音尚未可知。这类字在卜辞中的用字表义类型可辨识，在确定其词和词义的文字证据和书证资料方面有局限性，故只能算作不完全的释读。

此外，还有很多甲骨文字是构形、读音不明，而用法用义大致可辨的字，待文字材料充实后，可进一步求证其所表词和义位的情况。可见，现有甲骨文字的释解程度是分层次的，并非整齐一致，具体情况见第三章所述。在严格意义上，“释读”与“辨释”或“辨识”有所区别。只有字的形、音、义均已辨释，才算是已释读字；字的形、义已释属于已辨释之字；而仅能辨其构形的字属于已辨识字形。

从已释读甲骨文字看，其形音义已辨释、读解，因而字形与其所表词、词义关系明确。但是，如果考察甲骨文的字形与词、词义（义位）的对应关系，是非常复杂的。

简要概括，在现已发现的甲骨卜辞中，除了存在一一对应的情况，更多则是非一一对应的复杂情况。[1] 由于甲骨文字形与其所表示的词和词义并不完全是一一对应的关系，而以非一一对应

---

① 王晓鹏：《略论甲骨文字、词、义位的关系》，《山东大学学报》（哲学社会科学版），2006 年第 3 期。

关系更为普遍，因此，字形辨识与字音字义释读不在同一个层面。在已辨识的甲骨文单字字形中，往往一个单字字形可以表示不同的词，这就需要在辨识了某单字字形之后，对其所表示的不同词和词义（义位）再进行分别释读。同时，又要对表示同一词的不同字形进行识别，以明确其文字关系——是一个字的异写形式，还是异体字关系；或者是不同的字，如同源字、区别字，以及仅是音同音近的通假字关系等。这种文字关系并非仅仅是文字的能指层面，而更是文字能指与所指有机结合［即文字与语言基本结构单位（词）有机结合］的层面。

五、甲骨文字“释读”的重要原则

（一）字形依据与语言依据并重、往返互补

对未识甲骨文字进行考证、释读，字形和卜辞语言用例（即辞例）都是必不可少的客观依据——从释读的步骤以及在释读研究中的重要性看，两者都非常重要，不是谁先谁后的关系，而是并重交叠、往返互补和贯通链接的关系。

当我们面对甲骨卜辞、青铜铭文或其他出土文献时，对于其中未识字，直面的不仅是字形，同时还有呈现于眼前的字与字的组合，亦即这些字形所表示的词语、句子的组织形式和语法关系。20 世纪以来，有多位古文字学大师在考释古文字方面卓有成效，详细梳理其释读成果，分析文献行文脉络，我们可体会到他们考释未识字的大致思路：在思考如何考辨字形的同时，也需考虑该

字在语句中的出现和使用情况,这两个方面不能截然分离。例如,在甲骨文字考释中:一方面,判断甲骨卜辞中诸多极其近似的字形是否为一字,就要看这些字形在卜辞中出现的位置、用法以及与其他字的组合格式是否完全一致,如果完全一致,这些字形应该就是同一字的异写字形或异体字关系;另一方面,对于卜辞中出现位置相同、用法接近的略有点差别的两个或多个字形,还要考察这些字形与已识甲骨文字形,以及与金文、简帛、古籀、小篆、其他古文字的形体、偏旁关系,用以判断是同一字还是不同的字。

在传统文字学研究中,从字形入手考别、审辨其形,以辨明字形所表示的音与义,这是识字的必要门径。某字的形音义既已审辨明了,则其字已识读。段玉裁《说文解字注·叙》曰:"学者之识字,必审形以知音,审音以知义。"①说的就是这个意思。就考释未识古文字来说,从字形入手无疑是必要的途径,进而考辨其义、审读其音。但是,整个考释过程不是线形单方向的,而是对形、音、义三方面在各自共时和历时关系上进行考索、审对和系联,与此同时,还需将形、音、义贯通,这是往返对照联系、相互限定的过程。这不仅是字的整体在形、音、义三者的贯通、限定,也是字的构成偏旁单位在形、音、义上的贯通和限定。只有形、音、义贯通,互见互证,且有语言上的证据,释字才可能是正确的,若其中之一有疑惑难定,则此字仍属未确释之字。

对于字形在古文字考释中的重要作用,于省吾先生曾说过:

---

① 段玉裁:《说文解字注》,上海:上海古籍出版社,1988年,第764页。

“留存至今的某些古文字的音与义或一时不可确知，然其字形则为确切不移的客观存在。”[①]字形的确是考释古文字入手的线索和重要的客观依据，这是客观的必要条件之一，但不是充分条件；另一个必要的客观条件是字形在语句中相同用法的集合，字与字的组合形式及其记录的词语、句子语法关系——这些形式是可以直接观察到的。这两个必要条件应当相互限定，是两线的交点——也就是锚定了识读某字的两个客观条件，以避免主观猜字。只有取其客观条件的“两线”交点，才能限定可识别范围的“点”，易于精准释字。

20 世纪 30 年代，唐兰在《古文字学导论》一书中，首先强调古文字考释的“字形”辨识和偏旁分析。唐氏提出构建科学的古文字学，以科学的字形研究理论为核心，对中国古文字学的建设和发展起到了开拓性作用。其理论方法被学术界认同、采纳。此后古文字研究从以《说文》为核心的传统文字学和音韵、训诂学中独立出来，形成了以字形层面为主要研究对象的中国古文字学范式。唐氏认识到，孙诒让偏旁分析法在古文字考释中具有科学进步性，以此为基础，他提出系统的偏旁分析理论和具体方法，强调其科学性。唐氏针对古文字考释中靠推勘上下文随意猜字的错误倾向，力倡“字形”辨识和偏旁分析，确有其科学和进步的一面。但是，这并不等于说将语言或辞例依据降至次要地位。唐氏提出了专门而系统的古文字识别理论，实际上，他自己在具体考释甲骨文等古文字的实践中，也是将字的形、音、义贯通，他辨识字形

① 于省吾：《甲骨文字释林・序》，北京：中华书局，1979 年，第 3 页。

与历史考证、辞例依据相互补充而求证。辨识字形、历史考证、辞例依据三者并重,缺一不可。不过,唐氏将偏旁分析方法系统化、理论化,将构字偏旁单位系统归类和系联,由使字形辨识更加精细、详审、科学,这是他超越前人之处。

显然,古文字研究需要明确和区分开两个不同的方面:一是唐氏提出的古文字学理论,以及后来古文字学科的构建与发展,是以字形层面为主要研究对象的;二是考释古文字必须兼备形音义三方面相互贯通、相互限定,还应当将字形依据与语言辞例依据并重,同时考虑锚定两者交点,将文字沿革关系的考辨与语言使用证据、文献书证相结合。这是两个不同的方面或不同的问题,不可混为一谈。古文字考释,如果过分强调将辨识"字形"置于首位,容易导致"外行"人、初学者误解——认为"字形"辨识重于辞例依据,这就容易形成偏颇的认识。只重辨"形"、不重文字释读的语言依据,反而易于走向猜字的主观臆断,这是不可取的。

(二)字形依据的"纵向"与"横向"系统

基于上述,我们进一步认为:从字形入手考释未识甲骨文字,这个"字形"不仅指某个未识字的形体和构形,而且还指未识字形与已识字形系列的关系——字形纵向聚合的比照系联关系,以及字形之间的横向组织形式或组合关系。这既是文字符号系统的结构关系,也是一种认知的辩证关系。因此,从"字形"入手,字形提供了可观察的线索和可实证的依据;而从深层来看,"字形"实质上是未识字形与已识字形的"纵""横"关系层次,不仅具有客观性,还具有系统性。字形的关系实际上既包括字形之间的形体、构形的比照、系联关系，也包含字形之间在语言辞例上的组合形式。许多功底深厚、经验丰富的学者，在考释古文字的实际操作上，正是将字形依据与语言依据并行、互补、互证的。

按人们“通常”的理解，“字形”仅指字的形体和构形。如果考释未识甲骨文字，仅将字的形体作为客观依据，将辨识字形置于首位，或者视为考释工作的首要步骤，那么，很容易使初学者产生误解——以为考释未识甲骨文字，只重“字形”，语言辞例依据是次要的。释读甲骨文字的语言依据被忽视，同样会走向另一个极端，容易陷入“猜字”困境。因此，我们需要认清“入手”和“首要”是不同的概念：考释未识甲骨文字有必要从字形入手，这与将字的形体和构形视为考释工作的首要步骤，不是一回事；从字形入手进行考释，并不意味着将语言依据视为考释的次要步骤，而应当与字形一起都作为首要步骤。名不正则言不顺，如果概念使用不准确、不得当，则很可能导致一些人产生误解。

无论是单纯的文字形体辨识，还是单纯的辞例推勘，在甲骨文字释读工作中，都很容易跌入“猜字”的泥淖。甲骨文中的大量未识字与已识字，在形体、偏旁的关联上，常常出现缺失环节或沿革关系上的某些“断裂”。在这种情况下，只从未识字与已识字的字形关系难辨其偏旁构形。仅靠字形构形辨识，也容易出现“猜字”现象。“猜字”现象不但包括只据辞例上下文推勘猜测未识字的现象，还包括仅据字的形体、构形猜测未识字的现象。这两种情况都应当避免。

第五章　甲骨文字释读的两个客观依据

一、从语言文字符号原理看原始符号与文字的区别

如前所述,对“文字”概念进行科学界定,是现代语言文字学走向科学发展的必然。从现存遗址和考古发现中我们看到,原始时代的人类族群、社会群体,在许多器物、岩壁、建筑上面人为地涂画或刻记符号。随着人类进一步发展和文明进步,一些民族和早期国家产生了文字。由原始的刻画、记写符号发展到文字符号系统,需要具备两个条件:一是具有记录、表示语言单位的功能,即符号的能指与所指结合体固定地表示语言单位的音和义;一是符号组织形式具有记录、表示语言组织系统和语法关系的功能。只有具备这两个条件的刻画、记写符号,才是真正的文字。

在我国,考古发掘的多处新石器时代文化遗址中,人们已发现陶器上刻画有原始符号和图画。其中哪些符号是文字,哪些是前文字状态的标记符号,哪些是图画符号,上述两个条件可以作

为判断的标准。

以仰韶文化遗址出土的陶器符号为例。西安半坡、临潼姜寨等多处遗址出土的彩陶器物符号，距今5000年左右。研究者将考古资料中的这类符号汇聚在一起，如图8所示：

图8　研究者汇聚的原始陶器符号

然而单件陶器上的刻画符号实际上并没有这么多，或只出现单独一个符号，或零星几个符号出现在陶盆、陶钵的口沿或内外面。如图9所示：

图9　半坡遗址彩盆的图画(左)和陶片上的零星刻符(中)，

姜寨遗址彩陶钵上的单个刻符(右)

山东大汶口文化遗址距今约5000—4600年，有的陶器外侧刻画有单独的符号，如图10：

图 10　大汶口文化遗址陶器上的刻画符号

针对原始图画和刻画符号的性质问题,唐兰先生认为,文字不同于图画,也不同于记号,记号是代表某种思想或帮助记忆的,但它们都没有跟语言结合,所以不是文字。文字是社会的产物,它是以某一民族的语言为基础的。[①] 高明先生区分了陶符与陶文,他认为这两者是不同的两种事物,陶符只能起到一种标记的作用,不能代替文字,陶文才是其正的汉字。陶符则与文字不同,

① 唐兰:《中国文字学》,上海:上海古籍出版社,2001 年,第 55 页。

它是当时陶工为了某种用途后做的记号，无语言的基础，也不代表语言，因而既无词义，亦无读音，只是一种记号。以仰韶文化的88个陶器符号来讲，没有谁能十分准确地说明某一陶符所代表的词义及读出它的本音。[①] 半坡遗址出土的彩陶盆，沿边刻画有符号，盆内侧刻画人面鱼纹。就其人面鱼纹来看，虽然这种图纹在多个陶器上出现，但都是单独的图纹，未见与其他图像组合成表示语言语法组织的形式，因此，只能视为图画符号或图形纹饰符号。彩陶盆口边沿的几个刻画符号，其关系也无法证明具有记录词语、句法的功能。正如高先生所说，这是一种陶符或记号。

上古时代，一些早期民族用图画、简单记号等符号进行巫术活动，具有巫术功用，或者用于记事。不可否认，当时也存在将图画或简单记号用于表示语言的词音、词义的情况，这样就在一定程度上具备了文字的性质。但是，如果图画或简单的记号还不能表示语言的语法、语言单位的组织规则，而仅仅是零星初步记录了少量的词音、词义，并未定型为语法结构中的词项，且未形成系统性，那么，这样的符号也不是正真的文字符号体系，充其量可称为原始过渡状态的"前文字"。在文字体系形成的过程中，图画、记号与原始过渡状态的前文字混杂在一起，其功能可能并不单一，交互使用，成分是复杂、多样的。而科学研究的基本工作之一，就是进行范畴、类别的划分，从历史或现实现象的"量"中找到其"质"，明确概念，确立科学的判断标准，从而厘清认知。科学的

---

① 高明：《论陶符兼谈汉字的起源》，《北京大学学报》（哲学社会科学版），1984年第6期，第53~55页。

文字学同样如此,需要在图画、记号、前文字状态符号的混杂现象中进行区分,也需要在这些符号与真正的文字体系之间进行划分,这就必须有明确的区分标准和准确的概念定义。

裘锡圭先生曾提到“文字画”和“记号字”。[①] 我们认为,这两者均属于前文字状态的符号,或者说是原始过渡状态的前文字,还不是真正的文字符号。无论是文字符号体系,还是非文字符号的图画、象征符号和记号,都具有表意功能,但两者的区分在于表意的范畴或层次不同。就文字表意而言,也存在层次差异:一是字形构成直接显示的具象义或象形义,一是字形表示语言的语义,或者说是词义。字形义与语言的语义是不同的意义范畴,后者是逻辑和语义抽象原则下的语言义和概念义。所以,不能仅凭符号具有的表意功能作为判断是否是文字的依据。

文字体系记录的是语言的语义,文字符号单位表示的是语言结构单位(如词、语素)的语义,而且具有固定的记录和表示语音的功能。更重要的是,真正的文字体系还必须同时具有记录、表示语言单位组织结构和语法规则的功能。如果刻画、标记符号具备了这些条件,那么才可认为是文字符号体系。

结合同一考古文化类型及其文化期内的同类刻画符号,就半坡、姜寨等遗址陶器刻画、记号来看,或单独、或零星出现于陶器上,其分布情况无法证明具有记录和表示词汇、语句组织的方式,也无法显示其具备了记录语言语法的功能。有些学者尝试推测这些符号表示的意思,也仅仅是推测而已,没有可信的证据。既然目前无

---

① 裘锡圭:《文字学概要》,北京:商务印书馆,2004 年,第 1~3 页。

法证明这些符号具有记录、表示语法的功能，那就只能视为非文字符号，或称前文字状态的刻画符号。这样更加严谨而科学。

系统性是符号的根本属性之一。在判断符号类型时，确定符号的表征形式及其系统性是极其重要的，而且考察、确定符号间关系以及符号类型关系的系统性，也极其重要。

仰韶文化的半坡、姜寨遗址陶符和刻画，是比较典型的例子。将同类型考古学文化遗址的陶符或刻画相联系，可以汇聚、比较其共性。早于半坡和姜寨遗址的贾湖遗址，距今约 8000 年，出土少量龟甲刻符，同样是单个符号零星刻于遗存（龟甲）之上（图 11 左）。另有宝鸡北首岭遗址，距今约 7000 年，属半坡类型，遗址中期遗存有零星刻画于彩陶侧面的几个符号（图 11 右）。毫无疑问，这类刻符属人为刻画的符号。但是，由于其单独、零星地出现于器物之上，又由于出土遗存情况的局限性很大，故无法证明其具有表示语言单位和记录语言组织、语法关系的功能。

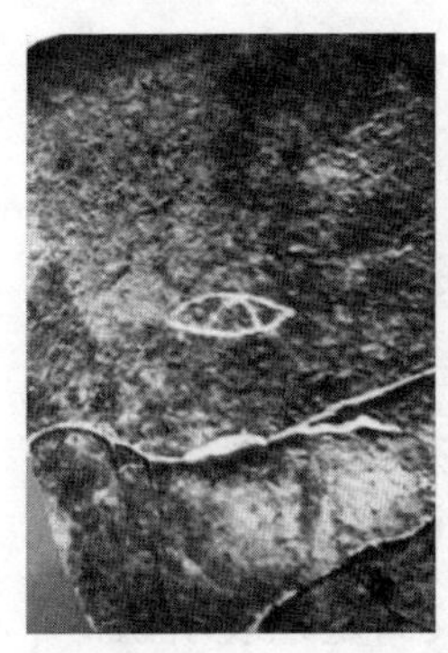
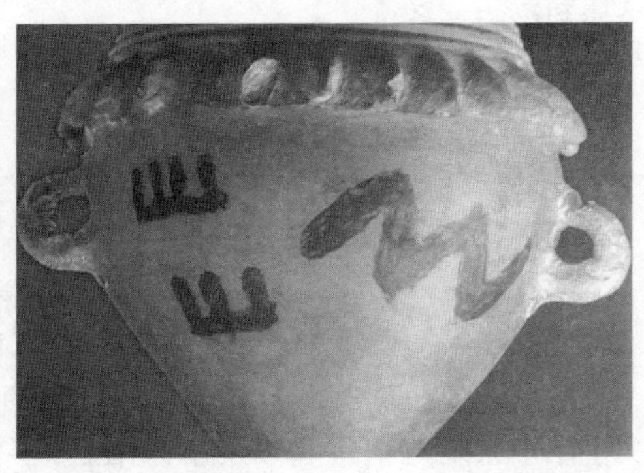

图 11　贾湖遗址龟甲刻符（左），宝鸡北首岭遗址彩陶符（右）

有的学者认为，贾湖龟甲刻符与殷商甲骨文字很相似，为古汉字起源提供了关键性的参考材料。不可否认,或有可能今后有新发现提供证明材料,不过,这也只是推测。就目前出土的同类文化时期材料及其分布的系统性来看,的确无法证明这些刻符、记号是真正的文字。科学的文字学是严谨、客观的,也是严肃的,既要杜绝主观臆断,也要避免掺杂偏颇的感情色彩。

总之,判断某个或某类符号是否是文字,必须从是否符合文字与语言的符号关系系统性去考察、求证,而不能孤立地认识某个符号或某类符号。对于已确认的文字符号,若要辨识其属性、形态和形音义关系,则也要立足于文字与语言的符号关系系统性,而不能孤立地看待每个字符。这种文字与语言的符号关系的系统性包括:(1)字形关系层面(文字能指关系)的系统性;(2)字形所表语言单位关系(文字所指关系)的系统性,即语言单位的聚合与组合关系系统性;(3)字形间组合形式与语言单位组合关系的对应分布关系的系统性;(4)字形间组织形式表示的语言组合结构和语法关系。

二、甲骨文字释读的语言依据

甲骨文符号无疑已具有完备的文字功能,是比较成熟的古汉字体系。甲骨卜辞是用甲骨文字契写形式记录的,换言之,甲骨文字用于系统地记录和表示卜辞语言,不仅固定地表示词汇单位,而且字符组织形态记录了殷商卜辞语句组织的语法结构关系。

(一)直接语言依据和间接语言依据

文字是记录和表示语言符号系统的符号系统。由于文字符号的这种功能性质,也由于文字与语言的符号关系的系统性,所以释读古文字,必须以文字符号系统所记录、表示语言符号系统的语言实例为依据。这是释读古文字的语言依据原则。同样,释读甲骨文字离不开语言依据原则,亦即必须有语言方面的证据,这是释读甲骨文字最基本、最重要的一项原则。

1. 释读甲骨文字的语言依据,实际上就是被释读甲骨文字表示什么词、表示什么词义(亦即字义)的语言依据(或语例证据)。例如,甲骨文中有、、等形,是同一字,即“天”字,释读“天”需有语例或用法方面的书证。“天”,古代训诂材料解释为“颠”(人首或头颠),“天”在甲骨卜辞中可作名词,有表示人头、颠顶之义,见于《合集》20975 等辞。这就证明名词“天”的这一词义有卜辞语言的证据。这是甲骨文“天”表示名词义“头颠、人头”的直接语言依据。除直接语言依据之外,释读甲骨文字还有间接语言依据。例如,“天”表示名词义“头颠、人头”,见于《山海经·海外西经》:“刑天与帝至此争神,帝断其首……”郭璞注:“是为无首之民。”[①]此“天”即人首之义,这是传世文献语言证据。

直接语言依据和间接语言依据都是客观的语言证据。简言之,就甲骨文字释读来说,所谓“直接语言依据”,是指甲骨文字直

① 袁珂:《山海经校注》,上海:上海古籍出版社,1980 年,第 214~215 页。

接记录和表示甲骨卜辞语言的证据,也是被释甲骨文字实际使用、存在的卜辞语言环境。所谓“间接语言依据”,是指甲骨卜辞以外的释证甲骨文字的其他语料参考证据,是辅助性、考证性的语言证据,如商周铜器铭文、简帛辞例、传世古文献书证以及其他语言资料等。

释读甲骨文字的直接语言依据是甲骨卜辞,我们有必要认清这种语言辞例的特性。甲骨卜辞是具有特定占卜功能特色和时代特性的语辞,其特性主要表现在如下方面:

(1)甲骨卜辞用甲骨文字记录占卜语辞,是口语。贞人在占卜时或占卜后,将自己的卜问语辞或是商王、商王室贵族等人卜问、判断吉凶之语真实记录在龟甲兽骨的卜兆旁边。甲骨卜辞是对实际话语的记录,不像文学语言那样经过文辞修饰和加工,或做事后修改与文饰。因此,甲骨卜辞的语言具有即时性和在场真实性。

(2)甲骨卜辞是占卜功能之辞,即一种特定功用的语辞,具有很强的实用性和语用功能。在殷商时代,虽然占卜活动是王室、贵族统治阶层主要的政治生活方式之一,但是毕竟与全体民众日常吃穿住行以及全民基本社会生活内容有差别。由此还要看到,甲骨卜辞语言所反映、承载的内容不是当时社会生活的全部内容。

(3)甲骨卜辞虽然是占卜功能之辞,有一定局限性,但是其辞句中出现、记录的词汇和词义极其丰富,虽然只是当时词汇、词义的一部分,但其涉及殷商王朝政治、社会和生活的方方面面,可以反映出殷商王朝词汇和词义系统的基本面貌。因此,甲骨卜辞语言真实地体现了上古汉语早期形态，可以代表商王朝语言的特点。

(4)甲骨卜辞是一种“散式”语料，并非像后世专书篇章的文本形式，而是以卜问同一事或相关事的几个关联的卜辞辞句组成的，同一甲骨版上的相关卜辞篇幅不大，只是几句卜辞。完整的一组卜辞序列通常由四个部分组成：叙辞(又称叙辞)、命辞(又称贞辞)、占辞、验辞。但是，甲骨从地下发现时大多已零散破损，断片残骨常见，完整者并不多，加之甲骨版面磨泐、破损，许多字迹难以辨认。甲骨卜辞呈现支离破碎的几句或几字，需要通过缀合技术联结断片，以求尽量恢复其原貌。这是甲骨卜辞语料遗存状况的一个特点。

甲骨卜辞语言除了口语化、实用性、占卜功能性以及出土语料局限性等特性外，还有鲜明的时代特色。甲骨卜辞是殷商王朝语言整体的一部分，由于其出土数量较大，内容丰富，足以反映和代表殷商王朝语言的特色。这些特色较多，主要如：

殷商古汉语词汇系统，虽与西周及后来词汇系统有延续性，但是其专名，如人名、祖先干支日名、神祇名、族氏名、方国名自成系统，体现了殷商时代的特色。有些专名，如国族名、族氏名、神祇名、干支日名、人名与后世有延续性，亦即在西周或后世仍然使用，但也有许多在后世废弃不用。

祭牲名词分为人牲和物牲，物牲名词十分丰富，许多物牲名词为殷商时代所独有；有些动物名词、畜类名词为殷商时代独有，畜类名词如马类名词较丰富，其中有些马类名词为殷商时代独有。

词汇中，兼类词极多，动名兼类是一种普遍现象。

词汇的义位系统(最小词义单位系统)以本义义位(或基本义)占整个词义系统比重较大,超过 50%,词汇的义位系统中引申义非常多。

由于甲骨卜辞有占卜功能性和出土文献的局限性,大量词汇的词本义未出现于卜辞中,而仅见其引申义。

殷商卜辞的义位系统与后世有延续性,但许多义位仅见于卜辞,体现了词义系统的时代特色。此外,在词组、句子语法方面,卜辞与西周金文、上古传世文献等古汉语语法大体一致,但也有其独特性。关于这方面,许多学者已有论述,不再具体列述。

至于甲骨文字释读所据的间接语言依据,主要包括两方面的内容:文献语言和训诂资料。释读甲骨文字的文献语言依据,主要有两类。一类是传世古文献、书籍类语言,这类文献通常为“专书”形式,如先秦两汉儒家经籍、历代史籍、诸子、集部书籍,等等;“专书”通常篇幅较大,语句段落连接成篇章,再组构成全书。所以,“专书”具有连贯性、整体性、主题及著写内容专一的特点。还有一类,甲骨卜辞以外的出土文献或遗存器物所载语辞文字,这类语料性质多样,较为复杂,有“散式”形式,也有“专书”形式。

2. 释读甲骨文字,以直接语言依据为主,间接语言依据为辅。直接语言依据提供被释字当时使用的语言证据。间接语言依据则起到释证引导、参照的作用,可对照、比勘,以证实某字在甲骨卜辞的用例内容。这是补充性证据。

例如,甲骨文中常见字形⊣、⊢,早在 20 世纪初,罗雪堂释读为“卜”字。这里举甲骨文最常见的“卜”字,以明见其释读的语言例证。确定字形、即后世“卜”字[1]，需依据甲骨卜辞中“卜”的用法，辨析卜辞中“卜”与其他词语关系及其语法性质，有动词义和名词义两种用法。前者如“己丑卜，殻贞……”(《合集》93)等辞，数量极多(3万多例)；后者如“……兹卜用”“……卜用”(《合集》25016)等辞，出现十几例。借助传世文献用法，对释证其词义有引导和参照作用，如《诗·卫风·氓》有“尔卜尔筮，体无咎言”，《尚书·洛诰》有“我卜河朔黎水”，《周礼·大卜》郑玄注曰：“问龟曰卜。”这是典籍中“卜”的动词用例及其释义，与甲骨卜辞对照，说明商周时“卜”表示动词义，“问龟占卜”是极其常见的。名词用法亦见于古文献，如《史记·龟策列传》有“……亦有决疑之卜”，意即“所卜”。

甲骨卜辞用例与传世文献语言用例相合，用于证实某字在甲骨卜辞用例的确切内容，两者照应，互为证据，相互补充。

例如，甲骨文字形，即“及”，在甲骨卜辞中常作动词，如“贞：乎(呼)追(仆)，及”(《合集》566)。动词“及”用于“追某”之后，显然是追及义。考之传世文献，人们常引之。例如《史记·项羽本纪》：“使人追宋义子，及之齐，杀之。”其中，“及”是追赶逮及的意思。这样的语例有不少。又，《说文》谓：“及，逮也。”可证实卜辞中“及”的这种用法，是词的本义“追及、追赶而逮及”。卜辞辞例与传世文献书证互为语言证据，间接依据是对直接依据的进一步证实，两者是互为补充的依据。

---

① 有些甲骨文字形易于辨认，通过对照字形，即可识别出甲骨文字形与后来字形相吻合。“卜”字即为易辨认的一例。

辨释甲骨文某字表示何词义，一定要有卜辞用例依据。如果可以辨释某甲骨文字造字所表示的词本义，在后世文献中确认有此本义用法，而该字在甲骨卜辞中无此用法，则只能确定为某该字在卜辞中未见表示某词义。

例如，甲骨文字形、，即“元”字。《说文》谓：“元，始也，从一，从兀。”其据小篆释字形，不合于早期甲骨文、金文“元”的字形造意，故学者们认为《说文》此形释义不确。“元”释“始”是引申义。而古文献如《左传·僖公三十三年》有“狄人归其元，面如生”，杜预注：“元，首。”甲骨文字“元”的造字字形像人首，可知其造字表示的词本义是“（人）首、头”。但是，甲骨卜辞中未见有表示“人首”的用法，而有“初始”和“首位”的引申义用法，故只能确定“元”字在卜辞中未见其词本义用法。

在有些情况下，释证某甲骨文字表示某词义，间接语言依据是关键性的，为准确释读甲骨文字提供了语言依据的引导作用。

例如，甲骨文中常见字形（且），即“祖”字初文，卜辞中（祖）作名词，可以单独出现于祭祀动词后，如“辛卯卜，即贞：王其（禦）于且（祖）”（《合集》40972）。

“祖+干支”或“干支+祖”格式的商先公先王称谓，如“祖甲”“祖乙”“祖辛”“丁祖”等，位于祭祀动词后，如“㞢丁且（祖）”（《合集》40850）。从卜辞祭祀动词后常有一序列“祖某+祖某+祖某+……”来看，“祖某”表示被祭祀对象商先祖位示之序。“祖+干支”又与“宗”组合，出现于介词“在”后，表示某祖先宗庙，如“才（在）且（祖）辛宗”（《合集》38224）等辞。卜辞中名词“祖”无论是词组还是单独使用,用作祭祀动词的宾语,指涉被祭祀祖先位示,是同一义位。

《尚书·舜典》有“受终于文祖”,伪孔传:“文祖者,尧文德之祖庙。”又,《说文》:“祖,始庙也。”这是“祖”的本义用法和释义,与上举卜辞用法一致,可以释证为本义“始庙”。可见,卜辞中“祖”的这一用法即其本义,即表示被祭祀先祖之庙示、位示。远古华夏先民的信仰仪式,将受祭祀祖辈先人的位示、庙示称“祖”,而“祖先”之义是“始庙、先祖庙示”的引申义。

值得注意的是,见于传世文献和训诂材料的某字所表词义,如果出现于卜辞中,即使仅见一次,也足以证明卜辞中该字表示这一词义。这一点不再赘述。

(三)语言依据的综合特点

将直接语言依据与间接语言依据相结合,其主要综合特点有:

一是,释读甲骨文字以上古汉语语言为依据,尤应以甲骨卜辞语言为直接依据,这是主要依据。而甲骨卜辞语言只是当时语言系统的局部,因而有一定的局限性。所以,上古传世文献语言是必不可少的辅助语料。

二是,殷商甲骨文是殷商时代遗存的真实语言和文字材料,甲骨卜辞以甲骨文字系统记录和表示,甲骨文字的表词表义情况,理所当然必须依据文字在甲骨卜辞语言环境的使用来分析、判断。但是,在另一方面,殷商甲骨卜辞是商代王室、贵族的占卜之辞,虽然真实地反映了商代语言的一些基本面貌,但这种占卜功用之辞具有一定局限性,加之发掘出土及其遗存方面的局限性，所以并未反映商代语言的全部面貌。

三是，自古及今汉语一直延续发展，商代古汉语和甲骨卜辞中的词汇、词义，大量存续于周秦两汉和后世文献语言中。因此，释读甲骨文字的语言证据，除了甲骨卜辞这一直接、基本的语言依据外，还应以各时期古汉语语言为依据，以古文献语言为必要的书证材料。

四是，甲骨卜辞中的大量词汇和词义，不仅遗存、沿用于后世古文献语言中，而且在大量古代字书、韵书以及故训材料中，也保存有这些词汇、词义的内容和释义。故而释读甲骨文字时，这些材料可资释证、参考。

三、甲骨文字释读的字形依据

从语言文字符号原理看甲骨文字形依据，一方面，透过甲骨文字的形体关系，可揭示其文字与语言的符号构成关系。甲骨文字的形体关系是客观的，具有系统性，这为辨释字的表词表义提供了客观依据。另一方面，商周时期，古汉字与汉语的符号深层构成对应关系，已形成定型化遗传和叠加延续的特性，这一特性外显于先秦各期古文字的字形发展和沿革关系中。甲骨文字与其他古文字的字形沿革是历史客观现象，是辨识甲骨文字形、求索形体源流、系联构形脉络的重要依据；同时，字形沿革不只发生于字形层面，也体现了文字的综合性历时发展关系，这无疑是释读甲骨文字所表词、词义的重要客观依据。

(一)甲骨文字与其他古文字的沿革关系

甲骨文字与殷周金文、战国简帛文字、籀文、小篆等古文字之间,有字形、用法的沿革关系,与两汉及后世汉字亦有延续发展关系。古文字字形发展的沿革关系,是汉字能指(字形)自身传承、演化的过程,有系统性的延续和变异规律,这是字形关系系统性发展的体现。而且上古各时期和各形态古汉字记录、表示古汉语的方式基本一致,因此各时期古汉字体系与汉语符号的关系具有延续性。释读甲骨文字应当立足于古文字关系的系统性和延续性,详彻考察甲骨文字与后来文字体系的沿革关系,辨明其表词表义的延续与更迭。

1. 从文字与语言的符号构成关系观察,汉字发展沿革关系有三个方面:

(1)字形层面的关系,主要几种情况是:整字形体结构延续,仅字形体式或书写笔势有变化;字形结构变化,形成不同的字;由于文字的发展,形成了初文与后起字、后起形声字,原字与分化字,原字与派生字等文字关系;出现大量的异体字、累增字;存在较多的同形字现象;许多字形发生讹变——整字讹变,构字偏旁或部件讹变;等等。

(2)在语言结构单位层面,汉字所指是音义结合体。上古早期古汉字的单字,绝大多数表示的音义结合体是"词"这一级语言单位。随着汉语的发展,复音词剧增,单字不仅表示词,还表示构成复音词的词素。在这种情况下,汉字符号的单字具有表示音义结合体"语素"的功能性质,语素即可单独成词,亦可组成复音词。

(3)古汉字的偏旁源于独体字,当某单字成为构字偏旁时,这一偏旁是形、音、义俱全的构字单位。《说文》所列540部首既是单字,又用作偏旁。部首即为形音义一体的单字,偏旁并不都是部首,但偏旁必是形音义俱全的形体。

古汉字单字的形、音、义俱全。当某单字形体成为构字偏旁时,形音义仍为一体,其形体所表示的音义有机结合体仍然存在。而构字偏旁,这一音义结合体不再是单字的所指,作为偏旁的音、义功能有所分化,音、义发挥的作用不同于作为单字的作用。单字成为构字偏旁,其在字形层面的符号功能仍属某字能指的一部分,但是字形的所指在符号构成关系上发生了变化。关于这一点,还将在后面具体阐明。

2. 甲骨文字与后世文字的字形沿革关系,在释读甲骨文字中起到关键的作用,是释读甲骨文字的主要文字依据和研究基础。也就是说,甲骨文中的可释读字都是可以在后世各类文字、偏旁体系中找到有沿革关系的字(当然也与后世所表词语、用法有联系)。反观而言,如果某一甲骨文字与后世文字的关系断裂,找不到文字关系的证据和延续的链条,则该甲骨文字很难释读。

至今,关于甲骨文字的释读情况大致有以下几种:所谓甲骨文的已释读字,即形音义均可辨释的字,实际上是可以在后世找到或证实其延续、遗存的字,其形音义在后世文献、字书、韵书中可证实。而大量甲骨文字在后世文献和字书、韵书以及文字训诂材料中未见其延续、遗存者,则其所表词不可辨识,故不知其音和具体词义。其中包括三类:

一是通过与后世文字的偏旁构形关系可辨甲骨文字的形体

结构,根据其在卜辞的语法位置可大致辨其语义类型,如人名、祖先或神祇名、地名、族名等,或名词义、动词义等语义大类,但无法辨释其具体词义,更无法确知其音;二是甲骨文字的形体结构、偏旁虽可辨认,但其在卜辞中的用法不知,其义不识,其音不知;三是甲骨文字形不可辨认,其义其音均不可识。

这三种情况并不是绝对的,存在存疑待考空间,待新材料发现,或已有材料中文字被重新认识或释证。此外,研究者视野与研究程度也存在一定局限性——由于搜聚、考察资料不全面,又由于研究视野的局限性,学者们对材料发现不够,对材料的性质、范围认识不足,导致许多可释甲骨文字尚未释出。这些为进一步释读甲骨文未识字提供了可能性。

(二)《说文》的梁津作用

在中国古代众多字书中,东汉许慎的《说文解字》最为重要,是中国文字学的奠基之作。《说文》系统地保留了秦小篆和战国古文,是我们研究古文字,上通甲骨文、金文、古籀、简帛等古文字的梁津,又是下接秦汉古隶与今隶等今文字的桥梁。研学古文字,绕不开《说文》,必以其为基础。

同时,《说文》又是研究上古汉语的梁津,在中国语言文字学史上有极其重要的地位。对此,近现代语言文字学家多有论述,已归纳、阐论得十分明确。这里简括为几个主要方面:

其一,《说文》是中国文字学的奠基之作,后世围绕其形成了"《说文》学"的研究范畴。传统小学由此发展,名家辈出,硕果累累,成为中国传统学术史的一座丰碑。《说文》系统地阐述、完善了先秦以来"六书"说，将其理论化，从而系统地构建了中国传统文字学理论，并将"六书"理论和方法应用于具体的析字说形之中。

其二，《说文》首创部首，以部首为纲目，将所列各字分类别部，置于540部首之下。部首是字形的主导和统领，字本义是文字的形义内容和字义的归属，将形义合为一体，以形索义，解形释义，通过部首的形义纲目系联成文字系统。《说文》通过设立部首和释字等方式，还开创了古代字典式字书的体例，对后世字典体例影响极大。

其三，《说文》释形析字以"象某""从某，从某""从某，某声"等方式，或释说字形造意，或解析构字偏旁，这成为古文字学形体结构分析和后来偏旁分析法形成的基础。

其四，《说文》主要目的之一在于解释小篆和古文的造字本义，亦即我们所说的造字字形所表示的词的常用义或基本义。这种旨在揭示造字本义的理路，对其后传统小学的研究范式影响深远。《说文》通过确定字本义，以简驭繁，推知其引申义，解决一系列有关字义及其系统的问题。可以说，字本义的研究范式对于探究汉语字义系统，以及古汉语词汇语义系统及其变化发展，具有重要意义。

其五，《说文》以"读若"直音式标注古音，记录、保留了东汉以前古汉字音读，亦即上古汉语词音。此外，《说文》还标注偏旁和大量构字笔画的古音。这是许慎的一大贡献。

同时，对于释读古文字来说，《说文》的重要性不言而喻。它是识读甲骨文、金文、简帛文字、古隶的参照和重要依据，也是后世仿袭、学习篆文的依据和范本。

以上为大概情况,《说文》对中国语言文字学的重要贡献和价值,不止于此。当然,《说文》也存在局限性。许慎未见过甲骨文,对商周金文也未有见识,他对先秦早期古文字的字形及其表义表音的认识是非常有限的,因此,他据小篆所解析的造字字形和字本义出现了许多错误。特别是从现代语言文字学角度,可以发现《说文》存在诸多缺陷和问题,对此学者们已经指出,这里不再赘述。尽管《说文》说字解形和释义有诸多错误和不足,但是它对释读甲骨文字的梁津作用仍然是主要方面,需要高度重视。

从以往甲骨文字的释读成果和经验来看,学者们释读甲骨文字通常是以对照《说文》小篆和古文字形为基本途径和基本功夫的。甲骨文发现之初,孙诒让、罗振玉、王国维等先生较早释出的一些甲骨文字,无不是以《说文》小篆为基础,而勘核、对照金文、古籀等字。这主要是因为,《说文》保存、所列小篆和古文比较全面,部首、偏旁与整字结构关系详细而系统;加之《说文》阐明"六书"理论,细作导引,析字说形纲目统续、理据条贯,释字义举列来源依据,多引书证,堪称中国传统文字学的理论与实践的典范。这使得《说文》成为人们学习和研究古文字的门径和基础。因此,熟练掌握《说文》小篆、古文及其释字方法是一项基本功。后来学者如郭沫若、唐兰、于省吾、徐中舒、容庚、商承祚、杨树达等先生,以及20世纪50年代以后崛起的古文字学者,在古文字辨识方面,必以《说文》为基础,再对照其他古文字,使古文字释读研究不断深化。

(三)从语言文字的符号构成关系看偏旁分析法

偏旁分析法是唐兰先生在总结孙诒让古文字考释方法的基础上,提出的一套系统的古文字分析和释读方法。之后,杨树达、于省吾、高明等学者进一步充实、发展了这一方法。

1. 概括地讲,偏旁是汉字的构字基本形体单位,偏旁分析法就是将古文字的偏旁作为形体单位(或将"偏旁分析为一个个单体"①),对其进行专门、系统的分析、比较和归纳,从而能够辨识古文字的形体构成,这是辨识字形的主要途径之一。在偏旁分析中,研究者需要广泛搜集、汇聚各偏旁形体的不同形式,分析、辨别其同一性和区别以及沿革关系,也就是对偏旁形体的关系进行共时和历时的分析、对比和归纳研究。

在中国传统文字学中,"偏旁"是解析字形构成的基本术语,将字形分解为偏旁非常切合古汉字构形的特点。在现代的古文字学研究中,"偏旁"这一术语依然适用。那么,"偏旁"究竟是什么?偏旁虽然是古汉字的形体构成单位,但是它不只是形,同时还具有音和义。也就是说,在古文字构形体系中,偏旁其实是形、音、义结合一体的构字形体单位。

偏旁在古汉字构形体系中是有层级的,但即使是最小级别的偏旁,也仍然是形音义的结合体。例如,甲骨文字[illegible],从[illegible]从行(或彳),这是一个偏旁构字组合层级。其中,偏旁[illegible],所从[illegible]和[illegible],

---

① 高明:《中国古文字学通论》,北京:北京大学出版社,1996年,第170页。

又是低一级偏旁组合层级。在[illegible]的构字偏旁层级中，糸和卩都是最低一级的偏旁；在甲骨文字偏旁体系中，糸和卩都不能再分出下一级偏旁，是最小或最基本的偏旁——确定依据是什么？显然，依据的是构字形体单位是否是形音义一体的单位——当然，这是指具有造字形义理据关系的形音义一体，如形体卩像人之卩跪，具有形所象意的形义理据。构字形体单位兼具形音义三者，这正是偏旁的性质。可以说，古汉字的构形体系中，在具有造字形义理据关系的前提下，形音义一体的最小形体切分单位就是最小级别的偏旁。

偏旁，这种形体特质单位不同于字形的笔画单位，也不等同于现代汉字学中的构字部件单位。如前述，构字部件是从现代汉字字形特征角度划分的构字形体单位，构字部件与偏旁有交叉关系。但是，两者的划分角度不同，有些构字部件是偏旁，而有些则不是。

殷商甲骨文字按偏旁成字情况，可分为独体字和合体字两大类。最小级别的构字偏旁，单独成字，通常可以看作是独体字形。在上古早期造字时代，独体字形（即所谓“文”），既可单独成为一个字，又可成为合体字的构字形体单位。商代金文、甲骨文中的独体字形通常是这种情况。后来，随着汉字的不断发展、繁衍，形声字剧增，许多独体字形仍然可以单独使用，又可用作偏旁。但是逐渐地，一些早期的独体字形失去了独立成字的地位，仅作为偏旁形式存在。这种情况自中古以后至近现代更为明显。

甲骨文的独体字，可以看作是由一个基本（最小级）偏旁构成的单字,而合体字则是由两个或两个以上的基本偏旁构成。偏旁分析法不仅适于合体字形的偏旁分析,也适用于独体字形分析——将独体字形视为构字偏旁体系一并进行考察、分析。

通过偏旁分析,可以发现甲骨文字构形的一些习惯现象和规律。例如,最明显的、引起学者广泛注意的是“义近形旁通用”现象。上古汉字,特别是甲骨文和金文字形,普遍存在义近形旁通用的特点,而甲骨文字的义近形旁互为通用的特点,尤为凸出。(不过,需要将义近形旁通用与形近偏旁混用现象区分开,后者属于形旁错用、错字现象。[①])由于古汉字的形旁通用现象十分普遍,故而学者们将其作为辨识古汉字的一种方法。如高明先生所说:“义近形旁通用”是利用偏旁分析来研究古文字的一项非常重要的方法。[②] 利用义近形旁通用辨识字形,属于古文字偏旁分析的一种具体方法。

2. 从文字与语言的符号构成关系看,偏旁是汉字特有的一种形体构成单位,形、音、义兼具,亦即偏旁兼具能指的形和所指的音义。偏旁其实就是由单字降级为构字形体单位,但是单字降级为偏旁,其形、音、义的功能发生分化,形与音义的结合所具功能不再等同于单字层面上结合的功能。

具体来看,在甲骨文中,如果由一个偏旁单独构成一个字(独体字),偏旁即为单字,那么,其形、音、义也就是单字层面的形、

① 参见高明:《中国古文字学通论》,北京:北京大学出版社,1996 年,第 159 页。

② 高明:《中国古文字学通论》,北京:北京大学出版社,1996 年,第 130 页。

音、义，能指是单字字形，所指是词。如果甲骨文单字是合体字，由两个或多个偏旁构成，那么，这些偏旁的形、音、义与所构成单字的形、音、义处于不同层次，其功能就有分化。

例如，甲骨文字中有些偏旁所表音仍代表整字的音，如(征)是形声兼会意字，偏旁“正”代表整字的音；有些整字则隐去不用偏旁其音，另以整字字形表词音，如甲骨文会意字就是。同样，偏旁所表义的功能也分化为两类情况：有些直接联系、反映整字所表词义信息，如，偏旁“木”和“目”的形意及其构字方式(会意)，直接反映、联系着“相”的词义；有些偏旁所表的“义”在整字构成中隐去不用，仅用作表词音，如甲骨文形声字，偏旁“己”并不联系整字所表词义，而仅用于代表整字所表词音。

概言之，当甲骨文单字字形降级为构字偏旁时，其形所表的音义结合体仍然存在，但用作偏旁的形体不再直接对应于其整字所表的词和词义，该偏旁的音义在其整字中的功能、作用已分化。

由此再看偏旁分析法，这种方法实质上是将古汉字整字的能指解析成低层级的能指形体所对应的音义系统，因此，就需要分辨出诸偏旁之形所表音义的同一性。而诸偏旁是否具有同一性，其依据在于：具有形义理据同类关系的诸偏旁形体之间是否对应相同的音义。例如，甲骨文中，形体、与的音义相同，其形义理据均属行走类，因此在构字中有同一性，是同一偏旁；而与两形虽然形义类通，经常通用，义近，音却不同，故不是同一偏旁。

3. 在字形层面，释读甲骨文字时，不仅要对照、辨析甲骨文字与其他古文字的整字字形沿革关系，还需要辨清文字之间偏旁的形、音、义关系。

观察一下甲骨文字的构形层级,从偏旁的形、音、义到整字的形、音、义,其构形层级关系体现出甲骨文字形与殷商汉语在符号构成之间的层次差异和交错关系。推及周秦古汉字,就其构形体系来看,单字字形降级为偏旁,其形、音、义的功能分化,形与音、义的结合所具功能不再与单字层面上的功能完全一致。虽然偏旁成为构字单位,但是,其本身的形、音、义并未失去。这一点从《说文》所列小篆偏旁系统可以看得很清楚,小篆的偏旁都是形、音、义俱全的构字单位。分析古汉字构形,直接的分析对象虽然是字形层面,但深层分析的是字形与音义结合体的关系。同样道理,分析构字偏旁,深层分析的也是偏旁的形所联系的音义。所以,偏旁分析法也就是勘察、分析构字偏旁在形、音、义三者结合关系上的系统性和历时演化的连续性。

就辨识甲骨文字形来看,辨识字形以辨识偏旁单位为必要环节,或者说,辨认构字偏旁单位是辨识整字的基础。因此,在甲骨文单字的辨认过程中,不能忽略对构字偏旁单位的辨认。如前述,有些偏旁的音代表其整字的音,而有些整字中偏旁的音则废弃不用,但是,偏旁本身的音义并未丧失。考察、辨析偏旁的形、音、义关系,对于辨识整字形体发挥着重要作用。因此,在甲骨文字释读中,需要详细考察偏旁类别,比照、区分,详辨其同一性,梳理出甲骨文字的偏旁系统;在历时关系上,则需要辨别甲骨文字与其他古文字之间在偏旁方面的沿革、变化关系。

4. 辨识甲骨文字形,分析其偏旁系统,虽然属于字形考释工作,但还应严格依据语言辞例,查证甲骨文字形在卜辞中的实际用法。这是识字的必要依据。

(1)辨识甲骨文字形,一方面,需要在横向甲骨文字形中,全面搜聚字形及其偏旁形体,还需周遍考察诸字形在卜辞中的用法,在此基础上辨明用法相同、相近或相关的字形及其偏旁形体的同一性,以确定诸字形之间的文字关系,即是否为同一字。另一方面,从纵向比照甲骨文字与其他古文字的整字形体及其偏旁的形、音、义的关系。

例如:甲骨文中有、字形,即“屯”字;又有、、等形为“萅”字,即后世的“春”。字形、以及、、,在于省吾先生释“屯”、释“萅”(春)[①]成为定说之前,曾有王襄、董作宾释“矛”,郭沫若释“勹”等说。这些释说既未能全面考察卜辞中、字用法之间的关系,也未能全面搜聚、梳理这些字形的异同关系。也就是说,未能详查各字形的用法异同分布,结合相同用法系联其字形的同一性关系。释“矛”、释“勹”是不正确的。后来于省吾先生查核横向甲骨文、、、诸形,纵向商周金文、、、诸形,以及《说文》小篆形,做全面、系统的字形对照,将、辨释为“屯”字;又将甲骨文“屯”字形与、、诸形系联,对照《说文》释形:“萅……从艸从日,艸春时生也,屯声。”则“屯”与“萅”的字形及其偏旁关系昭然可见。重要的是,于氏考察了卜辞中这些字形与“秋”字的对贞语句用法,故等形与季节名词“秋”的语义、

① 于省吾:《甲骨文字释林》,北京:中华书局,1979 年,第 1~2 页。

语法相对应,显然是季节名词。这是将字形及其声符(偏旁“屯”)与卜辞语句中表示季节的用法相结合,音义系联,互为释证,因而释读为“萅”(春),字形关系、语例均确凿,令人信服。

(2)形体近似、极易混淆的字形,考之整字形体和偏旁的纵向沿革关系,可纵向比照、辨析形体异同,且据辞例不同用法,辨识为不同的字。

例如,甲骨文中有☰、☰(气)、☰(三),其形极相近,容易混淆。早期甲骨文研究者曾将两形混淆、误释。这是因为当时学者对于甲骨文中这两形的考察和分辨较为零散,对两形体及其用作偏旁的纵向连续与区分关系的识别、分析不全面、系统,未能有效地结合两字形在语例中的用法,所以形成局部、片面的认识。于省吾先生《释气》一文[①],将甲骨文的☰形与西周初天亡簋铭的☰、矢令簋铭☰形、东周齐侯壶铭中的☰形比照,又比对晚周遗器“氮”字和陶文“貥”字中的偏旁“气”,将☰辨识为“气”。“气”与“三”二形在卜辞语句中的用法区别显而易见。再回至字形层面,仔细区别不同语例用法的字形,进一步识别其形体上的差异:字形☰(气),三道横线略有倾斜且不均长;字形☰(三),三道横线平行且长短一致。

唐兰先生在《古文字学导论》中,曾举字形易于混淆而误释者多例。如大字(大)与夨字(矢)混淆,用作偏旁也被误释,字会误成“鈚”,“昊”字会误释成“昗”;人字(人)与刀字(刀)混淆,作偏旁

① 于省吾:《甲骨文字释林》,北京:中华书局,1979年,第79~80页。

被误释,“侄”会字误成“到”,“賓”会字误成“寡”;[①]等等。相近字形混淆而误释,是有规律可循的,连锁性的误释,往往反映的正是这些字形及其偏旁具有一定的系统性。字形系统性的范围有大有小,系统性有局部与整体的差异,需遍查字形,从部分到全体,做到全面而系统。这就需要着眼于各类型古文字,尽可能全面地搜聚和考察甲骨文字形以及各类型古文字字形,找到字形偏旁的各种情况及其关联环节。

显然,容易混淆的字形、偏旁形体,只依据几个单字形体及其偏旁关系是不够的。这就必须进行专门的古文字字形体系和偏旁系统研究:在横向层面上将甲骨文字与其他各类型古文字的偏旁逐一对比、分析,理顺其系统;在纵向演化和变化(包括讹变)关系上再逐一系联、区分、贯通,详辨形体和偏旁的来龙去脉。当然,在这一研究过程中,依据卜辞语言用例区分字义,辨析形体在语例用法中的关系,以证实某字,这是必要的环节。可见,字形的辨识应结合语言辞例。

(3)辨识甲骨文诸字形的关系,确定是否为同一字,这就进入到释读字和辨析形、音、义关系的层面。例如,甲骨文中、、、、诸形,辨识为同一字“天”,不只是纯字形层面的辨认,也涉及诸形与音义关系。而更为精审的辨析是构字偏旁层面:、、、、诸形下部无疑均从“大”,但“大”上部、、、诸形以及“大”形有无贯通上部是这些字形的相异之处,需考察其他古文

① 唐兰:《古文字学导论》,济南:齐鲁书社,1981年,第246页。

字，以审明各类古文字中这些偏旁的形、音、义是否具有同一性。查看商代至西周早期金文“天”字多作，西周时期又常作、，春秋战国金文则常作、，战国竹简多作、、等形，联系、对照甲骨文“天”字形，其上部、、、、诸形为同一偏旁，、形是初形、演化变形所致，用作“天”“元”等字上部偏旁表示头颠、人首之形时，诸形体是同一偏旁，其形、音、义相同。以前学者释论此形，已很明确。这里例举在于说明，构字偏旁形体的异写或变异是呈系统性，其历时演化也具有系统性，有规律可循。因此，需要结合考据构字偏旁之间在形、音、义关联的系统性，以及历时延续和变化情况。

(4)甲骨文某字形，若记作 Zj，该字形经过演化在后来古文字体系中用作构字偏旁，记作 p，后世已识某古文字，记作 Zg。若该偏旁 p 的音代表后世已识古文字 Zg 的读音，且后世古文字 Zg 的用法如果与甲骨文字 Zj 在卜辞中的用法、语义相同或很接近，那么可用古文字 Zg 作为释证、读解甲骨文字 Zj 的字形补充证据。一般来说，古文字 Zg 与甲骨文字 Zj 之间有字源关系，其中独体甲骨文字形多是古文字 Zg 的初文。

例如，甲骨文中、、、等形，西周金文通常作，战国简文多作、、、等形，小篆作，此即人们都熟悉的“止”字。《说文》谓：“止，下基也，象艸木出有址，故以止为足。”释形训义牵强。又，《仪礼 · 士昏礼》“……北止”郑玄注：“止，足也。”“止”本表示脚趾或脚足，后词义分化，约东周至秦汉之际另造“趾”字专表脚趾义，通常表示脚足。《易 · 噬嗑》有“屦校灭趾。”《易 ·

贲》有“贲其趾”，陆德明《释文》曰：“趾，一本作止。”《诗·豳风·七月》：“四之日举趾。”毛传：“四之日，周四月也，民无不举足而耕矣。”又，《尔雅·释言》：“趾，足也，止也。”甲骨文“止”字有表示（人）脚足的用法（如《合集》13683）。后起字“趾”从足从止，止声，“止”成为“趾”的偏旁，既表字音也联系其词的本义，而后世“趾”字的形音义关系至为明确。“趾”义就是“止”的造字本义，可作为释读甲骨文“止”的后世文字证据。

又如，甲骨文有、、诸形，又有、形，金文作、、等形。、字从从，隶作“卸”，其中与是异写形体。、，从从彳或行，、从（即）从辵（彳、止），金文形又作（午），后来午与止连成一体，演化至小篆作，即“御”字，从卸得声，甲骨文的“卸”字成为构字偏旁。又“禦”，从示从御，“卸”为“御”和“禦”的初文或原字。

甲骨卜辞中“卸”常用作祭祀动词，如“甲午卜，㱿贞：呼畢先（卸）燎于河”（《合集》177），“（卸）于祖辛”（《合集》457 正）等辞。“禦”，《说文》训“祀”，造字本义是禦祭。又《易·蒙卦》有“利禦寇”（《渐卦》作“利御寇”），《尔雅·释言》：“禦、圉，禁也。”《小尔雅·广言》：“抗，禦也。”“禦”有抗、禁止之义，可见其表示祭祀亦含有祈求、抗御灾祸、除灾的意思。据“禦”字用法可释证甲骨文字“卸”。换个角度看，“卸”作“御”“禦”的偏旁，其形音义都发挥了作用，形、义结合联系着“御”“禦”的字源义，而音、义结合蕴含着词源义。

前举释字,都是比较整齐的文字及其偏旁关系。但是,许多甲骨文字形之间的关系并非如此规整化一,而有其当时的字形规则和文字关系的特殊性。此外,还存在着贞人契写甲骨文字形的个人习惯,以及字形讹变等方面具体情况。

至于甲骨文未识字形,即形音义均不可识者,数量较多,占据目前已发现甲骨文字的三分之二以上。这些未识字或是由于在后世已废弃、消亡,或是由于在后世已演化、讹变至与殷商文字完全相异,或是由于尚未找到这些字与后世字的形音义联系的环节。总之,字形和偏旁的演化、变异情况较为复杂,需要做具体分析。

主要参考文献

一、甲骨文和其他古文字著录

郭沫若、胡厚宣:《甲骨文合集》,中华书局 1979—1982 年版,简称《合集》。

中国社科院考古所:《小屯南地甲骨》,中华书局 1980—1983 年版,简称《屯南》。

许进雄:《怀特氏等收藏甲骨文集》,多伦多皇家安大略博物馆,1979 年,简称《怀》。

李学勤等:《英国所藏甲骨集》,中华书局,1985 年版,简称《英》。

彭邦炯、谢济、马季凡:《甲骨文合集补编》,语文出版社,1999 年版,简称《合补》。

中国社科院考古所:《殷墟花园庄东地甲骨》,云南人民出版社,2003 年版,简称《花东》。

宋镇豪、郭富纯:《旅顺博物馆所藏甲骨》,上海古籍出版社,2014 年版,简称《旅顺》。

中国社科院考古所编:《殷周金文集成》,中华书局,1985—

1995 年版,简称《集成》。

刘雨、卢岩:《近出殷周金文集录》,中华书局,2002 年版,简称《近出》。

吴镇烽:《商周青铜器铭文暨图像集成》,上海古籍出版社,2012 年版,简称《铭图》。

吴镇烽:《商周青铜器铭文暨图像集成续编》,上海古籍出版社,2016 年版,简称《铭图续》。

二、古籍和疏证、译注

班固:《汉书》,中华书局点校本,1962 年版;《汉书》,中华书局影印本,1998 年版。

陈成:《山海经译注》,上海古籍出版社,2016 年版。

陈立:《白虎通疏证》,中华书局,1994 年版。

陈彭年等:《广韵》,中国书店,1982 年影印版。

程树德:《论语集释》,中华书局,2014 年版。

戴侗:《六书故》,中华书局,2012 年版。

戴震:《戴震集》,上海古籍出版社,1980 年版。

丁度等:《集韵》,见中华书局编辑部编《小学名著六种》,1998 年版。

段玉裁:《说文解字注》,上海古籍出版社,1988 年版。

段玉裁:《经韵楼集》,上海古籍出版社,2008 年版。

高诱:《战国策注》,上海古籍出版社,1985 年点校本。

顾野王:《大广益会玉篇》,中华书局,1987 年版。

《玉篇》,见中华书局编辑部编《小学名著六种》,1998 年版。

桂馥:《说文解字义证》,齐鲁书社,1987 年版。

黄侃:《说文笺识四种》,上海古籍出版社,1983 年版。

郭忠恕、夏竦:《汗简　古文四声韵》,中华书局,2012 年版。

黄生、黄承吉:《字诂义府合按》,中华书局,1987 年版。

郝懿行:《尔雅义疏》,上海古籍出版社,1983 年版。

郝懿行:《山海经笺疏》,中华书局,2019 年版。

何宁:《淮南子集释》,中华书局,2001 年版。

黄怀信:《大戴礼记译注》,上海古籍出版社,2019 年版。

黄寿祺、张善文:《周易译注》,上海古籍出版社,2004 年版。

李梦生:《左传译注》,上海古籍出版社,2016 年版。

李民、王健:《尚书译注》,上海古籍出版社,2004 年版。

刘熙:《释名》,上海古籍出版社,1984 年影印版。

马瑞辰:《毛诗传笺通释》,中华书局,1990 年版。

阮元等:《经籍纂诂》,中华书局,1982 年版。

司马迁:《史记》,中华书局,1959 年点校本。

苏舆:《春秋繁露义证》,中华书局,2015 年版。

孙希旦:《礼记集解》,中华书局,1989 年版。

孙诒让:《周礼正义》,中华书局,2013 年版。

孙诒让:《墨子间诂》,中华书局,2001 年版。

王念孙:《广雅疏证》,中华书局,1983 年版。

王念孙:《读书杂志》,上海古籍出版社,2014 年版。

王先谦:《荀子集解》,中华书局,1988 年版。

王筠:《说文解字句读》,中华书局,1988 年版。

王筠:《说文释例》,中华书局,1987 年版。

王筠:《文字蒙求》,中华书局,2012 年版。

韦昭:《国语注》,上海古籍出版社,1983 年点校本。

吴大澂、丁佛言、强运开:《说文古籀补三种》,中华书局,2011 年版。

萧统编,李善注:《文选》,中华书局,1977 年影印版。

徐锴:《说文解字系传》,中华书局,1987 年版。

许慎:《说文解字》,中华书局,1963 年版。

许维遹:《吕氏春秋集释》,中华书局,2009 年版。

徐元诰:《国语集解》,中华书局,1930 年版,2002 年点校本修订版。

杨伯峻:《孟子译注》,中华书局,1960 年版。

杨伯峻:《列子集释》,中华书局,2013 年版。

杨天宇:《仪礼译注》,上海古籍出版社,2016 年版。

扬雄:《方言》,中华书局,1998 年影印版。

袁珂:《山海经校注》,上海古籍出版社,1980 年版。

周伯琦:《六书正伪》(影印文渊阁四库全书),台湾商务印书馆,1983 年版。

周振甫:《诗经译注》,中华书局,2002 年版。

朱骏声:《说文通训定声》,中华书局,1984 年版。

宗福邦等主编:《故训汇纂》,商务印书馆,2003 年版。

《十三经注疏》(阮刻校勘本),中华书局,1980 年版。

《尔雅》,中华书局,2016 年版;又见《十三经注疏》,中华书局,1980 年版。

《诸子集成》,中华书局,1954 年版。

三、近现代学者论著

常玉芝:《商代周祭制度》,中国社会科学出版社,1987 年版。

查尔斯·S. 皮尔士:《皮尔士论符号》(詹姆斯·胡普斯编)(中译本),上海译文出版社,2017 年版。

晁福林:《关于殷墟卜辞中的“示”和“宗”的探讨——兼论宗法制的若干问题》,《社会科学战线》,1989 年第 3 期。

陈梦家:《殷墟卜辞综述》,科学出版社,1956 年版。

陈炜湛:《甲骨文简论》,上海古籍出版社,1987 年版。

陈炜湛:《甲骨文同义词研究》(1983),见陈炜湛《甲骨文论集》,上海古籍出版社,2003 年版。

陈伟武:《甲骨文反义词研究》,《中山大学学报》(社会科学版),1996 年第 3 期。

丁山:《甲骨文所见氏族及其制度》,中华书局,1988 年版。

丁山:《古代神话与民族》,商务印书馆,2005 年版。

董作宾:《殷历谱》,北京市中国书店,1945 年版。

董作宾:《甲骨断代研究例》(1933),“中研院”历史语言研究所集刊外编第一种上册《庆祝蔡元培先生六十五岁论文集》;刘梦溪主编:《中国现代学术经典·董作宾卷》,河北教育出版社,1996 年版。

符淮青:《词义的分析和描写》,语文出版社,1996 年版。

高明:《论陶符兼谈汉字的起源》,《北京大学学报》(哲学社会科学版),1984 年第 6 期。

高明:《古文字类编》,中华书局,1980 年版。

高明:《中国古文字学通论》,北京大学出版社,1996 年版。

高名凯、石安石主编:《语言学概论》,中华书局,1963 年版。

高守纲:《古代汉语词义通论》,语文出版社,1994 年版。

格雷玛斯:《结构语义学:方法研究》(中译本),生活·读书·新知三联书店,1999 年版。

管燮初:《殷墟甲骨刻辞的语法研究》,中国科学院出版社,1953 年版。

郭沫若:《殷契粹编》,日本文求堂,1937 年版。

郭沫若:《甲骨文字研究》,《郭沫若全集·考古编》第 1 卷,科学出版社,1982 年版。

郭沫若:《卜辞通纂考释》,《郭沫若全集·考古编》第 2 卷,科学出版社,1982 年版。

何九盈、蒋绍愚:《古汉语词汇讲话》,北京出版社,1980 年版。

何九盈:《中国古代语言学史》,广东教育出版社,2005 年版。

洪成玉:《古汉语词义分析》,天津人民出版社,1985 年版。

胡厚宣、黄建中主编:《甲骨语言研讨会论文集》,华中师范大学出版社,1993 年版。

胡厚宣主编:《甲骨文合集释文》,中国社会科学出版社,1999 年版。

胡厚宣:《甲骨学商史论丛》(1944、1945),河北教育出版社,2002 年版。

胡朴安:《中国文字学史》,商务印书馆,1998 年版。

黄德宽:《古文字学》,上海古籍出版社,2015 年版。

黄天树:《殷墟甲骨文中所见的“名动相因”现象》,《首都师范大学学报》(社会科学版),2013 年第 3 期。

蒋善国:《汉字形体学》,文字改革出版社,1959 年版。

蒋绍愚:《古汉语词汇纲要》,北京大学出版社,1989 年版。

蒋绍愚:《关于古汉语词义的一些问题》,见北京大学中文系编《语言学论丛》(第七辑),商务印书馆,1981 年版。

贾彦德:《语义学导论》,北京大学出版社,1986 年版。

贾彦德:《汉语语义学》,北京大学出版社,1992 年版。

杰弗里·利奇:《语义学》(中译本),上海外语教育出版社,1987 年版。

黎千驹:《历代转注研究述评》,《湖南城市学院学报》,2008 年第 4 期。

李圃:《甲骨文学》,学林出版社,1995 年版。

李守奎:《系统释字法与古文字考释——以“厂”、“石”构形功能的分析为例》,《吉林大学社会科学学报》,2015 年第 4 期。

李孝定:《甲骨文字集释》,台湾“中研院”专刊影印本,1965 年。

李学勤:《甲骨学的七个课题》,《历史研究》,1999 年第 5 期。

李钟淑、葛英会:《北京大学珍藏甲骨文字》,上海古籍出版社,2008 年版。

连劭名:《商代的师》,《考古》,2014 年第 1 期。

列维·布留尔:《原始思维》,商务印书馆,1981 年版。

刘庆俄:《也说转注》,《首都师范大学学报》(社会科学版),2004 年第 5 期。

刘源:《殷墟花园庄东地甲骨文研究概况》,《历史研究》,2005年第2期。

刘源:《近两年来的甲骨学研究》,《史学史研究》,2010年第3期。

刘钊:《新甲骨文编》,福建人民出版社,2009年版。

刘志基:《简论甲骨文字频的两端集中现象》,《语言研究》,2010年第4期。

陆宗达:《训诂学简论》,北京出版社,1980年版。

陆宗达:《说文解字通论》,北京出版社,1981年版。

陆宗达、王宁:《训诂方法论》,中国社会科学出版社,1983年版。

罗振玉:《殷墟书契考释》,东方学会印本,1915年。

罗振玉:《增订殷墟书契考释》,东方学会印本,1927年。

罗振玉:《殷虚书契考释》《增订殷虚书契考释》,中华书局,2006年影印版。

罗竹风主编:《汉语大词典》,汉语大词典出版社,1986—1994年版。

吕叔湘:《中国文法要略》(1942),《吕叔湘文集》卷一,商务印书馆,1990年版。

吕叔湘:《汉语语法论集》,商务印书馆,1999年版。

苗力田:《亚里士多德全集》,中国人民大学出版社,2003年版。

皮亚杰:《结构主义》,商务印书馆,1996年版。

濮茅左:《上海博物馆藏甲骨文字》,上海辞书出版社,2009

年版。

裘锡圭:《文字学概要》,商务印书馆,1988 年版、2004 年版。

容庚:《金文编》,中华书局,1985 年版。

商承祚:《福氏所藏甲骨文字·考释》,金陵大学中国文化研究所,1933 年。

商承祚:《甲骨文字研究》(1932),天津古籍出版社,2008 年影印版。

沈建华、曹锦炎:《新编甲骨文字形总表》,香港中文大学出版社,2001 年版。

石安石:《语义论》,商务印书馆,1993 年版。

松丸道雄、高嶋谦一编:《甲骨文字字释综览》,东京大学出版社,1994 年版。

宋镇豪:《夏商社会生活史》,中国社会科学出版社,2005 年版。

苏新春:《汉语词义学》,广东教育出版社,1997 年版。

孙中运:《论六书之转注》,学林出版社,1999 年版。

索绪尔:《普通语言学教程》(中译本),商务印书馆,1980 年版。

唐兰:《天壤阁甲骨文存考释》,北平辅仁大学,1939 年。

唐兰:《殷虚文字记》,中华书局,1981 年版。

唐兰:《古文字学导论》,齐鲁书社,1981 年版。

王国维:《戬寿堂所藏殷虚文字·考释》,《广仓学窘丛书·艺术丛编》,1917 年石印本。

王国维:《说彝》《说珏朋》《释史》《释辪》《释西》《释物》《释

牡》等,见王国维《观堂集林》,中华书局,1959 年版。

王力主编:《古代汉语》第一册,中华书局,1962 年版。

王力:《汉语史稿》,中华书局,1980 年版。

王力:《新训诂学》(1947),见王力《龙虫并雕斋文集》第一册,中华书局,1980 年版。

王力:《龙虫并雕斋文集》第一册,中华书局,1980 年版。

王力:《同源字论》,见《同源字典》,商务印书馆,1982 年版。

王力:《汉语词汇史》,见《王力文集》卷一一,山东教育出版社,1984 年版。

王力:《汉语语音史》,中国社会科学出版社,1985 年版。

王宁:《训诂学原理》,中国国际广播出版社,1996 年版。

王宁:《汉字构形学讲座》,上海教育出版社,2002 年版。

王绍新:《甲骨刻辞时代的词汇》,见《先秦汉语研究》,山东教育出版社,1982 年版。

王晓鹏:《甲骨文考释与甲骨刻辞义位归纳》,《古汉语研究》,2006 年第 2 期。

王晓鹏:《略论甲骨文字、词、义位的关系》,《山东大学学报》(哲学社会科学版),2006 年第 3 期。

王晓鹏:《殷墟甲骨刻辞义位类型初探》,《语言科学》,2009 年第 2 期。

王晓鹏:《甲骨刻辞义位归纳研究》,商务印书馆,2018 年版。

王晓鹏:《西周金文词义组合类聚研究》,人民出版社,2021 年版。

王晓鹏:《论甲骨文“生月”“生某月”是商代的一种月相名》,

《古代文明》,2023 年第 2 期。

王宇信:《建国以来甲骨文研究》,中国社会科学出版社,1981 年版。

王宇信:《甲骨学通论》(1989)(增订本),中国社会科学出版社,1999 年版。

王蕴智:《殷商甲骨文研究》,科学出版社,2010 年版。

魏慈德:《殷墟花园庄东地甲骨卜辞研究》,台湾古籍出版有限公司,2006 年版。

温少峰、袁庭栋:《殷墟卜辞研究——科学技术篇》,四川省社会科学院出版社,1983 年版。

吴浩坤、潘悠:《中国甲骨学史》,上海人民出版社,1985 年版。

吴其昌:《殷虚书契解诂》(1934),武汉大学出版社,2008 年影印版。

向光忠:《甲骨刻辞兼类词研究》,见《古汉语语法论集》,语文出版社,1997 年版。

徐中舒主编:《汉语大字典》,四川辞书出版社、湖北辞书出版社,1986 年版。

徐中舒主编:《甲骨文字典》,四川辞书出版社,1998 年版。

亚里士多德:《范畴篇　解释篇》,商务印书馆,1986 年版。

杨升南:《商代人牲身份的再考察》,《历史研究》,1988 年第 1 期。

杨树达:《积微居甲文论》《卜辞琐记》《卜辞求义》等,见《杨树达文集》之五,上海古籍出版社,1986 年版。

杨树达:《中国文字学概要》《文字形义学》,见《杨树达文集》之九,上海古籍出版社,1988 年版。

杨树达:《积微居小学述林》,中华书局,1983 年版。

杨树达:《积微居金文说》(增订本),中华书局,1997 年版增订本。

姚锡远:《文字本质论》,《河北大学学报》(哲学社会科学版),1990 年第 3 期。

姚孝遂:《许慎与说文解字》,中华书局,1983 年版。

姚孝遂、肖丁:《小屯南地甲骨考释》,中华书局,1985 年版。

姚孝遂主编:《殷墟甲骨刻辞摹释总集》,中华书局,1988 年版。

姚孝遂主编:《殷墟甲骨刻辞类纂》,中华书局,1989 年版。

姚孝遂:《甲骨学的开拓与应用》,见胡厚宣、黄建中主编《甲骨语言研讨会论文集》,华中师范大学出版社,1993 年版。

姚孝遂:《姚孝遂古文字论集》,中华书局,2010 年版。

叶蜚声、徐通锵:《语言学纲要》,北京大学出版社,1997 年版。

于省吾:《甲骨文字释林》,中华书局,1979 年版。

于省吾主编:《甲骨文字诂林》,中华书局,1996 年版。

张联荣:《古汉语词义论》,北京大学出版社,2000 年版。

张其昀:《"说文学"源流考略》,贵州人民出版社,1998 年版。

张其昀:《"六书"转注新解》,《扬州大学学报》(人文社会科学版),2006 年第 1 期。

张永言:《词汇学简论》,华中工学院出版社,1982 年版。

张玉金:《甲骨文虚词词典》,中华书局,1994 年版。

张玉金:《20 世纪甲骨语言学》,学林出版社,2003 年版。

张志毅、张庆云:《词汇语义学》,商务印书馆,2001 年版。

赵诚编著:《甲骨文简明词典——卜辞分类读本》,中华书局,1988 年版。

赵诚:《甲骨文词义系统探索》,见《甲骨文与殷商史》第二辑,上海古籍出版社,1986 年版;赵诚:《古代文字音韵论文集》,中华书局,1991 年版。

赵诚:《甲骨文行为动词探索(一)(关于词义)》,见《古文字研究》第十七辑,中华书局,1989 年版。

赵诚:《甲骨文字学纲要》,商务印书馆,1993 年版。

赵克勤:《古代汉语词汇学》,商务印书馆,1994 年版。

郑张尚芳:《上古音系》,上海教育出版社,2003 年版。

郑振铎:《中国语言学史》(修订本),商务印书馆,2017 年版。

中国科学院考古研究所:《甲骨文编》(修订版),中华书局,1965 年版。

周祖谟:《汉语词汇讲话》,人民教育出版社,1959 年版。

朱德熙:《语法讲义》,商务印书馆,1982 年版。

朱德熙:《语法答问》,商务印书馆,1985 年版。

邹晓丽:《甲骨文字学述要》,岳麓书社,1999 年版。